本书获得湖北省社科基金和湖北大学政法与公共管理学院的资助

民初内阁制度研究

肖传林 著

中国社会科学出版社

图书在版编目（CIP）数据

民初内阁制度研究／肖传林著．—北京：中国社会科学出版社，2018.1

ISBN 978－7－5203－1204－2

Ⅰ.①民…　Ⅱ.①肖…　Ⅲ.①内阁制—研究—中国—民国
Ⅳ.①D693.2

中国版本图书馆 CIP 数据核字(2017)第 256667 号

出 版 人　赵剑英
责任编辑　孔继萍
责任校对　李　莉
责任印制　李寡寡

出　　版　中国社会科学出版社
社　　址　北京鼓楼西大街甲 158 号
邮　　编　100720
网　　址　http://www.csspw.cn
发 行 部　010－84083685
门 市 部　010－84029450
经　　销　新华书店及其他书店

印刷装订　北京君升印刷有限公司
版　　次　2018 年 1 月第 1 版
印　　次　2018 年 1 月第 1 次印刷

开　　本　710×1000　1/16
印　　张　15
插　　页　2
字　　数　248 千字
定　　价　65.00 元

目　　录

导　论

一　本书的价值与意义

“民初内阁制度研究”，是一个具有学术意义和现实意义的选题。

从学术上来讲，作为舶来品，内阁制度为什么会被移植到中国？移植到中国后是怎样运行的？作为内阁制度中最重要的一个机构，它与总统和国会的关系如何？本来，内阁制度在西方是民主的结果、分权的产物，而移植到中国后则发生了变异，甚至成为专制集权的工具，成了一个形似而神不似的“民主”制度。而作为舶来品，内阁制度被移植到中国这个环境后为什么会发生变异？近代中国效仿西方、建立责任内阁制度的努力，虽然最终失败，但对近代中国政治产生了什么影响？这些都是在学术上、理论上需要加以研究、厘清的问题。本选题希望通过对这段历史的研究，探明历史真相，发现历史背后的东西。

从现实来讲，自清末以来，中国一直在致力于民主政治建设，并且取得了一定的成就。但历史和实践说明这一过程是曲折的，近代中国走了很多弯路。清末预备立宪，仿行宪政，因建立了一个失去民心的“皇族内阁”而告失败。北京政府时期由于军阀政治的强大，结果则是在形式上确立了民主制度，但实质上内阁、议会以至于宪法、民主都成了专制集权的幡幌旗号和工具，甚至走向反面。南京国民政府的政治发展实际上也是一个集权的过程，这种集权以“党国体制”的形式出现，其实质是将国家权力集中于某个人或少数人手中，是对民主的一种背离。在新形势下如何建立、完善和践行民主政治？这是一个极具现实意义的问题。本书的研究希望基于历史，面向未来，寻求历史之殷鉴，在新的历史环境中更准确地领悟和把握民主政治的精髓，弘扬以法治政府、保障人权、权力制衡为核心价值理念的政治文明，正确处理集权与分权的关系，以期对新时期的民主政治建设及其实践、新形势下的政府机构改革有所帮助，促进政治体制改革突破攻坚期，向纵深发展。同时，也希望在改革开放的新背景下，结合中国的国情，正确处理法律移植与本土资源的关系，正确对待外来文化和传统文化的关系，为中华文明的复兴做出贡献。

二 民国初期内阁制研究综述

拙著所指“民国初期”是指北京政府时期，即1912年3月至1928年6月，从北京政府的建立到北京政府的垮台，简称“民初”。

自20世纪初清末新政以来，内阁制在中国政治发展史上一直受到人们的普遍关注。从当权人物到黎民百姓，从报刊舆论到街谈巷议，人们都在谈论这种从西洋舶来的政治制度。直到今天，这一政治现象仍很敏感。对这种制度的研究，自清末仿行宪政就开始了，当时的《政治官报》《法政杂志》《国风报》《申报》《东方杂志》等报刊刊登了许多宣传、介绍、研究内阁制的文章。中华民国（以下简称民国）建立后，政体之争更是引发了对内阁制研究的热潮，《庸言》《民立报》《东方杂志》《独立周报》《法政杂志》《正谊杂志》《国民汇报》《论衡》等各种报刊杂志发表了大量的关于内阁制的文章。这些文章有的是学术上的探讨，但大多数只是政治上的宣传和介绍，并非学理上的研究。由于内阁制是议会制度的一个主要内容，与民主宪政相伴随，研究往往与宪政史、宪法史相伴随，或以“议会制”名称的形式表现出来，也有直接以“内阁”或“内阁制”名称的形式表现出来的，但为数不多。这种对内阁制的介绍研究持续了很长时期，新中国成立后曾一度中断（但台湾地区的研究一直未曾中断）。改革开放以来，随着经济的发展、政治体制改革的深入并进入攻坚期，民主的诉求与呼声不断提升，学术界对近代政治制度史，尤其是宪政史的研究越来越深入，并取得了不少有价值的成果。

总的来讲，民初内阁制度的研究，可分为三个阶段。

第一阶段为民国时期的研究。早在民国成立之初，就有人对内阁制进行研究，这是对清末以来内阁制宣传、介绍的延续。如晓州的《内阁平议》[①]、丘桐的《责任政府与议会解散权》[②]、亮公的《政党内阁决论》[③]、吴贯因的《共和国体与责任内阁》[④]、储亚心的《论不信任投票与责任内阁制之关系》[⑤]、夏天民的《论内阁制度》[⑥]、《星期汇报》发表的无名氏的《内阁制度论》[⑦]、张东荪的《内阁论》[⑧]、吴昆吾的《内阁制平议》[⑨]、《国民汇报》转载《民权报》的《内阁制度论》[⑩]、章丘桐的《责任内阁论》[⑪]，等等。这些文章基本上都是以关心"当代政治"形式来研究内阁政治的，属于政论性文章，其内容大多是对内阁制度的介绍与宣传，谈不上深入的研究，但有助于我们对当时政情和舆情的了解。而这一时期真正的研究应始于谷钟秀，他于 1914 年出版的《中华民国开国史》[⑫] 可谓开山之作。谷钟秀曾任各省代表联合会代表、临时参议院议员和众议院议员，他自己亲身经历了民国初期很多政治事件，他在书中用较大的篇幅描述了民初内阁更迭的过程。章熊的《中华民国的内阁》亦属此类。该书应该是最早以内阁制为对象进行全面研究的。该书内容先于 1927 年由《晨报副刊》连载，次年由古城书社编译所出版，章熊当时仍是清华大学硕士研究生。该书用不到 4 万字的篇幅对北京政府时期（1912 年 3 月至 1927 年 5 月）的内阁进行了研究。这一研究直接以"内阁"为名，对整个北京政府的内阁进行了开创性的研究。当时北京政府尚未垮台，在此环境下对现实政治进行研究，进行褒贬评论，实为难能可贵。该书介绍了内阁制度之缘起、内阁制之利弊、中国内阁之沿革、内阁制在民国的采用；还依据民国元年国务院官制、五年政府组织令、国务会议规则、十二年宪

① 晓州：《内阁平议》，《进步》1912 年第 2 卷第 5 期。

② 丘桐：《责任政府与议会解散权》，《独立周报》1912 年第 2 期。

③ 亮公：《政党内阁决论》，《国民》1913 年第 1 期。

④ 吴贯因：《共和国体与责任内阁》，《庸言》1913 年第 1 卷第 20 号。

⑤ 储亚心：《论不信任投票与责任内阁制之关系》，《庸言》1913 年第 1 卷第 21 号。

⑥ 夏天民：《论内阁制度》，《法政杂志》1913 年第 2 卷第 11 期。

⑦ 无名氏：《内阁制度论》，《星期汇报》1913 年第 2 期。

⑧ 张东荪：《内阁论》，《正谊杂志》1914 年第 1 卷第 1、2 期。

⑨ 吴昆吾：《内阁制平议》，《法律评论》1925 年第 18、19 期；《学林》1926 年第 5 期。

⑩ 无名氏《内阁制度论》，《国民汇报》1913 年第 1 卷第 3 期。

⑪ 章丘桐：《责任内阁论》，《丙辰》1917 年第 3 期。

⑫ 谷钟秀：《中华民国开国史》，泰东书局 1914 年版。

法，对当时的国务院之组织、国务员之赞襄、国务员之任免、国务员之责任、国务员之弹劾以及国务员所享有的权利作了介绍，认为民初采纳之内阁制盖与英国之责任内阁制相似；该书还通过横、纵两方面的分析，指出“民国内阁之弱点”，进而认为“责任内阁不适于中国”，“不能存在于中国”；相反，作者倒偏向于总统制，认为“总统制之较适于现今之中国亦具有几分可能性”，“欲建强有力之政府，总统制所必采”。但最后，作者还是根据当前形势“推测”：“将来军事决定后，胜利如在南方，则现在之内阁必在淘汰之列，凡所设施，必按五权宪法而行。中央行政组织，着手须军政、训政两时期过后，宪政时期起始之时”即实施“五权宪法”，并认为“孙中山之三民主义中五权宪法说，最为适宜”。[①] 从这里，我们可以看出作者的判断力是难能可贵的，看准了当时形势发展的方向。稍晚一点的是顾敦鍒于1929年出版的《中国议会史》，[②] 该书以“议会”为名，依据大量翔实的史料对民国初期的议会政治进行了研究。谢彬的《民国政党史》[③] 梳理了民国初期议会里纷繁杂乱的政党演变的情况，并对民初以国会为活动舞台的各个主要政党的历史演变和纵横捭阖的局势进行了阐述，书中附录的《中国内阁更迭史》对内阁的更迭作了详细的叙述。李剑农1930年出版的《戊戌以后三十年的中国政治史》（后扩展为《中国近百年政治史》）系统、详细地记述了民初议会内阁政治过程中各政党派系之间的矛盾角逐、演变分化，以及内阁的更迭、原因分析。南海胤子的《安福祸国记》[④] 是以翔实的史料专门论述安福俱乐部及活动的论著，该书对安福俱乐部在国会中操纵选举、把持政治、控制内阁的情形作了详细记载。

此外，民国时期还有从宪政、立法、政治史的角度对内阁制进行研究的。如王世杰、钱端升的《比较宪法》，钱端升、萨师炯、谢扶民的《中华民国政制史》，谢振民的《中华民国立法史》，吴宗慈的《中华民国宪法史》，杨幼炯的《近代中国立法史》等，都从不同的角度对民初内阁制

① 章熊：《中华民国的内阁》，古城书社编译所1928年版，第31、83、77、86页。

② 顾敦鍒：《中国议会史》，苏州木椟正心堂1931年版。

③ 谢彬：《民国政党史》，上海学术研究总会1926年版。

④ 南海胤子：《安福祸国记》，《近代稗海》第四辑，四川人民出版社1985年版。

进行了研究和探索。这里要特别提到的是王世杰、钱端升的《比较宪法》，该书在诸多比较宪法研究著作中最具代表性，该书在第四编“国家机关及其职权”中对内阁制从不同的角度进行了深入、透彻的研究。

第二阶段是20世纪的60—80年代对内阁制的研究。新中国成立后，由于政治形势的影响，大陆基本上没有对这一问题进行研究。到60—80年代，两岸政治对立，大陆地区由于众所周知的原因，对议会政治、内阁政治、政党政治有着天生的忧虑，在政治学、法学研究中停滞不前，湮没无声，大陆除了钱实甫的遗著《北洋政府时期的政治制度》[①] 出版以外，谈不上什么研究与成就。相反，台湾地区的学者着力于政治研究，取得了较多成就。

比如，李守孔的《民初之国会》、董霖的《战前之中国宪政制度》、张玉法的《民国初年的国会》[②]，等等。这些著作主要是对国会制度进行研究的，偶尔也兼及内阁制。而直接以内阁之名来进行研究的，比较少见。如张玉法的《民国初年的内阁》专以“内阁”之名对民初内阁加以研究，该文叙述了民国初期内阁的嬗变（从唐内阁到熊内阁），解释了议会内阁制被袁世凯的总统独裁制取代的原因，“由民初内阁的递嬗及国人对内阁制度的争持，略可窥掌国家政柄者的权力如不受约束，则法治难建立，制度成具文”，正因为如此，才导致袁世凯走向专制，复辟帝制。作者最后得出结论认为民元以来的政体，“表面上是内阁制，实际上是总统制……阁员不过为其御用之机械”。[③] 张玉法在《民初对制宪问题争论》[④] 中介绍了当时各政党、社团、报刊等对总统制和内阁制所持的观点，还提到了各私拟宪法草案中对总统制和内阁制的主张。作者以此文为基础，扩充为《民国初年的政党》，[⑤] 1984年以《中央研究院近代史研究所集刊》名义出版，主要探讨1911—1913年政党的领袖、组织、宣传、以及政党在国会运作、内阁组织、宪法制定中扮演的角色。该书还从政党移植的角

---

① 钱实甫：《北洋政府时期的政治制度》（上、下），中华书局1984年版。

② 张玉法：《民国初年的国会》，书目文献出版社1984年版。

③ 张玉法：《民国初年的内阁》，载《中国现代史论集》（第四辑），台北经联出版事业有限公司1980年版。

④ 张玉法：《民初对制宪问题争论》，《中央研究院近代史研究所集刊》1983年第12期。

⑤ 张玉法：《民国初年的政党》，岳麓书社2004年版。

度，讨论了政党对制宪的争论，指出了政党与议会内阁制的关系。由于政党制度是内阁制度的基础，故研究政党制度不得不涉及内阁制度。虽然该书主要涉及民初1911—1913年的民国内阁，时间跨度不长，但内容深刻。作者指出，此时国会由神圣而转受厌弃，是因为国会在制宪过程中希望引进西方三权分立制度，而在传统中国政治体制中，行政权独大，今要以立法权限制行政权，一般国民是难以理解的，行政部门直接受其限制，故不惜破坏国会，以达到破坏制定宪法的目的。① 这种认识是相当深入的。在《民国初年的国会》中，张玉法又专门对民初国会的创设、组成至被解散进行了探讨，其重点在1913年4月8日成立的仅活动了7个月的正式国会，认为：依据《中华民国临时约法》（以下简称《临时约法》），“国会停闭后，国家的形式残缺不全，……政府没有国会，在法理上不能行使统治权”，即意味着内阁制告一段落。另一直接以内阁为名从事研究的是徐炳宪，他的《段祺瑞的三次组阁》② 一文用历史与结构功能分析法探讨了段祺瑞三次组阁的背景，内阁的功能及内阁、总统、国会三者的相互关系，认为近代中国内阁政治移植于西方，面临水土不服的困境。徐炳宪的另一力作是以该文为基础的《段祺瑞与民国初年的内阁》。③ 该书主要探讨段祺瑞在民国初期各个阶段内阁演变过程中所扮演的角色、所占的地位，以及段派势力对民国初期内阁制的影响。该书认为从唐绍仪内阁辞职后到熊希龄内阁，内阁制名实俱无，袁氏帝制失败后，才重新恢复内阁制。此后，直到1928年6月随张作霖军政府偕潘复内阁而亡，内阁制始毁灭殆尽。该书认为民初采用的内阁制是法国式的内阁制，由于政治、经济、文化诸多环境的不同变化，使其具有与英国内阁制不同的特点，直至发生了变异。该书还对段内阁作了基本肯定的评价，如有较强的稳定性、独立性等，段内阁具有一定的内阁制精神，而段祺瑞本人对民国初期的内阁制产生了较为深远的影响。④ 此外，罗志渊的长文《论责任内阁制在中

---

① 张玉法：《民国初年的政党》，岳麓书社2004年版，第458页。

② 徐炳宪：《段祺瑞的三次组阁》，《中国近现代史论集》（23），台北商务印书馆1980年版。

③ 徐炳宪：《段祺瑞与民国初年的内阁》，台北传贤文化事业有限公司1984年版。

④ 同上书，第205页。

国的发展》,[①] 对内阁制在民初的发展、内阁的机体等进行了叙述，并对《临时约法》规定的内阁制进行了评析，认为制定约法之人为防止总统专权而致使《临时约法》有诸多缺憾（如同意权、复议权的规定、副总统的设立、不信任权与解散权的缺失等），有违内阁制之精神。罗志渊的另一篇论文《论施政五十天的唐内阁》,[②] 记述了唐绍仪内阁的组织、政策、处境及瓦解，分析了唐内阁瓦解的原因：一是作为混合内阁的唐内阁缺乏共信，二是唐绍仪具有较强的内阁制精神，不愿以故交而曲法殉情，终以副署之事而去职。

第三阶段即20世纪80年代至今的民初内阁政治的研究。此时期台湾地区相关民国内阁政治的研究渐趋平和，但大陆方面的相关研究却热烈起来。因为自改革开放以来，伴随着经济的发展，政治体制改革的深入，对民主的呼声与诉求也越来越强烈，相应地对民初的议会制度包括内阁制的研究也越来越多，成果越来越丰硕，研究越来越深入。突出表现就是相关议会政治、内阁政治研究的专著和学术论文的数量和质量的提高。

比如，相关研究有刘景泉的《北京民国政府的议会政治》,[③] 详尽地评述了北京民国政府时期的议会政治，在研究北京民国政府议会政治的梦想破灭之后，揭示出在20世纪的中国，没有资产阶级议会政治存在的社会基础，议会型的两党或多党制在中国是根本行不通的。程舒伟的《议会政治与近代中国》[④] 对议会政治的演变进行了详细的梳理，并叙述了议会思想和议会政治在中国的传播、实施和变异。李建新、李锦顺的《近代中国的议会与宪政》[⑤]，叙述了近代中国议会政治发展变化的历史，认为议会政治就是宪政民主政治。这里还要提一下这一时期台湾著名学者、历史学家张朋园的大作《中国民主政治的困境——晚清以来历届议会选举述论（1909—1949）》。[⑥] 该书对晚清到民国的四届议会选举进行了研

① 罗志渊：《论责任内阁制在中国的发展》，《宪政思潮》（季刊）1972年1月第17期。

② 罗志渊：《论施政五十天的唐内阁》，《政治学报》1971年9月第1期。

③ 刘景泉：《北京民国政府的议会政治》，天津古籍出版社1996年版。

④ 程舒伟：《议会政治与近代中国》，商务印书馆2006年版。

⑤ 李建新、李锦顺：《近代中国的议会与宪政》，甘肃人民出版社2005年版。

⑥ 张朋园：《中国民主政治的困境——晚清以来历届议会选举述论（1909—1949）》，吉林出版集团有限责任公司2008年版。

究，认为这是中国人建立民主议会政治的四次尝试，但都遭到了无法克服的困境，其中国内原生、国外乘势而入的威权主义是最大障碍，再加上市民社会及政治文化的衰弱无力，而使民主可望而不可即。

以上主要是从议会（史）的角度对议会内阁制度进行研究的，还有从民国史、政治史的角度研究的。如李新、李宗一的《中华民国史》，来新夏的《北洋军阀史》，谢俊美的《政治制度与近代中国》，郭剑林的《北洋政府简史》，徐矛的《中华民国政治制度史》，刘伟等的《中国近代政体发展史》，这些著作主要从政治制度史变迁的角度对民国内阁政治进行了研究。值得一提的是郭剑林的《北洋政府简史》，较为客观地对北京政府的演变过程进行了研究，强调了北洋统治的政府职能，全面反映了北京政府时期政治、经济、军事、文化、教育、外交诸多方面的历史，全方位多角度地、较为完整地展现了这一时期北京政府所独具的一些特点、规律及社会历史全貌。

还有从宪政史的角度对民初内阁制进行研究的。如耿云志的《西方民主在近代中国》，[①] 通过对近代中国的宪政历史详细的考证和叙述，总结、评价了近代中国议会政治的得失成败，认为内阁制度等这样的西方民主政治在中国的失败，其主要原因在于近代中国不具备实行西方民主的政治、经济、文化等条件，也没有足够支持这种政治制度的阶级基础。还有蒋碧坤的《中国近代宪法宪政史略》[②]，殷啸虎的《近代中园宪政史》[③]，王人博的《宪政文化与近代中国》[④]，姜平的《中国百年民主宪政运动》[⑤]，张学仁、陈宁生的《二十世纪之中国宪政》[⑥]，徐祥民的《中国宪政史》[⑦]，周叶中、江国华的《从工具选择到价值认同——民国立宪评论》[⑧]，等等。这些著述在研究中国民主宪政发展、展现国人对民主宪政

---

① 耿云志：《西方民主在近代中国》，中国青年出版社 2003 年版。

② 蒋碧坤：《中国近代宪法宪政史略》，法律出版社 1988 年版。

③ 殷啸虎：《近代中园宪政史》，上海人民出版社 1997 年版。

④ 王人博：《宪政文化与近代中国》，法律出版社 1997 年版。

⑤ 姜平：《中国百年民主宪政运动》，甘肃人民出版社 1999 年版。

⑥ 张学仁、陈宁生：《二十世纪之中国宪政》，武汉大学出版社 2002 年版。

⑦ 徐祥民：《中国宪政史》，青岛海洋大学出版社 2002 年版。

⑧ 周叶中、江国华：《从工具选择到价值认同——民国立宪评论》，武汉大学出版社 2010 年版。

的不懈追求的历史的同时，也论及了近代中国民主政治建设中的经验教训。

除了一些专著以外，当今的研究还有一批论文也值得介绍。杨天宏在《论〈临时约法〉对民国政体的设计与规划》[①] 的论文中，论证了《临时约法》在政体选择及规范上存在的种种缺陷与不足，并认为这些缺陷与不足的产生，除了因人立法等因素外，尚与参议员们对总统制与责任内阁制的利弊得失缺乏权衡有关。何善川在《试论民初"总统制"到"内阁制"的转变》一文中对民初总统制到内阁制的转变进行了研究，认为这种转变表面上看来是一种政体上的抉择，而实质上是民初政治权力分配上的角逐和竞争，规定的责任内阁制并非西方的责任内阁制，隐含着封建的"人治"思想，反映了资产阶级革命派对中国国情缺乏认识和了解。齐盛在《是内阁制还是总统制》[②] 中对《临时约法》规定的内阁制政体提出了疑问，认为将《临时约法》中规定的政体称之为内阁制无论如何都是不恰当的，而是一种兼有总统制和内阁制因素的混合政体。郑素一在《民初内阁倒台的法学透视》[③] 一文中，对民初的内阁倒台进行了法学分析：一是法律文化观念冲突的结果，二是内阁制的移植缺乏相应的法律文化基础。夏新华、王小飞在《内阁制与总统制之争》[④] 中对民初政体的演变进行了梳理，认为这种表面上的争执实质上是当时各派政治势力在特定历史条件下争夺国家政权斗争的重要表现，是权力分配上的角逐与竞争，之所以发生这一演变，是因为宪政文化的缺失与异化、政党的幼稚与军权政治的强大。邹小站在《民初宪法争衡中的几个问题》[⑤] 中，讨论了关于主权、国权与民权的关系，以及关于政府体制、特别是关于总统制与内阁制的争论。汪朝光在《北京政治的常态和异态》[⑥] 中，通过对黎段府院之争的研究，认为民国初期北京政治常态是内阁主导，国会只在名义上起着

---

① 杨天宏：《论〈临时约法〉对民国政体的涉及与规划》，《近代史研究》1998 年第 1 期。

② 齐盛：《是内阁制还是总统制》，《山西高等学校社会科学学报》2004 年 5 月。

③ 郑素一：《民初内阁倒台的法学透视》，《汕头大学学报》2004 年第 1 期。

④ 夏新华、王小飞：《内阁制与总统制之争》，《学习与探索》2009 年第 2 期。

⑤ 邹小站：《民初宪法争衡中的几个问题》，载郑大华主编《思想家与近代中国思想》，社会科学文献出版社 2005 年版。

⑥ 汪朝光：《北京政治的常态和异态》，《近代史研究》2007 年第 3 期。

重要作用，而黎段府院之争则是北京政治的例外，是北京政治的异态，随后又由异态复归常态，反映了民初政治中武人干政的实力原则。经先静在《内阁、国会与实力派军阀——20世纪20年代罗文干案始末》[①] 中对各派政治势力围绕罗文干案进行的纷纭复杂的斗争予以分析，指出政府往往成为实力派军阀争夺私人利益的工具。鲁卫东在《军阀与内阁——北洋军阀统治时期内阁阁员群体构成与分析（1916—1928）》[②] 一文中对内阁成员群体进行了分析、研究，指出中国在从封建王朝向近代国家转变的过程中，传统关系对现实政治具有深刻的影响。这类文章还有不少，此不多述。

近几年来还出现了一个可喜的现象，即为数不少的以硕士、博士论文的形式出现的研究成果。比如：薛恒的《民国议会制度研究》[③]、张睿丽的《议会政治与近代中国政治变迁》[④]、张永的《民国初年的进步党与议会政党政治》[⑤]、刘艳的《民初责任内阁述论》、邓美娜的《宋教仁的"政党内阁"思想和实践》、刘杰伟的《走向制度解决之路——熊希龄内阁与民国初年的政治制度移植》、王雷的《误读的共和》、吴健铭的《民初（1912—1913）立法与行政关系的论争》、许驰的《民初"府院之争"的宪政反思》、董力的《近现代中国责任内阁体制研究》[⑥] 等新作。这些公开或尚未公开出版的成果，其研究对象各有侧重，但都有一个共同的特点，就是在当今宪政思潮中出现的，充满了对当代宪政的期待。

另外，还要注意的是国外学者对责任内阁制的研究。自英、法等国实行责任内阁制以来，学者们就对其进行了研究，如戴雪的《英宪精义》、[⑦]

---

① 经先静：《内阁、国会与实力派军阀——20世纪20年代罗文干案始末》，《史学月刊》2004年第4期。

② 鲁卫东：《军阀与内阁——北洋军阀统治时期内阁阁员群体构成与分析（1916—1928）》，《史学集刊》2009年第2期。

③ 薛恒：《民国议会制度研究》，中国社会科学出版社2008年版。

④ 张睿丽：《议会政治与近代中国政治变迁》，中国社会科学出版社2009年版。

⑤ 张永：《民国初年的进步党与议会政党政治》，北京大学出版社2008年版。

⑥ 分别为吉林大学、东北师范大学、四川师范大学硕士学位论文，上海师范大学、福建师范大学、武汉大学博士学位论文。

⑦ ［英］戴雪：《英宪精义》，雷南宾译，中国法制出版社2009年版。

维尔的《宪政与分权》、[①] 洛克的《政府论》（下）、[②] 密尔的《代议制政府》、[③] 詹宁斯的《英国议会》、[④] 狄冀的《宪法学教程》[⑤] 等，这些都是研究责任内阁制的经典之作，这些著作不仅对西方责任内阁制的实践进行了研究，而且还抽象出具有普遍意义的责任内阁制及宪政理论。到民国建立、实行共和以后，西方学者对移植于西方的宪政及责任内阁制给予了关注和研究，具有代表性的著作主要有：哈罗德的《中国现代宪政的发展》、安德鲁的《北京政治 1918—1923》，冯艾伦的《为宪政而斗争：1917—1919 年的中国政治》。其中哈罗德的《中国现代宪政的发展》一书中对清末到民初的宪政进展进行了研究，[⑥] 安德鲁的《北京政治：1918—1923》对北京政府时期宪政的建立、政党纷争和军阀混战以及议会内阁制度的失败进行了分析和研究，冯艾伦的《为宪政而斗争：1917—1919 年的中国政治》对民国议会内阁制度进行了研究。在这些研究中影响较大的是美国学者费正清编的《剑桥中华民国史》。该书将 1912—1928 年的历史分为两个阶段：袁世凯统治时期（1912—1916）和军阀统治时期（1916—1928）。该书认为，作为民族主义运动早期高潮的辛亥革命给中国政治和社会带来了活力，其后的政治实践经受了自治和中央集权两种相互对抗的观念的检验，在民初的政治实验中，存在着扩大参政与集中权力的冲突和抵触，在这种冲突中暴露出军阀主义的特征，军阀主义干扰、破坏了此时的民主政治实验。该书认为，袁世凯实行中央集权制是出于国内分裂问题的考虑，却受到了民初的宪政、选举和地方自治的限制，导致民初的政治冲突。二次革命摧毁了民初的自由主义政治，其根本原因在于宪政以及代议制、选举制的政治体制不符合中国人的喜好和政治习惯。该书认为袁世凯反对政治参与、地方自治主义及自由主义的极端行为，并不拒绝中国必须变革求生存的主张。该书还认为，民初立宪政治的失败，不应

---

① ［英］维尔：《宪政与分权》，苏力译，三联书店 1997 年版。

② ［英］洛克：《政府论》（下），叶启芳等译，商务印书馆 1997 年版。

③ ［英］密尔：《代议制政府》，汪瑄译，商务印书馆 1982 年版。

④ ［英］詹宁斯：《英国议会》，蓬勃译，商务印书馆 1963 年版。

⑤ ［法］狄冀：《宪法学教程》，王文利等译，辽海出版社 1999 年版。

⑥ Harold M. Vinacke: Modern Constitutional Development in China, Berkeley, University of California Press, 1976, p. 25.

理解为立宪政体的衰落，而应理解为当时的中国没有能力建立这样的政府。该书认为，近代中国已认识到宪法的重要性，起草一部适合得当的宪法是有效稳定政府的关键，公众无论对何种形式的宪法从未产生过怀疑，宪法对国家、对政党、商会及各个利益集团都是必不可少的；但是，在中国，宪法是具有实用主义功效的，宪法被视为凝聚集体力量的手段，是统治者要求承认其合法性的根据，因此政客们一再玩弄立宪的谎言。该书还对军阀对民主政治的影响进行了研究，认为“在军阀时期的12年，北京的中央政府动荡不定，变动无常”。[①] 该书的观点可以说代表了西方学者对民初政治的一般看法。

综观到目前为止对民国初期内阁制的研究，国内外学者主要集中在以下几个问题上。

1. 关于民初政体是否内阁制问题的研究

民国成立后采用什么政体，这在当时应该是解决了的问题。对于这个问题，当时即有争论，而对这个问题近年来似乎又旧案重提。有学者对约法规定的内阁制政体予以怀疑，认为约法采用的是总统制与内阁制的混合政体，或兼采内阁制特点的总统制，或是总统内阁制。比如：齐盛在《是内阁制还是总统制》[②] 一文中对学术界众口一词地认为《临时约法》确立的政体为内阁制提出了疑问，通过对美国宪法关于总统制的规定和实行责任内阁制的代表英国宪法的规定的比较，并对照《临时约法》的具体内容，对《临时约法》所确立的政体进行一番分析后，认为不能因为《临时约法》将总统制作了变动就当然认为其变为了内阁制，而应当通过对《临时约法》具体内容的分析，来看它究竟变为了什么样的政体。尽管《临时约法》的制定带有明显的因人立法、因人设制的色彩，但从其内容来看，它实际上只是在行政机关内部增设了一个辅佐临时大总统的国务总理，而国务总理的权力又比较有限，基本上只是相当于临时大总统的一名助手，临时大总统仍然享有相当大的实质性权力，加之国务总理和各部总长不对参议院而对临时大总统负责，因此《临时约法》实际确立的

① 费正清：《剑桥中华民国史》，中国社会科学出版社1994年版，第199、311、221、228、310、250—252、300页。

② 齐盛：《是内阁制还是总统制》，《山西高等学校社会科学学报》2004年第5期。

政体应该说是一种兼有总统制和内阁制因素的混合政体。

张玉法在其自选集里认为，民初《临时约法》对行政权的相关规定似乎有点模糊，“对参议院负责者，似为临时大总统，约法具有总统制的精神，但大总统提出法律案、公布法律及发布命令，须国务员副署，确有内阁制的特质”。但他同时又认为，当孙中山将临时大总统让于袁世凯时，通过的《中华民国临时约法》“终于采行内阁制”。[①] 但张玉法在《民国初年的政党》一书中又认为：“就当时的政治情形而论，表面上是内阁制，实际上为总统制。”[②] 夏新华在其《近代中国宪法与宪政研究》一书中也认为，《临时约法》所规定的政治体制是一种兼采内阁制某些特征，带有混合色彩的总统制，表面上是内阁制，实际上为总统制。[③]

刘伟在纪念辛亥革命80周年的论文里认为，《临时约法》确定的国家政体与西方典型的责任内阁制相比，有着较大的差异，《临时约法》在增设内阁制的同时，仍保留了浓厚的总统制色彩，即总统内阁制，她认为这种政体的出现是共和制原理与内阁制原理折中的产物。[④]

武汉大学博士研究生董力在其博士论文《近现代中国责任内阁体制研究》里认为，《临时约法》规定的政体是一种片面的责任内阁制，即行政机关，对立法机关负责并受其监督，却没有制衡立法机关的权力，但最终这种脱离实际且隐含着革命党人控制政治权力心思的制度终被袁世凯权术撕得粉碎。[⑤]

2. 关于民初内阁制实施期限的问题

对于这个问题，关键在于如何理解“民初”。有人认为民初内阁制到宋教仁被杀或熊希龄内阁垮台或袁世凯称帝时就终结了或失败了。如：张玉法在其著作《民国初年的政党》之中，将论述的期限止于熊希龄内阁（1913. 7. 31—1914. 2. 12.）的瓦解和袁世凯的称帝。国会解散以后，“议

① 张玉法：《张玉法自选集》，中国社会科学出版社2011年版，第115页。

② 张玉法：《民国初年的政党》，岳麓书社2004年版，第458页。

③ 夏新华：《近代中国宪法与宪政研究》，中国法制出版社2007年版，第207页。

④ 刘伟：《近代中国的社会转型与制度变迁》，湖北人民出版社2010年版，第268—274页。

⑤ 董力：《近现代中国责任内阁体制研究》，博士学位论文，武汉大学，2012年，第1页。

会政治、政党政治荡然无存”[①]。也有人将其定在1924年，认为1924年11月，段祺瑞就任中华民国临时执政，下令司法总长章士钊查办贿选议员，取消法统，解散国会，内阁制就没有了。[②] 也有人将内阁制的下限定在1925年或1926年。如顾敦鍒在《中国议会史》中认为，1925年4月11日，段政府公然下令取消民国法统，国会失去了存在的法律依据，“民国法统，已成陈迹”，1926年8月5日，吴佩孚遣散一切在京议员。[③] 国会没有了，内阁制也就没有了。也有人把内阁制的下限定在1927年或1928年，如台湾学者张朴民在《北洋政府国务总理列传》中认为宋教仁“虽为内阁制而牺牲生命，但其后北洋政府内阁制依然存在，并延续至民国十六年国民政府奠都南京”[④]。而费正清主编的《剑桥中华民国史》则说“当国民政府的军队1928年6月8日，进入北京时，中国的议会民主实验结束了”[⑤]。这些不同的说法或观点，都是立于自己论述的角度而论的，各有其理由。

3. 关于“府院之争”的问题

府院关系是北京政府时期长期存在的一对矛盾。一般认为，“府院之争”只是黎段之间的矛盾和斗争。其实质，有人认为表面上看是总统与总理之间的权力之争，而实际上是背后的集团利益之争以及国际帝国主义在中国的利益争夺；[⑥] 有人认为“府院之争”是传统以来的帝相矛盾在新时期的持续和表现。[⑦] 也有人认为黎段之间的“府院之争”只是北京政府总统与总理基本相安无事的政治“常态”中的“异态”的表现，是没有北洋背景，也没有强大的政治力量支持的黎元洪，在出任大总统后与北洋系统中最为强势的国务总理段祺瑞发生的激烈冲突，以至最后以免段之职、解散国会、驱黎下野的非常极端方式了结了两者之间的冲突。“府院之争”说明，黎元洪所自恃的国会、社会团体和舆论的支持，在强势的

① 张玉法：《民国初年的政党》，岳麓书社2004年版，第366页。

② 不管：《民国以来内阁之更迭》，《新青年》1940年第11期。

③ 顾敦鍒：《中国议会史》，苏州木棱正心堂1931年版，第407页。

④ 张朴民：《北洋政府国务总理列传》，台湾商务印书馆股份有限公司1984年版，第6页。

⑤ 费正清：《剑桥中华民国史》，中国社会科学出版社1994年版，第315页。

⑥ 陈中如：《“府院之争”之由来及实质》，《文史资料》2001年1月号中旬刊。

⑦ 许驰：《民初“府院之争”的宪政反思》，博士学位论文，武汉大学，2006年。

武人面前是完全不可靠的。此后的北京政治由“异态”回归为由内阁主导的“常态”，而实际上武力支配政治的原则更不可动摇，内阁主导逐渐演变为武人主导政治发展。[①]

4. 关于民初内阁制失败的原因问题

对于这一问题，学界多有研究。有人认为，责任内阁制是资产阶级革命派为在民初建立资产阶级民主共和制度所做的一种尝试，它必将随着资产阶级民主革命的失败而失败，更由于责任内阁作为革命党人为在民初施行的一种政治制度本身的许多不完善而导致其失败。[②] 杨绪盟在《移植与异化》中分析说，民初议会政党政治在中国走不通，其原因有：民初不具备实行西方式议会政党政治的经济基础和政治环境；缺乏实行西方式议会政党政治的政治文化和心理基础；缺乏实施议会政党政治的民众基础和阶级基础以及各政党自身建设存在严重缺陷等，这些方面是造成议会政党政治失败的重要原因。[③] 高路在《论唐绍仪内阁执政短暂的成因》一文中认为民初责任内阁制的失败是由当时政府所面临的行政困难、民国初建时复杂的政治环境、当时的民主政治制度设计与社会局势的不相适应等诸多因素造成的。[④] 大多数论者都认为，政治环境、制度设计、社会情势的影响是民初内阁制失败的主要原因。内阁制之民初的失败以至于大家都认为内阁制及两党政治在中国行不通。

此外，还有诸多问题讨论，如民初采用内阁制的原因问题、对《临时约法》的评析问题、民初政党问题、内阁更迭、民初内阁人物研究、内阁制在中国的命运等问题，此处就不再一一赘述了。通过对到目前为止的研究及成果的介绍来看，学界对内阁制的研究取得了很大的成就。改革开放以来，大陆地区学界思想解放，突破禁区，在内阁制研究方面也取得了不少的进步。但是，学术界可能是出于资料的限制，或者是兴趣的不同，或是研究的视角不同，以至于在民初内阁制研究上，仍然存在以下问题，或可成为努力的方向。

---

① 汪朝光：《北京政治的常态和异态》，《近代史研究》2007 年第 3 期。

② 刘艳：《民初责任内阁制述论》，硕士学位论文，吉林大学。

③ 杨绪盟：《移植与异化——民国初年中国政党政治研究》，人民出版社 2005 年版，第 321 页。

④ 高路：《论唐绍仪内阁执政短暂的成因》，《湖北大学学报》2011 年第 5 期。

1. 对民初内阁制的关涉性研究较多，大多将之置于宪政或议会制度的内容中来研究，而专门就民初内阁制进行研究的较少。如荆知仁的《中国立宪史》[①]，张朋园的《中国民主政治的困境——晚清以来理解议会选举述论》[②]，王人博的《宪政文化与近代中国》[③]，周叶中的《从工具选择到价值认同——民国立宪评论》[④]，徐祥民的《中国宪政史》[⑤]，章开沅的《辛亥革命与中国政治发展》[⑥] 等。这些著作都是对内阁制度进行的关涉性研究，将之作为宪政或议会制度的一个部分。

2. 就内阁的某一个问题或人物进行零星研究的较多，如对《临时约法》的研究，对唐绍仪内阁的研究，对陆征祥内阁的研究，对熊希龄内阁的研究，对宋教仁案的研究，对袁世凯、黎元洪、宋景濂与民初政治的研究，贿选问题、国会解散问题等。毫无疑问，学界在这些领域已取得了较为丰硕的成果，形成了大家公认的学术观点，澄清了一些模糊的认识。而就内阁制进行全面整体、通史性研究的较少。

3. 对民初内阁制的研究时段较短，学术界不少是围绕 1911—1913 年民元约法而进行的，到熊希龄内阁就截止了。如张玉法的《民国初年的国会》[⑦]《民国初年的内阁》[⑧] 《民国初年的政党》[⑨]，罗志渊的《论施政五十天的唐内阁》[⑩]，姚琦的《唐绍仪内阁述评》[⑪]，李书源的《“超然内阁”风波与民初党争》[⑫]，周建林的《宋教仁“政党内阁”思想述评》[⑬]，

---

① 荆知仁：《中国立宪史》，台北联经出版事业有限公司 1984 年版。

② 张朋园：《中国民主政治的困境——晚清以来理解议会选举述论》，吉林出版集团有限责任公司 2008 年版。

③ 王人博：《宪政文化与近代中国》，北京法律出版社 1997 年版。

④ 周叶中：《从工具选择到价值认同——民国立宪评论》，武汉大学出版社 2010 年版。

⑤ 徐祥民：《中国宪政史》，青岛海洋大学出版社 2002 年版。

⑥ 章开沅：《辛亥革命与中国政治发展》，华中师范大学出版社 2005 年版。

⑦ 张玉法：《民国初年的国会》，书目文献出版社 1987 年版。

⑧ 张玉法：《民国初年的内阁》，《复兴岗学报》第 14 期；《中国近代现代史论集》第十九编《民初政治》，台北商务印书馆 1988 年版。

⑨ 张玉法：《民国初年的政党》，岳麓书社 2004 年版。

⑩ 罗志渊：《论施政五十天的唐内阁》，《政治学报》1971 年 9 月第 1 期。

⑪ 姚琦：《唐绍仪内阁述评》，《贵州大学学报》1995 年第 1 期。

⑫ 李书源：《“超然内阁”风波与民初党争》，《学术交流》1992 年第 2 期。

⑬ 周建林：《宋教仁“政党内阁”思想述评》，《四川大学学报》1998 年第 3 期。

陈晓枫的《〈中华民国临时约法〉的文化透视》[①] 等，都集中于对从唐内阁到熊内阁的研究，而学界对此后的内阁很少涉及，而有的也只是当事人的一些回忆录或介绍。

4. 围绕高端的“政治”上的“民主”与“专制”、“帝制”与“共和”的政治斗争的研究文章较多，而对于内阁制的运行、内阁与议会的矛盾及其处理等低端问题重视不够，或浅尝辄止，或忽略不提。

5. 内阁制的史料相对挖掘较少，除了中国第二历史档案馆编辑出版的《中华民国史档案资料汇编》[②] 外，关于内阁的完整，系统的档案、史料是比较欠缺的，内阁议会记录材料运用也较少，而较多的是像张国淦、熊希龄等人的回忆录。史料方面的欠缺限制了民初内阁制的研究。

三 基本思路与结构安排

拙著研究的“民初内阁制度”属于政治制度史的研究范畴，也属于宪政史的研究范畴。作为民国初期最重要的政治现象，内阁制度并非本土资源，民初却将这个产生于西方的制度移植于中国本土，原因何在？移植过来后，它是怎样运行的？其历程如何？为何会发生变异并落得一个消亡、失败并被“党国体制”取代的历史命运？这一制度在中国的实践具有什么影响和价值？这是拙著力图要解决的问题。

内阁制度是近代以来较为普遍的一种政治现象，是指由内阁总揽行政权力，由议会产生并对议会负责的政权组织形式。该制度始于英国，在国际范围内产生了广泛的影响，以至于许多国家都采用了内阁制度。近代以来，这一制度对中国政治也产生了深远的影响。清末民初，中国出于救亡图存的现实需要和发展民主政治、抑制专制集权的政治需要，也移植了内阁制度，并使之在中国得以实践，成为民国初期最重要的政治现象。拙著以民国初期的内阁制度为基本内容，以其民国初期的运行与演变为基本线索，阐述民初内阁制度的确立、运行、更迭、消亡的过程及被党国体制取代的历史命运，揭示民国初期内阁制度之设计、运行中的矛盾与冲突，更

---

① 陈晓枫：《〈中华民国临时约法〉的文化透视》，《武汉大学学报》1999 年第 6 期。

② 中国第二历史档案馆：《中华民国史档案资料汇编》，江苏古籍出版社 1994 年版。

迭及消亡的原因，并对民初内阁制度予以评析，指出其合法性、缺陷及变异，简要阐述了民初内阁制在近代中国政治制度史上的意义与价值。

拙著立意于历史学的视野和语境，综合运用历史学、政治学、社会学和宪政学等多学科的理论和方法，将内阁制度置于民国初期的政治发展、变迁的背景之下，力求反映客观真实，对民国初期的这一特殊政治现象进行全景式、通论性的研究与考察，希望能够全面、客观地对这一政治现象加以认识和了解。

全书分为五个部分：

第一章研究的是近代内阁制的产生与引进。

第一节阐述的是传统中国政治体制中的内阁制，指出传统内阁制经历了封建社会前、后期两个大的阶段，其形成过程实际上是皇权扩张、集权的过程，这种传统内阁制度是以服从于专制皇权的一元集权主义为价值指向的。拙著指出了传统政治体制中皇权和相权关系的演变趋势：时代愈前，相权愈重；时代愈后，相权愈轻。传统的官僚体制效率低下，孕育不出新的政治文明，中国的传统政治制度即将面临一次大变革。

第二节阐述了内阁制度在英国的产生、特征及其变迁。英国的内阁制形成后，对其他国家的政治制度产生了很大的影响，成为许多国家模仿的范例，先后传播至诸多英联邦国家，其他民主国家也广泛采用。拙著简要介绍了法国、德国和日本国的内阁制度。因国情、历史、文化和法律传统不同，各国所实行的责任内阁制各有不同，但都体现了责任内阁制的理念；内阁由议会产生并对议会负责，受其监督；内阁总理由议会中的多数党领袖担任；内阁与议会联系的纽带是政党和选民；双方通过解散权和同意权来实现制约与监督。这些内容虽因各国国情不同而表现不同，但都体现了主权在民、有限政府及权力的制约与平衡的理念。

在阐述了传统政治体制中内阁制度和西方内阁制度后，拙著对两者进行了简要的比较，认为两者有着本质的区别：传统政治体制中的内阁是作为专制主义集权统治的附属物而出现的，是集权的产物，其特点是集权，在以后的政治发展过程中，形成了深厚的一元主义文化；而责任内阁制是西方民主政治下的分权制的产物，其特点是分权，在内阁与议会之间存在严格的监督制约机制。

第三节从两个方面阐述了清末对近代内阁制的引进，一是分三个时期阐述内阁制思想的引进，认为清末对内阁制的认识不断深入，促进了内阁制思想在中国的传播；二是从制度上引进，认为清末实施责任内阁制是为了维护摇摇欲坠的皇权，具有欺骗性，但它仍然具有明显的进步性，只不过是在当时的环境下，责任内阁制度没有来得及真正地运行，清政府就垮台了，机会只好留给新生的共和国。

第二章研究的是共和初建时期的内阁制度。

第一节阐述了民初从多个方面对内阁制的认识、宣传和研究，认为这些认识、宣传和研究，一方面有助于人们对内阁制的了解，另一方面也促进了内阁制在民初的确立与实践。

第二节分别对《临时政府组织大纲》中的总统制和《临时约法》中的内阁制进行了研究，论证了《临时约法》所确立的政体是内阁制的原因，并剖析了《临时约法》以内阁制度代替总统制的原因，不仅是“因人立法”、防止专制集权的需要，也是出于国家统一而加强中央集权之需要、革命党人斗争之需要、参议院扩大自身权力的需要，还是清末立宪与当时舆论影响之结果。

第三章论述的是民初内阁制的运行。内阁制是如何运行的？这是以前的学界所没有进行专门研究或是语焉不详的。本章是全书的一个重点，主要从内阁制中两大关系的运行来进行论述。

一是从内阁与议会关系的演变来论述。该部分先阐述内阁与议会关系的文本规定，然后将内阁与国会关系的演变分为四个阶段予以论述。通过论述，可以看出：在早期，国会具有较强的优势，使内阁倒台，或使其失去独立性。到后来，议会地位下降，议员往往据法力争，而内阁往往利用非法手段来抗衡议会，直至解散议会。该部分还分析了内阁与国会关系演变的过程中发生冲突的原因，包括：约法对内阁与国会之间关系的规定欠缺或矛盾、内阁受到实力派人物的操纵、历史上行政权力独大的影响、政府人员对民主缺乏了解、与国会缺乏理解和沟通等。

二是从内阁与总统关系的演变来论述。该部分先介绍内阁与总统关系的文本规定，然后将内阁与总统关系的演变，分为五个阶段进行阐述。民初的府院关系往往表现为“府院之争”，而府院之争有三种形态，其结果往往以各自实力的大小来决定。然后分析了府院关系的演变过程中发生冲突的原因，包括：传统帝王权力观、皇权思想的影响、《临时约法》权力划分上的缺陷、宪政观念的缺乏、政治人物的政治性格缺陷等。

第四章阐述了内阁的更迭及内阁制的消亡。本章承接上一章，先对民初内阁更迭进行总体阐述，然后对民初内阁更迭的原因进行了全面、深入的剖析和研究，包括：政党政治的不成熟与内阁的更迭、武人干政与内阁更迭、《临时约法》的缺陷与内阁更迭等。

本章还对民初内阁成员群体构成从社会学的角度进行了分析和研究，包括内阁成员群体之地域分布、社会构成、新旧官员之构成、社会关系四个方面。这种分析和研究，有助于我们对内阁成员与民初内阁制关系的了解，包括内阁制度的引进、设置、实践、内阁更迭及变异等。民初内阁制度是当初人们的理想，但在实践过程中被侵蚀、变异，直至消亡，这与内阁成员的影响不无关系。

本章最后阐述了内阁制在运行过程中走向失败、消亡，为“党国体制”所取代的历史命运。关于内阁制消亡的时间有不同的说法，或在熊内阁瓦解，或在段执政解散国会，或是北伐军占领北京。但笔者认为，应分“在实践上”和“在制度上”两个方面来看。在实践上，段执政解散国会，即意味着内阁制消亡了。而真正从制度上使其消亡的是在 1931 年 5 月国民会议召开，通过《训政时期约法》，以根本法的形式肯定“党国体制”，从制度上消灭内阁制。这里还简要介绍了从内阁制转为“党国体制”的过程，并对“党国体制”及其确立的原因做了简要的分析。

第五章是对民初内阁制进行的评析。

本章首先分析了作为近代中国客观需要的内阁制的合法性。在民初，内阁制存在合法性的问题，但其合法性并未受到怀疑。因为设计内阁制度的《临时约法》乃民国之法统，那么约法所规定之内阁制度当然具有合法性。

接着拙著从宪法学的角度分析了《临时约法》及其设计的内阁制具有诸多缺陷，这些缺陷使民初内阁制存在文本设计和实践背离的问题。

本章还着重对内阁制度在实践过程中的变异进行了分析和研究，先阐述的是内阁制变异的表现，如元首与内阁争权、国会压迫内阁、内阁非政党内阁、总理多非多数党领袖、旧阁员留任新阁员而不承担连带责任、内阁会议与国务会议不分，阁员亦不兼任议员、内阁制成为政治斗争或权力斗争的工具。然后分析了内阁制变异的原因，如：内阁制度缺乏特定的环境；中国对内阁制缺乏正确的认识，使其工具化；中国缺乏民主制度的传统；各派政治势力政治道德的缺乏；缺乏健全的实行政党政治之政党；等等。

最后拙著简要分析了内阁制度在中国近代政治史上的价值。

通观全书，拙著有以下几个特色：

1. 对民国初期内阁制的存在进行了较为完整的研究和论述，包括内阁制的引进、运行、内容、变异及其消亡等方面，并对各自的原因进行了较为全面的分析和探讨；而且将研究的范围延长到后期内阁，加大了对后期内阁制度的研究。

目前学术界研究内阁制度的著作，下限只到 1913 年熊希龄内阁的解散为止，对此后的内阁制度论述不多。实际上，可从两个方面来看，一是内阁制度在袁世凯死后又得以恢复，尽管跌跌撞撞，其在实践上还是延续到 1925 年 4 月段祺瑞军政府下令解散议会；另一方面，从制度上来看或者说从宪法文本来看，1923 年宪法尽管其效力受到否认，但也没有其他法令来否认或废除这一制度，这一制度应该一直延续到 1931 年 6 月。这时，统一全国的南京国民政府召开国民会议，通过《中华民国训政时期约法》，用根本法的形式确立了“党国体制”，这时才在制度上终止了内阁制度。所以拙著所论述的内阁制度的时间下限延续到国民政府的建立。

2. 民国初期的思想界、理论界对内阁制是怎样认识的？过去学界没有或少有涉及。拙著对此进行了简要的梳理、分析和研究，认为：随着实践的发展，人们对内阁制的认识越来越深入与细致，反过来促进了民初内阁制的确立及实践。

3. 内阁制是如何运行的？过去少有论述。内阁制度的精义在于内阁与国会之间的权力平衡与监督。拙著通过内阁制度下的内阁与议会、总统的关系的演变，探讨了民初内阁制的运行，并对其中的矛盾与冲突的原因，从宪法和文化等角度进行了阐释。通过研究，认为：在内阁与国会的关系上，国会虽然力图控制应该由其控制的国家权力，但由于内阁处于强势的北洋派控制之中，国会处于劣势，反而被内阁玩弄于股掌之中；在内阁与总统的关系上，总统和内阁常常发生争权的现象，双方的斗争表现出三种形式，其实是各自实力的较量，除了在袁世凯时期以外，一般是内阁处于强势。总的来看，民初政治格局是内阁居于主导地位，总统和国会处于劣势。

4. 拙著在分析内阁更迭时，对内阁成员群体之构成进行了分析和探讨，认为这个复杂的群体对内阁的设置、更迭、变异都产生了重要影响。这是学界少有的对内阁成员群体进行的研究。

5. 民初内阁制是制度移植的产物，《临时约法》在对其进行制度设计时，特别是总统、内阁与议会的权力进行划分时出现了混乱不清的缺陷，这就使民初内阁制存在严重的文本规定与政治实践的背离。内阁制本来是分权的产物，移植到中国后却成为了集权和专制的工具，发生了变异。拙著对此进行了较为全面的分析和研究，这种研究可以说是具有探索性的。

第一章

近代内阁制的产生与引进

第一节　传统中国政治体制中的内阁制

根据梁启超的研究，近代以来使用的“内阁”一词“其实采自日本，而日本又采自我国”。到明洪武废丞相，设内阁，“内阁之名昉于此”，其设置内阁之意，实为“置天子私人之机关”。[①] 高一涵也认为，“中国古代并没有内阁名称，凡国家大政均归宰相掌管，直到明代成祖的时候，才创下这内阁的名号”[②]。明成祖以武力夺政权，以藩王登帝位，任用私人，参与机密，让读、编、检等官常伺天子殿阁之下，故名内阁。而明代的殿阁只是辅佐皇帝、处理政要的机构，不是现代概念的内阁，“不足以况今之列邦内阁”[③]，而是君主专制集权制度发展的结果。清宣统三年（1911年）四月，颁布内阁官职，始设立君主立宪制下的内阁制。从此，内阁制成为中国政治史上最重要的政治现象，直到1928年6月，民国内阁制始告终止。

华裔学者余英时在分析了中国传统的君相关系的演变过程后认为，自秦汉以来，中国传统的宰相制度的发展经历了三个阶段，即秦汉时期的三公九卿制、隋唐时期的三省制和明清时期的内阁制（清代又加上军机处）。[④] 这种认识是基本符合中国传统政治体制发展的实际的。拙著在介

---

① 沧江：《责任内阁释义》，《国风报》1911年第4期。

② 高一涵：《中国内阁制度的沿革》，商务印书馆1933年版，第1页。

③ 谢彬：《民国政党史》，上海学术研究总会1926年版，第129页。

④ 余英时：《中国思想传统的现代诠释》，江苏人民出版社2004年版，第82页。

绍传统政治体制中的内阁时，则分为封建社会前期、后期两个大的阶段。

一　封建社会前期的行政中枢

内阁，作为国家的最高决策机构和协同、参与皇帝总揽朝政的中央最高行政官署，早在秦汉时期就已露出端倪。先秦时代的夏、商、周就设有公卿相作为中央辅政机构，其职责是辅佐王进行决策，同时总理日常国事，统领百官。秦始皇统一全国后建立了皇帝制度，下设三公：丞相，总管全国行政；太尉，总管全国军事；御史大夫为副丞相，执掌群臣奏章，下达皇帝命令，并掌监察。汉承秦制，皇帝制度进一步完善。汉武帝时期，皇权加强，丞相职位虽高，但权力缩小，皇帝经常通过宫廷机关亲自裁决政事，并提拔一些贤良士大夫担任侍从，使之参与国政，于是有了“中朝”和“外朝”之分。由侍从皇帝的宫廷机关构成“中朝”，掌管决策权，其最重要的职官是原属少府的尚书，成为直接隶属于皇帝的宫廷政治机构，并设官分职，建立尚书台，以尚书令为主官，职权凌驾于“外朝”之上。而以丞相为首的“外朝”，却退居到执行政务的地位。丞相作为秦汉时期中央决策机关和中央行政衙门的主要长官，其职责在于“上佐天子理阴阳，顺四时，下遂万物之宜；外镇抚四夷诸侯，内亲附百姓，使卿大夫各得任其职也”①。从形式上看，秦汉时期的宰相与责任内阁制下的内阁首长有相似之处，如均有任免考核官吏、负责行政事务的权力，都对国家的象征——君主负责，有一定的封驳、谏诤权。但两者实质上有很大的差异，关键在于两者是否以“主权在民”为前提，主权所有者和执行者是否相分离和能否进行制衡。由于封建时代主权和主权代表不甚清晰乃至模糊、宗法社会下的“君为臣纲”关系、对君主的愚忠思想，以及隔离封闭的小农经济形态等，致使两者在本质上具有很大的差异。

到了魏初，尚书脱离少府而独立，称为尚书台，成为皇帝领导下的全国最高行政机关，其尚书令有宰相之称。曹魏文帝时改秘书监为中书省（负责起草诏旨，整理奏章，执掌机要、立法），晋代设立门下省（弹劾百官，封驳诏令）。三省制的形成，反映了政治机构分工的严密化、合理

---

① 《汉书·陈平传》。

化，也因相互牵制而加强了皇权。

唐朝时完善了三省制度。三省长官具有宰相之职，形成三省分工明确，又相互牵制的机制。三省即中书、门下、尚书省三个参与决策的中央衙门机构。中书起草诏书，出诏令，批复公文、奏章；门下掌封驳，负责审核公文、奏章；尚书掌执行，负责执行皇帝诏令及中央决策。唐前期，担任宰相职务的通常四五人，可多达 17 人，为集体宰相制。[①] 三省制形成后，君主和宰相之间的权力划分仍然存在，只是将单一宰相制下宰相的参与决策和执行权进行了划分，中书省和门下省属于参与决策部门，尚书省属于执行部门。三省之间的互相分权与牵制实质上有助于加强君主权力，但三省分权、相互制衡、彼此牵制，却带来了一系列的弊病，如办事拖拉、相互扯皮、政令难行、效率低下。这些弊端导致集体宰相制在中唐以后发生“三省合一”的变化。唐太宗将中书、门下合于“政事堂”[②]议事，唐高宗时将政事堂迁到中书省，另置“同中书门下平章事”，行使宰相的权力，唐玄宗开元年间，将政事堂改称“中书门下”，唐肃宗时中书门下又简称“中书”。这种一省制，到北宋时曾有反复，后又重归一省制，此后，一省制一直沿用到明初。需要说明的是，一省制仍为集体宰相制。

从上述看出，中国封建社会早期的集体宰相制是有一定的分权与制衡的，但这种分权与制衡是只限于行政权力之间的分权与制衡，是为君主集权服务的，不可能与主权者和主权者代表合一的君主分权并进行制衡，而且这些宰相只是对君主负责的。这与近代责任内阁制有着本质区别。

二　封建社会后期的内阁

自秦开始的宰相制度，至明为之一变。明初，仍沿袭元朝旧制，设中书省，统领全国一切行政事务；设都督府，管理军事；设御史台，执掌监察。这时的宰相，位高权重，既有权参与国家重要事情的决策，还有权发

---

① 左言东：《中国政治制度史》（增订本），浙江人民出版社 1986 年版，第 245 页。

② 《通典》：“旧制，宰相常于门下省议事，谓之政事堂”，唐高宗时裴炎任中书令，政事堂随之迁到中书省。

号施令，直接指挥吏、户、礼、兵、刑、工六部以及其他部门的工作。这在朱元璋看来，是政权统治成败的祸患。为限制相权，洪武十年（1377年），太祖下令："天下臣民凡言事者实封直达朕前。"① 洪武十三年（1380年），朱元璋借口左丞相胡惟庸谋反，诛杀胡党及功臣15000余人，并以此为理由，最终趁机裁撤中书省，"析中书省之政归六部"，而六部作为分任朝政的最高一级行政长官，直接向皇帝负责，从而废除了秦汉以来的宰相制度。将丞相的权力收归皇帝，使皇权和相权合二为一，实际上等于兼任宰相，"帝方自操威柄，学士鲜所参决"，把君主独断专行扩大到了顶峰，形成了权力高度集中的中央行政管理体制。洪武二十八年（1395年）还诏谕群臣："以后嗣君，其毋得议置丞相，臣下有奏请设立者，论以极刑。"② 此举使朱元璋皇权独裁，也导致他"务丛脞于一身"，一切政务都由皇帝亲自处理，一切大权都由皇帝掌握，不必担心大权旁落。随着权力空前的集中，一切政务都由皇帝亲理是很难办到的，遂有内阁的设立。"虽避相名，而世不能不以相目之焉。"③ 先是于洪武十三年（1380年）设置"四辅官"以备顾问，后来借鉴唐宋制度，于洪武十五年（1382年）设置华盖殿、武英殿、文渊阁、东阁、文华殿诸大学士参政议政，作为顾问。明代的内阁大学士可谓是借鉴了宋代殿阁大学士之名、唐代翰林学士之实而组建的皇帝的秘书处，协助皇帝处理大量公文奏章。从制度上看，内阁并非位于六部之上，但到后来内阁大学士却是事实上的宰相。明洪武十五年（1382年）设殿阁大学士，到明成祖时改称"内阁大学士"，"以其授餐大内，常侍天子殿阁之下，避宰相之名，又名内阁"，自此以后，内阁之名正式形成，作为中国封建君主制度高度发展产物的内阁制度便产生了。明太祖时内阁大学士当值内廷，品秩较低，只有正五品，远在尚书、侍郎之下，只是皇帝的秘书，"侍左右，备顾问而已"④，内阁也不过是皇帝的办公厅或秘书处。明成祖朱棣夺得皇位之后，于永乐元年（1403年）正式设置内阁，作为中央行政机构，参与机务，

① 《明太祖实录》卷113。

② 《明史·职官志一》志第48。《明太祖实录》卷239载："奏请设立（宰相）者，文武群臣即时劾奏，处以重刑。"

③ 一士：《内阁谈》，《中和月刊》1940年第1卷第6期。

④ 《明史·职官志一》志第48。

逐渐形成独具一格的内阁制度。明仁宗朱高炽继位后，以杨士奇等东宫旧臣于本职外兼有阁职，并晋升杨士奇为礼部侍郎，赏少保，身兼华盖殿大学士；以杨荣为太常卿，赏太子少傅，兼谨身殿大学士。自此以后，内阁之地位、职权逐渐加重，“俨然汉、唐宰辅”①。随着内阁职权的加重，机构扩大，执掌军国机务，势必要设主持者，以代皇帝之劳，遂有首辅之名。明正统年间，内阁大学士处理朝廷大政，由阁臣代拟诏令旨意，内阁已成为明代全国行政中枢机构。到了明嘉靖年间，将华盖殿改为中极殿，谨身殿改为建极殿，且内阁“朝位班次，俱列六部之上”②，内阁权力重于六部，阁臣被尊为“辅相元老”，后内阁经管的事逐渐增多，置诰敕、制敕两房，皆设中书舍人，赐给诰命。至此，内阁之地位甚高，以至于内阁大学士无宰相之名，却有宰相之实，中国历史上的内阁制逐渐成熟起来。可是，明代中期以后，太监政治的发展使中国政治呈现出畸形状态。皇帝不见大臣，也不去内阁，万历皇帝朱翊钧在位 48 年就有 24 年不上朝，从宪宗朝到熹宗朝前后竟有 160 年没有召见大臣。③ 皇帝和阁臣之间只有依靠太监来接触联系。这样太监就可以上下其手，玩弄权术。这种畸形政治制约了传统内阁制度的发展。

明代的内阁作为封建王朝的中央办事机构，在皇帝决策中具有重要作用。它由开始时的只为“侍左右，备顾问”的皇帝的个人助手，逐渐发展到后来的统领全国的政务中心，一直沿袭到清代，说明了中国的封建社会末期的政权设置存在着这样一种需要，即集权政治。而且内阁作为明代中央集权机构中的一个重要组成部分，在维护封建专制统治过程中具有重要作用。

明朝灭亡以后，清承明制。清初完全承袭明朝的做法，设置内阁。在入主中原以后，仿明朝皇帝高度集权的体制，逐渐确立了皇帝至高无上的绝对权威。入关之初，在皇帝之下设“议政王大臣会议”，作为国家的重要决策机构。到康熙朝，逐渐消除议政王大臣会议对于国家大事的决定

① 《明史·宰辅年表》卷 109。

② 《明史·职官志一》志第 48。

③ 赵翼：《陔馀丛考·有明中叶天子不见群臣》卷 18，河北人民出版社 1990 年版，第 296—298 页。

权，使之成为一个仅仅是“奉赐行谕”有名无实的机构；至乾隆后期，正式取消了这种由诸王、旗主议政的制度。

在清朝，皇帝之下由内阁和军机处共同作为国家权力中枢，这反映了清朝中央决策体制的特点。清朝的内阁源于入关前的“内三院”。清顺治十五年（1658 年）7 月，顺治帝仿照明制，对行政机构进行调整，将崇德年间设立的弘文、国史、秘书内三院改为内阁，借口“斟酌往制”，将二品内三院衙门降为五品内阁，并裁去不少官员，分立翰林院，以此削弱内三院的权限，进而加强皇权。内阁设满、汉大学士，分兼殿阁衔，规定大学士为正二品，其品级远比明代崇隆。康熙年间，满、汉大学士率用 4 员，雍正时多达 6 员。乾隆十三年（1748 年），殿阁统一为三殿（保和殿、文华殿、武英殿）、三阁（文渊阁、东阁、体仁阁），大学士即以殿阁名冠之。大学士俗称“首揆”，其执掌为“佐天子，理机务，得不时召见”[①]。其下设协办大学士、学士、侍读学士、侍讲、中书等官。内阁的日常机构有：典籍厅、满本房、汉本房、批本处、票签处、诰敕房、稽察房、收发红本处等。按光绪《大清会典》卷二规定，内阁为正一品衙门，“位在六部之上”，“掌议天下之政”，是一个权力很大的机构，但实际上，只是为皇帝办理一些例行公务的枢密机构，其日常事务主要是拟定对题本的处理意见供皇帝裁决（即票拟）、起草诏令、议决政事、举办大典、组织官修史书和负责档案典籍的保管。实际上清朝的内阁职权远不如明朝内阁实权大，其职权如下：起草诏令、票拟批答、收发本章、撰拟徽号谥号、保管御宝、纂修实录史志诸书，等等。[②] 可见清朝的内阁只不过是在皇帝的授意下办理一些具体日常事务，而军政大权则牢牢控制在皇帝本人手里。尽管如此，清朝的皇帝还时时提防着内阁专权。

清朝中央权力中枢机构，与明朝明显不同的是军机处[③]的设立。“中央政府的实权，最初在内阁，到了雍正时代完全转移于军机处。”[④] 雍正

---

① 黄本骥：《历代职官表》卷二，上海古籍出版社 1980 年版。

② 一涵：《清代内阁的职权》，《宪政月刊》1940 年第 1 卷第 1 期。

③ 军机处非正式机关，无衙署，无专官，有官无吏，但有很大实权。主要充当皇帝顾问，撰拟机密御旨，处理密奏。后来虽发展成“行政总汇”，但始终不是一个行政机关，却一直以最高国家行政机关载入清朝法典，一直沿用至清末。

④ 李剑农：《中国近百年政治史》，武汉大学出版社 2006 年版，第 1 页。

七年（1729 年），为了应对西北军事的需要，于乾清门外设立了“军机房”，雍正十年（1732 年）改为“办理军机事务处”，即军机处。自雍正以后，军机处成为皇帝之下的重要权力中枢，大大地侵夺了内阁原有的权力。军机处是一个“有官无吏”的特殊衙门，地位显赫，但对国家重大政策实际上并无决策权。同明朝一样，清朝的军机处、内阁都只不过是皇帝的秘书和参谋机构，与明朝以前的中书省、宰相或政事堂是无法相比的。“自雍正以后，军机处设立，内阁实权渐为所夺，其所掌者，仅批答内外臣工之奏章，与承受军机处发出之上谕而公布之而已，实一国家老臣荣迁之地也。其官制之组织，则有大学士四人、协办大学士二人，及以下侍讲学士、侍读学士各若干人。军机处，为处理当时军务而设，原系临时特设机关，以分内阁之劳，寻以办事便捷，久未裁撤，遂攘内阁实权而尽掌之。其组织，且较内阁进于完密，颇具近代君主国家内阁之雏形矣。其官制，有军机大臣，有章京。其权限，有以下 6 项：（一）批答中外诸臣之章奏及草拟上谕。（二）备对于皇帝之谘询。（三）议决内治外交之处理、更革与施政必要诸事件。（四）重大讼狱之审理。（五）钦命文武官员之任免。（六）审议军事上诸重大事件。继军机处而兴者，则又有会议政务处焉。会议政务处者，庚子拳变以后，为总汇中外各大臣条陈新政之意见，审定其可否而特设之机关也。其组织之政务大臣，则凡大学士、军机大臣、各部尚书，皆兼任之。其属官，则有提调诸人员。其重要职权，则以下 3 项：（一）会议特旨谕办诸政务；（二）审议内外臣工之条陈；（三）审核取舍各衙门奏章而奏请施行。”①

关于清朝的内阁和军机处，李剑农指出有两点最宜注意：“一，无论内阁、军机处，都没有一个独高的首长，首长就是皇帝。二，无论内阁大学士，还是军机大臣，都没有向各部或各省督抚直接发命令的权。向各部或各省督抚直接发命令的只有皇帝。”②

鸦片战争以后，中外交涉日益频繁，“夷务日臻棘手”，在这种形势下，清政府于 1861 年 3 月，仿照军机处的办法，在北京设立总理各国事务衙门，作为应对和办理夷务的专门机构。在其存在的 40 年间（1901 年

① 谢彬：《民国政党史》，上海学术总会 1926 年版，第 129—130 页。

② 李剑农：《中国近百年政治史》，武汉大学出版社 2006 年版，第 2 页。

改为外务部），它对中国社会各方面，尤其是政治制度的演变产生过极为重大的影响，实际上具有“临时内阁”的性质。[1] 到清末官制改革时，它为责任内阁所取代。

综上所述可知，明清时期的内阁制是由君主总揽决策权、内阁大臣只是参与议政的一种行政制度，它既是对明代之前宰相制度的继承，又是君主集权主义加强背景下的新发展，它不可能向西方的君主立宪制度转变。这是与西方资产阶级的责任内阁完全无关的一种制度，虽形式上有类各国内阁，但对皇帝仅备顾问，对政府不担负责任，其职权略似西方国家的枢密院顾问。至于中央日常行政机构，虽设有吏、户、礼、兵、刑、工六部及有关寺、院等辅助机构，名为中央政府，但大多分离独立，各行其政，遇事矛盾，彼此推诿，且各部所掌不过“簿书期会”，所争者“不过意见参差”。由于缺少首脑机关，权力分散，政令不能统一，行政效能极差。总之，近代之前的内阁为赞襄皇帝、总揽庶政、表率百官的机构，国家大权为皇帝所掌握，内阁对于国家大政问题，虽可以奏议敷陈利弊、得失，参与决策，但取舍从违有待皇帝的最后裁夺。所以，这时的内阁只是协赞皇帝裁决政务的最高机关，自身并没有决策之权，最高决策权仍掌握在皇帝手中，不能与现代的责任内阁同日而语。[2] 这是传统政治体制下内阁制度的本质之所在。这种驱从于专制皇权的以一元集权主义为价值指向的内阁制是不可能转化为近代的责任内阁制度的，新的责任内阁制只能从外部移植或引进。

三　传统政治体制中的皇权与相权关系

在中国传统政治体制中，一直缺乏西方语境下的民意机构，三权体制在形式上和实质上都未曾建立，而西方的三权体制有着悠久的历史传统。所以，对中国传统政治体制的分析是不可以沿用三权分立体制的思路的。但我们注意到，在中国传统政治体制中，尽管缺乏民意机构，却存在另外两种权力形态，即皇权和相权，皇权和相权构成了中国古代的二元权力结

① 谢俊美：《政治制度与近代中国》（增补本），上海人民出版社2000年版，第107页。

② 罗孟浩：《论责任内阁制》，台北中华文化出版事业委员会1958年版，第210页。

构。过去，我们常常将两者不加区分地混合在一起，其实不然，二者是相对独立存在的系统，应该将两者区分开来。因为，“官僚制度本身要求客观而普遍的法度。……中国传统的官僚制度无论在中央或在地方的行政制度方面，都表现着高度的理性成分”①，尽管它会受到来自于皇权或地方的干扰，尽管一切官僚系统都是当作专制政体的配合物。②

在传统政治体制中，存在一对特殊的关系，即皇权专制主义和官僚政治，与之相伴的是皇权和相权，两者紧密相连又相互矛盾，是贯穿中国古代政治制度发展的两条主线，它们共同构成了传统中国的制度结构。但两者从来都不是平行的，是上下有别的：皇权是绝对的、最后的；相权则是滋生的。诚如王亚南所言，至高无上的帝王凭借自己的政治经济权力扮演为中国官僚的大头目，支配各种各样的官僚、士大夫，而“官僚、士大夫假托圣人之言，创立朝仪，制作律令，帮同把大皇帝的绝对支配力建树起来，他们就好像围绕在鲨鱼周围的小鱼，靠着鲨鱼的分泌物而生活一样，这绝对支配权力愈神圣、愈牢固，他们讬庇它、依傍它而保持的小皇帝的地位，也就愈不可侵犯和动摇了”③。

虽然皇权是绝对的、最后的，但并非无所拘束而随心所欲。皇权的行使所遇到的阻力除了汉儒的“天”、宋儒的“理”及君权本身形成的传统外，还有来自于传统政治体制中的官僚制度。余英时认为，相权是中国古代官僚制度中的枢纽，“单从相权的角度看，我们所见到的是君权压抑相权，是君主不让宰相拥有客观化、制度化的地位和权力。但从君权一方面着眼，相权托身所在的官僚制度也始终构成君主贯彻他个人意志的一重阻碍”④。在传统政治体制中，皇权的扩张不能无限制地侵夺相权。官僚政治不仅仅是专制主义的附属物，它还具有自身的运作逻辑，是一个相对独立的治理系统。这样，就在皇帝之外形成一个根据皇帝意志建立，但又独立于皇帝的政府机构来实施对全国的统治。这样，权力的二元结构就不可避免。有学者说：“现代民主国家的政府，固然要受到限制，就是过去的

① 余英时：《中国思想传统的现代诠释》，江苏人民出版社 2004 年版，第 87 页。

② 王亚南：《中国官僚政治研究》，中国社会科学出版社 1981 年版，第 61 页。

③ 同上。

④ 余英时：《中国思想传统的现代诠释》，江苏人民出版社 2004 年版，第 85 页。

专制的帝王，又何尝不受限制。上焉者臣工的进画忠谏，下焉者人民的反抗暴动，以及灾异祥瑞的天象，人君或为表现其虚怀纳谏的雅量，或为基于保持权位的心理，在某种情形下，无不可以对其作为或企图，发生一种抑制的作用。如此说来，则限制之于政府，似无专制与民主之分。”① 当然，“君主专制时代，是对领袖人物、特别是对第一领袖人物制约力量最弱的时代”②。有史料记载：“（唐）政事堂者，自武德以来常于门下省议事，即以议事之所谓之政事堂……至高宗光宅元年，裴炎自侍中除中书令，执事宰相笔，乃迁政事堂于中书省。记曰：政事堂者，君不可枉道于天，反道于地，覆道于社稷，无道于黎元（太宗之讳）。此堂得以议之。臣不可悖道于君，逆道于仁，黩道于货，乱道于刑，克一方之命，变王者之制，此堂得以易之。’③ 这个记载说明君主的权力是受到限制的，表明初唐以来已形成这样一种政治传统，即宰相（政事堂）有“议”君的权力，且制度化了，但政事堂并不可“易”君，但“议”君之权见诸明文。根据唐代的三省职权之划分，我们可以看到，唐代设计出的这种君逸臣劳的宰相制度，既能够保证政府对全国政务的处理，又抑制了相权的过分膨胀，它在皇权与相权之间做到了平衡。传统中国政治的制度结构决定了古代的皇权既限制相权而又离不开相权。初唐这种三省制下的集体相权不仅超过了汉代，也是宋代以后所不可比的。宋朝建立后，社会上再没有足以威胁皇权的势力了，皇权的绝对化愈演愈烈，与之相应，相权则是日益衰落，宰相不仅失去了财权和兵权，甚至连人事权也被剥夺了。宋代一切大权可谓集于皇帝一身。到了明洪武废除宰相也就水到渠成了，君主专制的本质是不能使大权旁落。

在中国传统政治体制中，皇权与相权之间存在着相互摩擦、矛盾、调整的关系。当官僚制度的相权不符合“君尊臣卑”的要求时，君主便要对官僚制度及其下的相权进行一次重大调整。从中国古代社会独特的制度结构来看，专制主义的性质和官僚帝国的制度逻辑，再加上皇权与相权互相扶持和一些交叉，共同决定了皇权与相权的矛盾和斗争是不

① 荆知仁：《中国立宪史》，台北联经出版事业有限公司 1984 年版，第 4—5 页。

② 董崇山：《政体论》，中国展望出版社 1987 年版，第 71 页。

③ 李华：《中书政事堂记》，载董诰《全唐文》第 316 卷。

可避免的。皇帝居于权力的最高峰，是国家的唯一领袖，而实际上的行政权力则掌握在宰相手中。宰相居于“一人之下，万人之上”，是政府的领袖，是皇帝的股肱，辅佐皇帝治理国政。一方面是皇权的至高无上，另一方面宰相是事实上的政府首脑，这种双权力中心的政治格局必然会产生权力与权力的争夺。如何处理同宰相之间的关系，成为历代君主要解决的首要问题。君主专权，则宰相无能；宰相专权，则君主懦弱，则会威胁到皇权。同时，君权和相权之间的平衡，也是确保决策正确的重要手段。从中国古代政治史来看，皇权与相权的斗争一直存在于古代中国，直到明初废除宰相，专制主义没有丝毫限制了，皇权与相权的斗争几乎停止了。

从上述可知，在中国古代社会专制主义与官僚政治的制度结构中，皇权与相权是紧密相连而矛盾的。专制主义决定了至高无上的皇权无时无刻不在无限地扩张，而官僚政治又具有相对的独立性，保证了专制主义的权威；作为官僚政治运作机制的核心，宰相在整个政治系统中居于主导地位。在传统政治体制中，皇权与相权始终存在着此消彼长的矛盾和冲突，通过这种矛盾和冲突实现二元权力结构的平衡。一旦这种平衡被打破，一方迟早会消灭另一方。其结果要么是朝代的更迭，要么是专制主义的极度扩张。明朝皇权充分发展和扩张，空前强化的专制主义，致使宰相被废除和官僚政治被置于皇权的绝对控制之下，致使官僚体系与皇权之间的平衡被打破，从而使传统官僚政治发生畸变。废除宰相，代之以内阁，专制主义政治空前强化。

李俊在《中国的宰相制度》中指出：“中国宰相制度，代不相同，然相因而变，有其趋势，亦有其法则。趋势为何？时代愈前，相权愈重；时代愈后，相权愈轻。法则为何？君主近臣，代起执政，品位既高，退居闲曹是也。”① 这揭示了传统政治体制中皇权和相权关系的演变趋势，表明皇权在不断扩大，相权日益削弱。

“皇权扩大在制度史上的含义便是破坏了官僚制度的自主性和客观性。而相权从低落到消失则适成为这种发展的一个最清楚的指标。官僚

---

① 李俊：《中国的宰相制度》，商务印书馆 1947 年版，第 239 页。

制度瘫痪于皇权的巨大压力之下，政治还能走上合理的轨道吗?”[①] 空前强化的专制主义制度不仅和正在兴起的西方资本主义相形见绌，也使中华帝国在17世纪以后开始走向衰落。在19世纪以后，中华帝国开始遭受西方列强的入侵、掠夺与凌辱，中国的政治制度也即将面临一次重大变革。

第二节 近代内阁制及其变迁

一 近代内阁制的产生、内涵与特征

（一）近代内阁制的产生

内阁制渊源于英国的政治惯例，其形成经历了一个漫长的历史时期。内阁制作为英国政治的重要组成部分并不见诸英国法律。这说明，内阁制在英国是一种习惯，属于习惯法。而作为习惯，内阁制是根植于英国的历史土壤和文化环境中的。

内阁前身为枢密院，它是中世纪英王下面的最高行政机关，英国所有政府之各种制度均由此而产生。“内阁”（Cabinet）原意为“内室”或“密议室”、枢密院中的一个组成部分，专指英王同亲信大臣举行重要会议的议事厅。1066年，法国诺曼底公爵威廉征服英国以后，实行中央集权统治，建立御前会议。到15世纪，御前会议愈加固定和完善，发展成为枢密院。从都铎王朝开始在枢密院之下设立诸多委员会，瓜分了枢密院原有的职权，导致国家政府职能趋向分工，也造成了枢密院本身的衰落。其“大部分枢密院之职权，或因完全撤废，或因转移诸另一机关办理”。枢密院的衰落是内阁萌芽的前提，而其萌芽源于一个外交委员会。外交委员会不是一个正式的、公开的委员会，而是一个完全依附于国王的秘密委员会。在1681—1688年的“托利党反动”时期，国王可以不受限制地召集私人顾问密议政事，使外交委员会的政治权力不断增加。而此时“密室会议”“内阁”的名称普遍地被人们采用。1688年后的20多年，内阁

① 余英时：《中国思想传统的现代诠释》，江苏人民出版社2004年版，第82页。

地位日益巩固，职权逐渐加强，内阁会议也逐渐正常。17 世纪末 18 世纪初，内阁与政府日益融为一体，内阁的构成人员亦趋于稳定。“因其会聚之所，在君主私人书室（Cabinet）或在一小屋内，故因以得名。”①

1714 年，乔治一世继承英国王位，因其不懂英语而经常不参加内阁会议并成为习惯。此时，资产阶级力量逐渐壮大，建立健全资产阶级政治制度的要求日益强烈。从 1717 年开始，内阁会议由一位大臣主持，开创了内阁首席大臣领导内阁的先例。1721 年，辉格党在议会下院占多数，其领袖沃尔波领导内阁，把持朝政 20 年，沃尔波政府成为第一任责任内阁。1742 年，辉格党发生内讧，沃尔波和他领导的内阁集体辞职，此事被当作英国内阁制形成的标志，开创了内阁对下院负责、下院对内阁方针不予支持时内阁必须集体辞职的先例。

至此，内阁制度初步形成。

从沃波尔下台到 19 世纪 30 年代，英国内阁制持续发展，若干内阁制原则陆续创立。1781 年，英军在约克敦投降，北美战争以英国的失败而告终，诺斯政府因此被迫于 1782 年 3 月辞职，全体阁员同时离任。诺斯内阁是第一届在议会下院的直接压力下辞职的内阁，它宣告乔治三世专制统治的结束，也标志着责任内阁制原则的初步形成。1783 年，托利党小威廉·庇特出任首相。第二年，小威廉·庇特因得不到下院的支持，下令解散下院，重新举行选举，开创了内阁在得不到下院多数支持时，可以解散下院、重新举行选举的先例，打破了以往未得议会多数支持应辞职的惯例。至此，英国责任内阁制基本原则已确定。

1782 年以后，国王不再出席内阁会议，首相和内阁可以独立自主地讨论、决定政府政策。随着内阁日益疏远国王，内阁去留的决定权转移到下院手中。但当下院不信任内阁时，首相可以提请国王解散下院，重新选举，从而形成了英国责任内阁制的又一重要原则。

18 世纪末 19 世纪初，英国内阁制度的框架基本形成，内阁越来越成为一个独立于王权并依附于下院、掌管行政权力的实体。内阁与下院多数党的联系越来越密切，首相与内阁日益紧密地融为一体。首相已不再是国

---

① ［英］S. 李德·布勒德：《英国宪政史谭》，陈世弟译，中国政法大学出版社 2003 年版，第 66—70 页。

王的“总管家”，而是政府的“总经理”。1832 年的议会改革加速了政党组织的完善和两党制度的形成，促进了责任内阁制的确立。1832 年以后，议会选举变成两大政党之间的权力角逐，大选的结果直接决定着哪个政党上台组阁，新首相总是根据个人地位、威望、能力、影响以及在选举中的贡献大小，从本党议员中选任阁员，内阁成员都出自上院或下院议员，行政机关和议会密切结合在一起，这是英国近代政治制度的一个突出特点。到 19 世纪中叶，内阁集体责任制原则确立起来。

1832 年议会改革以后，王权迅速削弱，内阁对议会的依赖性迅速增强，从而形成了“虚君政治”“议会至上”的原则。随后英国责任内阁制又增加了若干新原则：（1）多数原则：首相和内阁需从下院多数党中挑选，并依靠优势以保证执政党政策和法令的顺利实行。（2）所有阁员对政府集体负责，并与首相共进退。（3）政府在大选失败后必须立即辞职。至此，君主与首相、议会与内阁之间的多项关系都已基本固定，责任内阁制的各项主要原则都基本具备。

从以上阐述可知，英国责任内阁制的形成是通过一系列惯例确立的，与王权的衰落、选举改革、政党政治的发展紧密相关，呈现出渐进式变革的特色。

（二）近代内阁制的内涵与特征

从英国责任内阁制的形成过程，我们可以知道，内阁制（cabinet system）是指内阁由议会选举中获胜的多数党组成并向议会负责的一种政权组织形式。由于内阁制政府具有对议会负责的特征，故又称为议会内阁制。那么，英国责任内阁制表现出哪些内容和特征呢？

第一，内阁是国家最高行政机构，议会是国家最高立法机构。内阁产生于议会并对该议会负责，定期向该议会报告工作并受其监督。

第二，内阁一般由在议会中的多数党组成，或几个政党共同组成。内阁首长称首相或总理，在内阁中处于核心地位，领导内阁，掌握国家最高行政权。内阁首相或总理由议会中的多数党领袖担任，并有组阁权组阁，阁员由首相提请国家元首任命，阁员对首相或总理负责。内阁首相或总理主持内阁会议，总揽政务，行使内阁最重要的行政职权，领导国家的武装力量；负责制定和执行国家对内对外的重大方针政策。

第三，国家元首是国家的象征和代表，不享有实际的行政权力。内阁代表国家元首对议会负责。内阁制实行副署制，元首颁布法律、法令时，必须由首相或相关阁员副署。

第四，议会对内阁有不信任投票权，即倒阁权。当议会对内阁通过不信任案时，内阁必须总辞职。内阁也有呈请国家元首解散议会的权力，这时，需提前举行大选，由新议会决定内阁的去留。如果新议会仍对内阁表示不信任，内阁则必须总辞职，由国家元首任命新首相组织新政府，此即国会解散权。此二权的行使，常常导致内阁的不稳定和政策的变易。正如学者所言："责任内阁制亦足使行政机关的政策，频频变易，而陷于不稳定的状态。……盖行政机关的政策既操诸内阁，而内阁复随议会多数的意志以进退，则行政机关政策之能否固定，自然须看议会中有无一个固定的过半数政党存在。英国及其自治地的议会常能有这样一个政党存在，所以责任内阁制较为成功。"①

第五，从表面上看，行政权与立法权是分离的，相互监督与制约，但实际上二者是合而为一的。因为内阁成员出自议会议员，既在政府担任行政工作，又在议会参与立法工作，以利于加强立法机关和行政机关的联系。议会的一切重要法律提案都来自于内阁。在英国，分权制原则已被削弱，内阁成为连接最高行政和立法机构的纽带，首相集国家行政和立法大权于一身，成为权势显赫的"无冕之王"。②

责任内阁制体现了这样的一种政治思想，即：政府管理社会的职能来源于国民的授予，代表国民意志的议会拥有监督政府的职责；同时，为了防止"代表的地位反高于所代表的主体，仆役反高于主人，人民的代表反高于人民本身"③ 的现象出现，赋予行政机关制约议会的权力也是必要的。通过政府与议会的制约平衡，国民的主权意志得到最终实现。

二　内阁制的变迁

英国的责任内阁制形成后，对其他国家的政治制度产生了很大的影

---

① 王世杰、钱端升：《比较宪法》，中国政法大学出版社 2004 年版，第 276 页。

② 阎照祥：《英国政治制度史》，人民出版社 1999 年版，第 316 页。

③ ［美］汉密尔顿等：《联邦党人文集》，程逢如等译，商务印书馆 2009 年版，第 392 页。

响，成为许多国家模仿的范例。日本、法国、意大利、德国、希腊、西班牙、荷兰、卢森堡、比利时、瑞典、挪威、泰国、印度等国都曾采用内阁制。这里，拙著只简要介绍法国、德国和日本的内阁制度。

（一）法国的内阁制度

（1）法国内阁制的形成与演变

法国内阁制的形成曾受到英、美资产阶级革命的影响。英国的君主立宪制、权利法案、洛克等人的政治学说，美国的《独立宣言》、1787年宪法及各州的权利宣言和宪法，在法国产生了广泛影响。[①] 法国既借鉴了英美的经验，总结了它们的不足，又结合法国革命自己的实践，作为“民主与宪政的试验场”[②]，最终形成了法国的共和政体。但法国的共和政体经历一个从议会制共和政体到半议会制和半总统制共和政体的演变过程。

法国大革命期间并没有形成严格的责任内阁制。1789年的《人权宣言》确立了“天赋人权”“主权在民”“三权分立”的宪法原则，奠定了法国责任内阁制的基础。1791年宪法规定，政府实行君主制，行政权委托给国王，王国政府由6名大臣组成，未设总理之职；大臣由国王任免，不对议会负责而对国王负责，国王的任何命令均须一位大臣副署，大臣应对其违反因家安全和宪法的一切罪行负责，而且大臣不得兼任议员。该宪法所建立的体制并非典型的责任内阁制，因为它保留了拥有行政权和否决权的国王。雅各宾专政时期，按1793年宪法规定，由立法议会选出24人组成执行会议，负责指导并监督全部行政事务，执行立法议会的法律和法令。这是一种议会政府，执行会议不能对议会采取任何行动，没有法律创议权，不能否决法律，也不能解散议会，由议会掌握一切权力。督政府时期，1795年宪法规定，行政权委托给督政府行使，政府与议会之间实行严格分权，督政官不出席、不召集两院会议，也不能解散议会。议会不能对督政官提出质询，只能对违法、犯罪的督政官提出控告。拿破仑统治时期，1799年宪法规定，政府委托3名执政，实际行政权集中于第一执政

① 洪波：《法国政治制度——从大革命到第五共和国》，中国社会科学院出版社1993年版，第51页。

② 何勤华：《外国法制史》（第四版），法律出版社2006年版，第250页。

拿破仑·波拿巴之手，由他任免各部长，各部长负责执行法律并对第一执政负责。议会对政府无能为力，元老院起一种象征性的监督作用。波旁王朝复辟时期，议会内阁制开始引入法国，行政权专属于国王，国王从议员中选任内阁成员，设内阁总理，阁员有权出席议会并发言，国王可以解散众议院。但与英国不同的是，宪法规定行政权专属于国王，国王从贵族院和众议院议员中选任内阁成员组织内阁，且内阁成员对国王负责，对议会只承担刑事责任；国王不是统而不治的虚君，而是大权在握，国王可以罢免内阁总理，组织亲国王内阁；宪法也没有规定内阁应同众议院多数意见保持一致。因此，复辟时期的内阁制还不是真正的责任内阁制，只是向议会内阁制迈出了一步。七月王朝时期的内阁制更接近于英国的内阁制，王权进一步受到限制，国王任命内阁成员须取得众议院多数同意，内阁对议会负责，议会对政府进行监督，众议院可上书国王、讨论预算、向政府提出质询等。七月王朝时期的内阁制是一种二元内阁制，它既对国王负责，又向议会承担责任。第二共和国时期，1848 年宪法规定，内阁成员由总统任免，可从议员中选任部长，部长可出席议会并发言，一切行政大权操于总统之手。由于存在两个平等而对立的权力：总统既不能批准法律，也不能解散议会；议会不能选举总统，也不能罢免总统，有人认为法国内阁既可称为总统制内阁，又可称为议会制内阁。第二帝国时期，拿破仑三世恢复第一帝国的中央集权的军事独裁体制，内阁成员由皇帝任免、对皇帝负责，且不得担任立法议会议员；议会对政府无监督之权，皇帝可以解散立法议会。1870 年 1 月，占议会多数席位的政党被允许组织内阁。

第三共和国时期，责任内阁制最终确立。1875 年，国民会议《法兰西第三共和国宪法》，又称“1875 年宪法”。该宪法规定：总统的权力必须经过内阁行使，总统命令须由各部部长一人副署；各部部长对两院负连带责任。该宪法颁布后，法国逐步形成典型的责任内阁制的议会共和体制。其基本特征有：一是由总统任命内阁总理及根据总理提议任命其他阁员，宪法规定由总统任命全体文武官员；二是内阁对议会负责；三是各部部长对总统的行政行为负责，总统的一切命令均须由一名部长副署，并对其所副署的行政行为的合法性负责；四是内阁各部长可出席议会两院会议并可发言。此外，还有其他一些特点，如：内阁必须得到下院多数信任的原则；内阁的其他成员由总理提名、总统任命；内阁成员不得兼任议员等。

1946 年宪法受 1875 年宪法的影响，仍然规定了责任内阁制，议会与内阁相互制约，但议会处于绝对优势而政府处于劣势，议会的单方倒阁权破坏了行政权与立法权的制衡，这种片面内阁制导致第四共和国危机重重。加上国内党派林立、矛盾重重，内阁更迭更加频繁。自法国第四共和国成立至 1958 年 6 月，内阁更迭 26 次，平均任期为 6 个月，最长的一届内阁为 15 个月，最短的仅有两天。① 1958 年，戴高乐建立第五共和国，颁布了“法兰西第五共和国宪法”，其政体转变成一种带有内阁制特色的总统制政体，或半总统制半议会制，戴高乐称之为“既是议会制的又是总统制的”②。该宪法扩大和加强了总统的权力，使其遍及立法、行政、司法、军事各个领域；缩减了议会的权力，议会不能滥用倒阁权，国民会议的质询权、不信任权受到了限制，总统可以不经总理的副署解散国民会议，政府和总理的地位有了较大改善。随着 1958 年宪法确立以总统为核心的新宪政体制，传统责任内阁下议会与政府的制衡关系转变为总统与总理领导的政府之间的制衡，使法国的责任内阁制与英国不同，并非完全的责任内阁制。

（2）法国内阁制度的主要内容与特点

法国的内阁是一个集体机构，由总理和内阁部长组成，总理是政府首脑。第三、第四共和国时期，行政权掌握在内阁手中。第五共和国时期，总统的权力大大加强，总理的权力明显削弱。法国内阁职权的大小，因不同的历史时期而有不同。在自由资本主义时期，内阁权力较小，进入垄断资本主义时期以后，内阁的权力逐渐扩大。在第三、第四共和国时期，实际权力掌握在内阁手中，到了第五共和国时期，内阁的权力与地位呈现下降趋势。总统和内阁的权力在许多重大问题上是分不清的。戴高乐曾说：“选举总统的人民已经把国家不可分割的权力完全赋予总统，除总统授予并维护的权力以外，不存在任何其他的权力。包括内阁的权力、民政的权力、军事的权力和司法的权力，而且总统有权调整安排由他本人处理的最

---

① 何勤华：《外国法制史》（第四版），法制出版社 2006 年版，第 237 页。

② ［法］戴高乐：《希望回忆录》（中译本）第 2 卷，上海人民出版社 1973 年版，第 289 页。

高级范围的事务和交给别人的事务。”①

法国内阁制度的主要内容与特点，体现在内阁同议会、总统、政党的关系上。

第一，在内阁同议会的关系上，一是议会对政府进行监督，二是政府要对议会负责。议会可对政府提出不信任案，行使倒阁权而推翻政府；而内阁如得不到议会多数的信任，总理也可行使解散权，请总统解散下议院。

第二，就内阁与国家元首的关系即行政权的分属问题而论，当国家元首大权在握、又统又治时，内阁往往从属于国家元首，成为“听差内阁”或元首的“个人内阁”；当内阁总理与总统发生冲突时，总理要么服从总统，要么辞职。当国家元首处于统而不治的“虚位元首”时，行政权掌握在内阁手中，内阁总理是真正的决策人，总理对总统具有制约性，总统的命令需要总理副署，否则不能生效。实际上，总理既要和总统保持比较好的合作关系，还要对议会负责。在权力的实际运作中，总理“在煤堆干活”，出事背黑锅，总统则居高临下，谁也动不得。

第三，从内阁同政党的关系即构成议会多数的各政党如何分配内阁职位的问题来看，由于实行多党制，法国的执政党经常由几个党联合组成政党联盟，组成多党联合内阁。构成议会多数的政党联盟，经常为内阁职位的分配发生激烈争夺。这导致法国的多党联合内阁具有明显的不稳定性的特点。

（二）德国的内阁制度

德国是欧洲建立民族国家较晚的国家，直到19世纪下半叶的时候，德国境内尚存在300多个邦国、几十个自由城市和1500多块帝国骑士领地。从1864年到1871年，普鲁士先后击败丹麦、奥地利、法国，才建立了统一的德意志民族国家。统一之后不久，1871年4月，颁布《德意志帝国宪法》，这部宪法以1850年普鲁士宪法为蓝本，确立了立宪君主制。根据这部宪法，行政权直接控制在皇帝和帝国宰相手中，议会完全处于从属的地位，不仅不享有对行政机关的监督权，立法权也要受到皇帝的极大

---

① 国际关系研究所：《戴高乐言论集》，世界知识出版社1954年版，第482页。

制约。立法权不完整的议会，不对议会负责的强大政府是该宪法的突出特征，责任内阁思想自然无从产生，德国成为一个典型的专制主义的法制国家。[①] 德国统一后的三四十年间，经济迅速发展，一跃而成为欧洲强国，并向外扩张，导致发动第一次世界大战，战争的失败导致专制统治全面崩溃。帝制崩溃后，德国于 1919 年制定了《德意志共和国宪法》，即《魏玛宪法》。该宪法宣告了君主专制政体在德国的终结，确立了具有责任内阁制特征的政治体制。它规定国家管理实行共和制度，联邦议会（由联邦国会和联邦参政会组成）是立法机关，行政权由联邦总统和政府行使，联邦政府对国会负责，如果国会对政府成员不信任，不论何人即应辞职，政府有权提出法案、颁布行政法规，总统的命令由总理和相关部长副署后才能生效。但该宪法赋予总统极大的权力（包括强制执行权和独裁权）的规定，为法西斯独裁政权提供了合法依据。

第二次世界大战结束后，德国在战胜国的主导下，实现了民主化改革，于 1949 年颁布了现行的《德意志联邦共和国基本法》，这部基本法确立了完全的责任内阁制，德国成为民主共和政体下责任内阁制的典型国家。该宪法坚持行政一元主义，它规定总统为礼仪性的国家元首，总统经由联邦大会选举产生；总理经总统提名由联邦议院选举产生，一般由联邦议院中多数党领袖担任，总理组织责任内阁对联邦议院负责，并可提请总统解散联邦议院；联邦议院拥有倒阁权，但联邦议院的倒阁权不同于英国的倒阁权，而是一种“建设性不信任投票权”，即“联邦议院只能以大多数议员选出继任者并请求联邦总统将联邦总理免职来表示对联邦总理的不信任”。这即是说，在现行德国宪法之下，行政权由总统为核心转向总理为核心，议会与内阁的关系从《魏玛宪法》下的议会优势转向了两者之间的平衡。至此，第二次世界大战后的德国成为当今世界上典型的责任内阁制的民主共和国家。

（三）日本的内阁制度

日本是一个典型的后发外源型宪政国家。早在 1890 年生效的《大日本帝国宪法》即《明治宪法》，确立了天皇主权的立宪君主制，同时规定

---

① 何勤华：《外国法制史》（第四版），法制出版社 2006 年版，第 278 页。

了国务大臣辅弼天皇，承担其责任，内阁从属于天皇，对天皇负责而不对议会负责。但在天皇制下，“天皇统帅陆海军”，天皇的统帅权从一般国务中独立出来，这使日本形成了军部独立于内阁之外行使军权的“二重内阁”。这使明治宪法下的内阁与责任内阁制完全不相符。

日本现行的内阁制政体，是在第二次世界大战之后在美国的控制下，在“民主化”的过程中逐步建立起来的。它以英国的内阁制度为蓝本，折中英美模式的议会制度，在不改变资产阶级专政的国体前提下，对于政体做了一定的调整，对国家政权的组织形式做了一定的改变。它采取欧美国家普遍实行的“三权分立”原则，实行“国民主权”的英国式责任内阁制，以防止国家权力像战前和战时那样独裁化，来维护资产阶级的统治。

根据战后日本宪法，立法权、行政权、司法权分别由国会、内阁、法院行使，三者之间互相制约。国会是日本的最高权力机关和立法机关，它由参、众两院组成，其议员由国民普选产生。内阁是国家最高行政机关，行使行政权。但内阁必须得到众议院的信任才能成立和继续执政；内阁总理大臣一般为议会中多数党的领袖；由其任命国务大臣；内阁总理大臣以及大多数国务大臣来自于国会议员。日本宪法建立了内阁对议会的连带责任制，即内阁行使行政权必须对国会负责。如果众议院通过了对内阁的不信任案，要么内阁总辞职，要么解散众议院，重新举行大选，交由国民在大选中新选的议员重新决定对内阁的态度，如新选出的众议院仍对内阁不信任，内阁必须总辞职。这是内阁和众议院间的相互制衡。战后日本宪法的这些规定，显然不同于战前明治宪法，有利于防止专制独裁，这无疑是个进步。

在多党制前提下，长期实行一党执政，是日本内阁制的特色。由于执政党长期在议会两院中占据多数议席，执政党的领袖当然地出任内阁总理。在这种情况下，内阁制的政党之争，就变成了党内派系之争，各大派系通过党内竞争争夺党魁地位。于此，日本内阁制除了具有一般特点以外，还具有以下特征：第一，内阁频繁换届。日本仅在1972—1986年，内阁总共更迭了15次，任期超过一年的只有5次。日本众议院解散，意味着内阁总辞职，只有在重新进行议会选举之后，才能重新组建内阁。第二，内阁成员的座次，基本上反映了党内派系实力。日本自民党内部，有主流派、反主流派和非主流派三大派系，内阁换届、内阁成员的重新部署，实际上是这三大派系人事的重新编排和组合。第三，内阁成员的构成基本上是一党内阁。由于自民党长期一党执政，内阁中的职位，基本上在党内各派系之间进行分配。在日本，没有一个政党能够从根本上对自民党进行制约。另外，日本内阁是典型的政党内阁。“首相应为国会议员，而且由国会两院选举。这个选任首相的方式，必然使内阁成为政党内阁。”首相选出后，他有选择阁员、国务大臣的完全自由，自然不会选择与自己政见不同的人入阁。①

以上四国，各国因国情、历史、文化和法律传统不同，所实行的责任内阁制各有不同。英、日实行的是君主立宪制下的责任内阁制，而法、德实行的是民主共和制下的责任内阁制。但也有相同之处，那就是内阁由议会产生并对议会负责，受其监督；内阁总理由议会中的多数党领袖担任；内阁与议会联系的纽带是政党和选民；双方通过解散权和同意权来实现制约与监督。这些内容虽因各国国情不同而表现不同，但都体现了主权在民、有限政府及权力的制约与平衡的理念。

三　中国传统政治体制中的内阁制与西方责任内阁制的比较

中国传统政治体制中的内阁制，与西方责任内阁制生长于不同文化环境之中，毫无关涉，在本质上属于两种完全不同的政治制度。

第一，中国传统政治体制中的内阁制，是作为专制主义集权统治的附属物而出现的，是集权的产物，内阁主要是适应君主集权加强形势下的秘书机构，阁臣只是皇帝的机要秘书。其明显的特点是集权。近代责任内阁制是西方民主政治下的分权制的产物，其明显的特点是分权。

第二，中国传统政治体制中，不存在“三权体制”，不存在国家权力的划分与监督，国家一切权力都集中在皇帝手中，内阁没有实权，其行为只是向皇帝（元首）负责，不存在向议会负责的问题。在西方责任内阁制中，内阁是国家最高行政机关，内阁首相或总理以其行为向议会而不是向国家元首负责。元首只是虚位的，不负政治责任。而且元首的命令及其

① 邹文海：《比较宪法》，台北三民书局 1977 年版，第 217 页。

他行为都需内阁大臣的同意或副署才有效力。

第三，在传统政治体制中，内阁首领并无组阁的权力，一切都听任皇帝（元首）决定，就是内阁首领本人也是由皇帝指定的，而非由人民或民意机关选举产生，当然也就不存在接受来自人民或民意机关的监督的问题。此外，更重要的是，内阁并无制衡皇帝的权力，这是决定中国历史上不存在责任内阁体制的关键性因素。这就使作为皇帝机要秘书的内阁消解了责任内阁制的理念，使中国历史上的政治运行呈现出无责任、无限度状态。在西方责任内阁制中，内阁总理由在议会选举中获胜的多数党领袖担任，具有组阁的权力，元首对此只能表示同意。而且在责任内阁制下，存在严格的监督机制，即议会的不信任投票权和内阁的解散权。

总之，传统政治体制下的内阁制是一元政治下的内阁制，它缺乏责任理念，忽视个人权利和国民主权，不存在建立民主政治的环境和条件。因此，传统的内阁制不可能转化为近代责任内阁制。

第三节　近代中国内阁制的引进

19 世纪中期以来，西方资本主义大规模东侵，给中国传统社会带来了巨大的冲击，使中国面临“三千年未有之大变局”，使中国的传统政治开始裂变，也为近代中国民主政治的发展提供了契机。在西方强势文明的压迫与诱惑之下，中国走上向西方学习的历程，西方的器物文明、制度文明也相继输入中国。责任内阁思想、制度作为一种宪政文化乃至西方文化的一部分，其传入是与中国救亡图存的发展历程一致的，也是与西方宪政文化传入中国的历程一致的。至此，“政治变革之声，嚣然遍国中”[①]，中国传统的一元主义的政治观念、政治体系、政治制度逐渐发生变化，中国开启了政治现代化的历程。

西方列强的侵略与文明示范无疑是中国政治现代化启动和发展的一个不可或缺的因素，但“中国历史的内部要素与西方文明的示范效应叠加在一起共同制约着中国现代化反应类型与历史走向”，作为一个后发外生

① 谷钟秀：《中华民国开国史》，台北文海出版社 1966 年版，第 10 页。

型国家，其现代化不仅仅是一个“冲击—反应”的过程，它“既是古老的历史在新世纪的骤然断裂，又是这一历史在以往的传统中静悄悄的绵延”①。近代中国的内阁制即是这种历史环境下的产物。

一 西方责任内阁制思想的传入

从鸦片战争到辛亥革命，责任内阁制思想的传入，可分为三个阶段。

第一阶段：鸦片战争到甲午战争之前的准备阶段。

鸦片战争以后，混沌中的中国人开始睁眼看世界。以林则徐、魏源、严复为代表的开明知识分子认为，中国之所以失败，是因为洋人的船坚炮利、器物了得，而中国军备落后、器物不及，中国再不能闭关自守了，应该开眼看世界，向西方学习。为此，林则徐主持编辑了《四洲志》，不仅介绍世界各国的地理分布，还摘要介绍英美等国的政治制度。魏源在《海国图志》中较为详细地介绍了英法美等国的政治制度。对英国的立宪政治，他介绍说：“‘国内政事’由各部落议举殷实老成充之，遇国中有事，即传集部民至国都巴厘满（议会）会议，嗣因各部民（众议员）不能俱至，故每部落各举一二绅耆（参议员）至国会议，事毕各回，后复议定公举之人常住甘文好司衙门办事，国家亦给薪水。”“国中有大事，王及官民俱至巴厘满衙门公议乃行。……大事则三年始一会议，设有用兵和战之事，虽国王裁夺，亦必由巴厘满议允。国王行事有失，将承行之人，交巴厘满议罚。”② 这些大概是中国最早介绍英国君主立宪的表述。徐继畬在《瀛环志略》中也介绍了英国、法国等国的史地文化、宗教、军事及政治制度。③ 这些都表明中国开始接触西方民主政治制度。

第二次鸦片战争后，一些地主阶级思想家将西方资产阶级议会内阁制度的介绍推向了一个新的阶段，希望学习西方政治、经济、用人制度。郑观应在《易言》中介绍了西方资产阶级议会制度，他说，西方的上下议

---

① 许纪霖、陈达凯：《中国现代化史：1800—1949》（第一卷），学林出版社2006年版，第2页。

② 魏源：《海国图志》卷五十，《英吉利总说》，第6页。

③ 徐继畬：《瀛环志略·合众国志》。

院制度，“意议相符，择国主决其从违；倘彼此参差，则或令停止不议，或议复而后定。故泰西政事举国咸知，上下无扞格之虞，臣民泯异同之见，则长治久安之道，因有可预期焉”[①]。他还在《盛世危言》中介绍了西方议院的性质与作用：“议院者，公议政事之院也，集众思，广众益，用人执政，一秉至公，法诚良，意诚美”，他还说：“欲张国势，莫要于得民心，莫要于通下情，欲通下情，莫要于设议院”，指出君主立宪制已是世界大势，中国也应该实行民主政治制度。王韬认为必须仿行西法，废除封建专制制度，建立“君民共主，并治天下”的资产阶级君主立宪政体，中国才能欲免遭压迫，自强图存。他特别推崇英国的君主立宪制，认为“英国政治制度之美，实为泰西各国所闻风向慕，则以军民上下互相联络之效也”，最适宜于中国，“惟君民共治，上下相通，民隐得以上达，君惠亦得以下逮”。[②]

为寻求救国的道路，从 19 世纪 70 年代起，一批中国人开始走出国门，把西方的物质文明和精神文明介绍到中国来。郭嵩焘在介绍英国的政治制度时说：“此间政教风俗，博大深厚，似其气象方日加新，推其立国之本……百余年来，其官与民，相与讲求国政，自其民而行之，蒸蒸日臻于上……至今君主以贤明称。人心风俗，进而益善。”“推其立国本末，所以持久而国势益张者，则在巴力门议政院有维持国是之义，设迈阿尔（市长）治民有顺从民愿之情；两者相持，是以君与民交相维系，迭胜迭衰，而立国千余年终以不弊，人才学问相乘以起，而皆有以自效，此其立国之本末也。”[③] 曾纪泽在其出使日记对于西方国家“政教之有绪，富强之有本，艳羡之极”[④]。黄遵宪到了日本后撰写了一本《日本国志》，“今所撰录，皆详今略古，详近略远，凡牵涉西法，尤加详备，斯实用也”，希望中国向日本学习。他后来考察美英政治制度，认为英国君主立宪政体最适宜中国。[⑤] 崔国因在任驻外大使时，于 1883 年向光绪帝上书，提出开设议院的要求，认为：自强之道，关键在开议院，“议院设，而后人才

① 《郑观应集》，上海人民出版社 1982 年版，第 64 页。

② 王韬：《弢园文录外编》，中华书局 1959 年版，第 24 页。

③ 《郭嵩焘日记》，光绪三年十二月初一日、光绪三年十二月十四日，岳麓书社 1984 年版。

④ 《曾纪泽选集》，“日记”，湖南人民出版社 1984 年版，第 336 页。

⑤ 谢俊美：《政治制度与近代中国》（增补本），上海人民出版社 2000 年版，第 228 页。

辈出，增兵增饷之制可以次第举行也”，“设议院者，所以因势利导，而为自强之关键也”。[①] 薛福成在其出使日记中叙述了各国的社会政治、法律制度，尤其是西方的议会民主制度：“议院者，所以通君民之情绪者也。凡议政事，以协民心为本。大约下议院之权与上议院之权相维制”[②]，主张在中国实行君主立宪政体。黄庆澄在《东游日记》中介绍日本的政教、制度，并说他预感世界正面临一个新时代，并预言中国亦将会出现一个新的历史纪元。李筱圃在《日本纪游》中则要求清政府效法日本，“取泰西格致之学，兵家之学及彼国一切政治之足以矫吾辈者，及早而毅然行之”[③]。这些对西方的介绍，促进了中国人对西方的了解，促进了包括责任内阁制思想的西方宪政文化在中国的传播。

第二阶段：甲午战争后到预备立宪前的深入阶段。

从 19 世纪 60 年代开始的洋务运动因甲午战争的失败而宣告破产，有识之士开始认识到在西方坚炮利船的背后，是良好的政治制度保障，中国要想强大，必须实行制度变革，学习西方的政治制度。此后，作为西方宪政文化主要内容的责任内阁制度和思想在中国的传播进入了一个新阶段。

以康有为、梁启超为代表的维新派在中国呼吁变法维新，首次系统提出了政治层面的改革，要求“立宪法、开国会”，施行责任内阁体制，主张君主立宪式的三权分立体制，康有为上奏折云：“国会者，君与民公议一国之政法也。盖三权鼎立之说出，以国会立法，以法官司法，以政府行政，而人主总之立定宪法，同受治焉。人主尊为神圣，不受责任，而政府代之”，若皇帝能“立行宪法，大开国会，以庶政与国民共之，行三权鼎立之制，则中国之治理，可计日待也”；[④] “立宪法以同受其治，有国会以会合其议，有司法以保护其民，有责任内阁体制以推行其政”。[⑤] 这是近代中国立宪运动的开端。维新派拥戴年轻的光绪帝发动戊戌变法，在政治、经济、军事、文教等方面都采取了一系列新举措。戊戌变法因顽固派的镇压而失败，但中国对民主制度的追求并没有因此而停止。

---

① 谢俊美：《政治制度与近代中国》（增补本），上海人民出版社 2000 年版，第 231 页。

② 薛福成：《出使英法义比四国日记》，岳麓书社 1985 年版，第 16 页。

③ 谢俊美：《政治制度与近代中国》（增补本），上海人民出版社 2000 年版，第 233 页。

④ 康有为：《请定立宪开国会折》，《康有为政论集》，中华书局 1981 年版。

⑤ 康有为：《请君民合治满汉不分折》，《康有为政论集》，中华书局 1981 年版。

第三阶段：预备立宪期间的实践阶段。

庚子之役后，清政府被迫接过维新派的改革、变法旗号。1901年清政府宣布实行“新政”，中国的立宪事业最终发轫。从宣布“新政”到“责任内阁”的成立，中国的立宪事业取得了较大的成就。这时期，革命派和立宪派、保皇派关于中国如何立宪、是君主立宪还是共和立宪展开的大辩论，促进了内阁制思想在中国的传播。

就在清政府诏令全国“预备立宪”“仿行宪政”后，谈论“内阁”和“责任内阁”蔚为风气，大有“山雨欲来风满楼”之势。一时间，朝野上下、体制内外各类人等，特别是内外大臣、督抚、外交使节、士绅等纷纷上奏清政府，或在报刊发表文章，请求仿行宪政。这些奏章、文章或言论对责任内阁制进行了较为全面的介绍，促进了内阁制思想在中国的传播。

清政府宣布预备立宪后，孟杨即发表《论内阁制度》一文，强调内阁在立宪中的地位，认为立宪国家之通则是“政府而外，有独立之监督机关，依据国法而议政府之行动，举凡关于运转国政之种种特权，皆得而有之”。该文认为，议会制度与政党内阁制度相为表里，议院与内阁为立宪政体之重要机关，要实行立宪，则此二机关不得不预为计划。还认为，责任内阁乃“立宪政体之内阁”，“吾国今日之内阁，虽名同而实不同，即议院之设立，亦非一朝一日所能告厥成功也”。[①] 各省督抚在合词请设内阁国会奏稿中强调内阁在宪政中的地位，指出“内阁、国会为宪政根本”。国会请愿代表孙洪伊等在上资政院书中说：“有责任内阁谓之宪政，无责任内阁谓之非宪政；有国会则有责任内阁，无国会则无责任内阁。责任内阁者，宪政之本也；国会者又其本之本也。本之不立，则末将安所丽?”[②] 在新内阁官制发表之后，也有人认为“责任内阁为立宪政体必不可少之机关”[③]。在两广总督、云贵总督奏请设立责任内阁后，一位署名“长兴”的作者发表感言，认为责任内阁是“今日救时之先务，立宪国必

① 孟杨：《论内阁制度》，《学海》1908年第1期。

② 《国会请愿代表孙洪伊等上资政院书》，《国风报》1911年第26期。

③ 陶保霖：《论新内阁官制》，《法政杂志》1911年第4期。

不可缺之良制”。[①] 这些文章或言论都指明或强调了责任内阁作为宪政之本的地位。

而更多的人对责任内阁的含义及其内容进行了解释。

御史赵炳麟在奏折中认为：“组织责任内阁，宜确定责任内阁制度”，要确定责任内阁制度，则议院与内阁应同时成立，“惟监督机关必须设立”，“以议院司监督内阁负责任”。因为：“立宪国之贵有政府者，贵其有责任制也。欲责任制度之确立必有司督责之柄者”，这样的政府“曰责任内阁，亦曰正统内阁”。赵氏强调责任内阁要负责任，必有监督机关，“非先设各种监督机关，责任制度断不完全，甚非所以预备立宪之义”。[②] 这种对内阁制之认识，应该说是较为深入的。在会议政务处电奏议复中以“政府违法，议院得以弹劾之，议院举止失当，政府亦得以君命解散之，自不得有所偏重”[③] 而回应之。

在预备立宪高潮期间，吉林巡抚陈昭常上折奏请设立责任内阁：“官制中之责任内阁，辅弼君上，代负责任……为全国政治之最高机关。”认为内阁分为政党内阁和帝国内阁。“所谓政党内阁者，即其内阁阁员对于议会而负责任，组织内阁，必用议会多数之党。……所谓帝国内阁者，即其内阁阁员对于皇帝而负责任，组织内阁之权操之君主”；他还认为“设立责任内阁，将全国之政务，一一区分而条理之。……握诸中央者，中央政府负其责，其委诸地方官吏及自治团体者，由官吏及团体负其责。责任既极分明，机关自可效用矣”[④]。这种将中央、地方责任分清的观点，其实是未真正理解责任内阁的含义，将政体问题与国家结构问题混淆起来。

云贵总督李经羲在奏请设责任内阁折中，对“责任内阁”的含义是这样理解的：“查各国内阁制度，凡各部之行政长官，皆为内阁之国务大臣，国家政事每年由阁臣先期规划，若者宜因，若者宜革，若者宜全力经营，若者宜先立基础，一一参酌国势，权量财力，担任厉害，熟计通筹，预为宣示，宣示以后，即须按图循辙，计日程功，若或中止变更，凡属阁

---

① 长兴：《粤督滇督请立责任内阁折书后》，《国风报》1910 年第 15 期。

② 《御史赵炳麟奏组织内阁宜确定责任制度折》，《政治官报》1907 年第 69 期。

③ 《会议政务处电奏议复御史赵炳麟奏组织内阁宜确定责任制度折》，《东方杂志》1908 年第 1 期。

④ 《吉林巡抚陈昭常奏请设立责任内阁折》，《国风报》1910 年第 1 卷第 1 期。

臣，均受其咎。责任内阁之名，取义即由此。”希望皇上“亲简大臣，组织责任内阁，使各部尚书同为内阁之大臣，即以新设之内阁为全国行政之总汇，并责成其逐年将应行事件通盘筹虑，量出入之岁额，准各省之事情，分别办法，预定方针，昭示天下，若执行不善，各主管衙门，固属咎有专归，若主义背驰，则全阁大臣则皆当全负其责。庶几政策统一，责任分明，一切无所隔阂，内不至畛域之政见，为抵触之吹求，外不至违乎本省之所宜，耗精力于应付，进行有序，纲领不纷，监督机关，立于对待之地位，亦得因时成立，宪政完全或可期望。”① 这种理解可以说是对责任内阁的一种误解，因为，“责任”在于对哪个国家机关负责的问题，而不是对某个具体事物负责任的问题。

各省督抚在合词请设内阁国会奏稿中说：“内阁既设，君主仅拥虚名，岂知不负责任，实由神圣不可侵犯之义而生？至大权之载诸宪法者，立法、行政、司法悉归总览。不过，无内阁，则职务分之臣下，而担负仍在朝廷；有内阁，则统治属诸一人，而功过必归枢府。”② 这种对内阁及其责任的理解还是局限于君主专制语境下的认识，与宪政语境下的内阁含义相距甚远。

1911 年 6 月 15 日，内阁总理大臣发表演说，阐述“阁制要旨，在定政治之方针，保持行政之统一，是虽总理大臣之专责”，但同时他说“辅弼朝廷，赞襄大政，同心协力，以图进行，则国务大臣共此责也”③。这是从君主立宪制下内阁制的角度谈内阁及其大臣对君主应负的责任。

御史陈善同在奏章内对“责任”的理解较为片面，他说：“行政之责任，宜大小臣工共同担负也。立宪国制度，各部行政大臣，同负国务责任，与内阁总理大臣直接办事，副大臣则专理本部主管事宜，其余局长各官皆有专办之事，自大臣以至判任官，均明定分任规则。事虽有大小之殊，其为各负责任则一，无推诿牵率之病，有群擎之功，法至善也。”“立宪制精神，在划分立法、行政、司法三者，使各立于对待之地，可以

① 《滇督李经羲奏请设责任内阁折》，《国风报》1910 年第 15 期。

② 《各省督抚合词请设内阁国会奏稿》，《汇报》1910 年第 32 卷第 77 期。

③ 《六月十五日阁议内阁总理大臣演说词》，《法政杂志》1911 年第 1 卷第 1 期。

互相维持而不可互相搀越。"[①] 这种对"责任"之理解极其狭隘，并非出于立宪、宪政语境下之理解，只为各负其责之义，与责任内阁制之对君主或议会所负之"责任"相去甚远。

皇族内阁名单发表后，谘议局联合会发表请愿书，其中说：君上神圣不可侵犯，因为"有大臣代负责任"，"立宪国之君主，以不负责任不可侵犯为原则"，[②] 谘议局联合会认为：君主立宪国之唯一原则为"君主不负责任，皇族不掌政权"，现在中国改设内阁，为实行宪政之特设机关；"内阁责任缘署名而生，署名则责在大臣"[③]。皇族内阁不符合《钦定宪法大纲》之精义，也不符合君主立宪制宗旨，应建立完全内阁以求政治之改良。国会请愿代表孙洪伊等在上资政院书中说："立宪之真精神，首在有统一行政之机关，凡百设施悉负责任而无或诿过于君上，所谓责任内阁者是也。责任内阁何以名？以其对于国会负责任而名之也。""夫筹备（立宪）何以能有效？必自行政官各负责任始。行政官何以能负责任？必自有国会以为监督机关始。是故，他事皆可后，而惟国会宜最先，他事皆可缓，而惟国会宜最急。"[④] 这里对责任内阁的理解应该说是符合责任内阁制之精义的，涉及对君主或议会负责的问题，也涉及了国会监督的问题。但其核心问题还是在于维护"君主神圣不可侵犯"之地位，因为皇族内阁之设立，如依责任内阁制之精义，可以推倒更迭，不利于维护皇族之尊严，也不利于维护君主之尊严，所以应另简大臣，[⑤] 建立"君主不负责任，皇族不掌政权"之完全责任内阁。[⑥]

在两广总督、云贵总督奏请设立责任内阁后，一位署名"长兴"者赞赏设立责任内阁"诚可谓深通治本之至言"，并解释道："责任内阁云者，职在辅弼君主，副署诏敕，执行国务，对于国民而负责任之谓也"；

---

① 《御史陈善同奏内阁初立宜剔群弊敬呈管见六端折》，《法政杂志》1911 年第 1 卷第 1 期。

② 《谘议局联合会为阁制案续行请愿通告各团体书》，《法政杂志》1911 年第 1 卷第 1 期。

③ 《谘议局联合会呈都察院代奏明降谕旨另简大臣组织内阁文》，《法政杂志》1911 年第 1 卷第 1 期。

④ 《国会请愿代表孙洪伊等上资政院书》，《国风报》1911 年第 26 期。

⑤ 《谘议局联合会呈都察院代奏明降谕旨另简大臣组织内阁文》，《法政杂志》1911 年第 1 卷第 1 期。

⑥ 《谘议局联合会呈都察院代奏皇室不宜充内阁总理大臣折》，《国风报》1911 年第 12 期。

在君主立宪国家，宪法明文规定“君主神圣不可侵犯”，“然君主者，固非徒拥虚器，实揽统治之大权，而为一国权力之源泉者也”，若“据最高之机关，行无责之政治……虽有立法机关势必等于虚设。……若是，非国家之福也”，“既负责任，则一切举措，必当有他种之权力，以监督其旁。……夫使至尊之元首，受一国之责望，当一国之指斥，已亵君主之威严，而违反神圣不可侵犯之大宪矣，况所贵乎监督者？谓能使被监督之执政者，必尽其责也。执政者不尽其责，必不许复尸其位”。所以君主不可亲负责任。“君主既不可亲负责任，而执行政务，又必不可无负责任之人也。则莫如移其责任于国务大臣，而君主超然于国务大臣之上。是故，立宪之国，君主苟有国务之上行为，为非得国务大臣之参与，不能生国法上之效力。一切敕诏虽出君主之亲裁，必须大臣之副署，君主举动，苟有牴戾宪法，而足以病国蠹民者，大臣可拒不署名，虽君主不能强势奉诏。朝廷苟有过举，举国人民皆得纠斥大臣弼辅无状，而大臣必不能借口于君主之命令以自逃其责。责任明确，此政务所以克修也。”那么，国务大臣如何负责？该文说：立宪国之国务大臣，一方面作为各部长官，专施行政，竭力于其主任之事；另一方面作为阁员，执行国务，必总筹全国之政务，审其先后缓急，全局之筹划井然，循序进行，对于重要问题，必开内阁全体会议讨论，以定大政方针，然后执行，并必通力合作。“苟有失败，则阁员连带以负责任”。作为“今日救时之先务，立宪国必不可缺之良制”的责任内阁，其责任为何？文中说：“立宪国之内阁，监督之权专在国会，对于国民而负责任者也。”其责任包括“法律上之责任”和“政治上之责任”。从法律责任上讲，国务大臣作为最高之机关，有其特殊地位，任免之权操之君主，故有其特殊之责任，其特殊之责任则曰“宪法上之责任”。“夫大臣副署诏敕，执行国务，其职至高，其权至重，苟有过举，误国殃民，国法之中，势不得不明定纠正之法律以为之坊。是以各国宪法无不以弹劾执政之权委之议会。然议会弹劾之，即由议会科断之……议会挟莫大之势力，执政有失，则以不信任之决议，即可奏请罢免。”至于政治上之责任，即“执政者非必有违反宪文抵触法律之失德也，但使其主持之政策，迂远不应于时势，施行之政略，缓急或失其权衡，措置不惬于舆情，议会得起而质诘，执政者既当其冲，不能不负辩答之义务也。辩答不足以自解，其政策为众论所不容，议会遂得为预算之拒绝、罢免之奏请，则执政者必不能久尸其位，盖不待法律之制裁，而执政已不能逃其责矣”。政治上之责任，“惟议院政治之国，其发达乃可完全”，在议院政治之国，即意味着“一内阁之更迭也”，“内阁苟失议会之信任，则其位必不可保，君主袒护大臣，虽可解散议会，诉之舆论，然议院改选而后，其不信任内阁如故，则政府无所逃责，不能不全体辞职，而别求议会信任之人。君主虽有任免大臣之大权，实不能不视议会之从违以为进退”。这种情况“在议院政治之国，则已成事实之习惯矣。若是者，谓之议院内阁制度”。文中还说，若“议院之能进退执政也，必其国之宪政完善，议院之权力至大，而政治之习惯，又足张其事，而为之援，然后其力乃足及此，是非新进之立宪国所能遽望”，可惜的是“我国今日不能采用议院内阁制度”，只能采用非议院内阁，即君主立宪制下的内阁，即便如此“亦必当先有监督机关，以与执行机关相对峙，使政府严惮，然后其责任乃完”。该文还涉及了内阁与议会的关系，认为“议院与内阁相辅为用也，犹车之有轮，鸟之有翼”，[①] 这是没有什么问题的。

此阶段，不得不提梁启超对内阁制的介绍。梁启超作为一个思想界的巨子、立宪派的领袖，在戊戌变法后即主张君主立宪。1901 年，他在《清议报》上发表《立宪法议》，主张君主立宪。1903 年 10 月，梁启超撰写《新大陆游记》，期望中国像英国那样通过君主立宪，逐步过渡到民主宪政，实现民主共和制度。1906 年 6 月，梁撰写《东西各国宪政之比较》，希望中国实行两院制、司法独立、行责任内阁制、地方自治、制定宪法。1907 年 10 月 17 日，梁建立政闻社，创办《政论》，期望推动清廷实行君主立宪，速开国会，建设责任政府。1910 年 3 月，梁启超发表《论请愿国会当与请愿政府并行》，要求召开国会，建立责任政府。1910 年，梁启超发表《责任内阁制将来》，预测“宣统三年春，必建责任内阁”，“然而举国人属望于新内阁者甚希，盖共知其无可望也”，并认为：“责任内阁与议会相依为命”，“今虽有内阁而无国会……则内阁果对于谁而负责任乎？”[②] 到清末预备立宪的晚期，梁启超以“沧江”的笔名，在

---

① 长兴：《粤督滇督请立责任内阁折书后》，《国风报》1910 年第 15 期。

② 梁启超：《梁启超全集》，北京出版社 1999 年版，第 2306 页。

1911 年第 4 期《国风报》上发表《责任内阁释义》[1] 一文，接着又相继发表《内阁果对于谁而负责任乎?》《内阁果对于君主负责任呼?》[2]《内阁是否代君主负责任》[3]《责任内阁与政治家》[4] 等系列文章，阐述自己对责任内阁制的认识。梁氏在清末责任内阁“殆将略具”之时，为让更多国人了解“责任内阁”，专撰《责任内阁释义》一文。[5] 在《内阁果对于谁而负责任乎?》中，梁启超对清末官制改革表示失望，认为：“国务大臣对君主负责”的言论“其陋固不值一笑”，而国务大臣应对议院负责的说法“其不完亦正相等”，而是“对于国家负责任而已”。[6] 这是梁启超与一般责任内阁制理论所不同之处。在《内阁是否代君主负责任?》中回答了内阁是否应该代君主负责任的问题。他说：“立宪国之法理，则使君主无责任一语，成颠扑不破之事实”，“语其枢窾，则亦曰以大臣副署为君主行为成立所必须之条件”，“故大臣责任，实其本身所固有，绝非由代君主而始发生也”，“代君主负责，犹且乖于法理”，也不是对于君主负责任。[7] 梁启超的这种观点，实在是维护君主神圣不可侵犯的地位。在《责任内阁与政治家》中论述了责任内阁与政治家的关系，他说责任内阁就是“举全国之政治而负起责任也。惟政治家能负政治之责。故必有政治家，然后责任内阁得立”。但梁氏还提出了作为政治家应该具备的条件：一是凡政治家应有计划并以国家计划为前提；二是政治家应建立有系统之政策并坚持实行。他希望“使他日责任内阁成立之时，得有此等人以尸其位，则吾国民犹可以食责任内阁之赐”[8]。此系列文章体现了作者对责任内阁有较深的认识和研究，代表了清末以来对责任内阁制认识的水平。

总的看来，以上对内阁之介绍或宣传是较为肤浅的，只涉及内阁之地位、含义及责任。比如，关于内阁责任，不是从与议会的关系的角度去理

---

① 沧江:《责任内阁释义》,《国风报》1911 年第 4 期。
② 沧江:《内阁果对于谁而负责任乎?》,《国风报》1911 年第 12 期。
③ 沧江:《内阁是否代君主负责任?》,《国风报》1911 年第 13 期。
④ 沧江:《责任内阁与政治家》,《国风报》1911 年第 26 期。
⑤ 沧江:《责任内阁释义》,《国风报》1911 年第 4 期。
⑥ 沧江:《责任内阁释义（附）内阁果对于谁而负责任乎?》,《国风报》1911 年第 12 期。
⑦ 沧江:《责任内阁释义（附）内阁是否代君主负责任?》,《国风报》1911 年第 13 期。
⑧ 沧江:《责任内阁与政治家》,《国风报》1911 年第 26 期。

解，而只是讲其本身的职责，这与责任内阁之“责任”相距甚远。还有，对于内阁制之核心制度没有认识或甚为肤浅之皮毛，如内阁与议会之关系特别是信任投票权、解散权，内阁制度如何运转，内阁制度与政党的关系如何等，都尚未提及或语焉不详。这表明责任内阁制之精义并未被理解。一方面这与当时的时代背景相关，人们来不及去认真地思考这些问题；另一方面因客观条件所限，人们没有对这种制度进行全面地研究。再一个更深层的原因，是人们不想或不愿意去触动中国的最根本的政治制度。这种局面到辛亥革命之后则发生了较大的改变。但不管怎么样，这样的认识或宣传对于清政府的宪政改革还是有促进作用的，迫使清政府下令提前成立责任内阁与国会，至少营造了外部的舆论环境。

从以上三个阶段的阐述来看，责任内阁制思想的传入，经历了由浅入深的过程，这个过程与西学东渐的过程一致，也与中国现代化的历程一致。戊戌以前的“先进的中国人”对西方的宪法及民主政治的认识是肤浅的，有人称之为“误读”，在“中学为体，西学为用”的指导思想下考虑如何利用“西技”。戊戌变法时期，维新派对西方的宪法制度有了较为深入的了解，已经对权力的分立有了正确的认识。而到了“仿行宪政”的实践期，对内阁制的认识，已涉及责任问题、副署问题、监督问题、政党问题，等等。尽管认识不全面，其认识是不断深入的。总的来讲，责任内阁制思想的传入促进了西方宪政文化在中国的传播，促进了内阁制在中国的实践。

二 清末君主立宪下的责任内阁制

自鸦片战争以来，西方列强对中国发动了一次又一次的侵略战争，每次侵略战争都以清朝的失败而告终。在民族危机日益加剧的情势下，上至王公贵族、下至贩夫走卒，均认识到不革新就无法继续生存下去的危险，争言宪法、宪政为救国之良方。20 世纪初，中国民族危亡之势尤甚，抛弃传统政治统治模式，仿行西方政治制度日益成为国人的一致呼声。这时的日俄战争，更进一步促进了立宪的步伐，当时的舆论宣称：“甲辰日俄之战，识者咸为之说，曰：此非日俄之战，而立宪与专制二政体之战也”，日本“以小克大，以亚挫欧，赫然违历史公例，非以立宪不立宪之义释之，殆为无因之果"，[①] 战胜了"素以雄力横视环球各国"[②] 的俄国。[③] 加上资产阶级立宪派和统治阶级内部的官僚立宪派相互呼应，"使立宪之声，洋洋遍全国"。在这种情势下，清政府为维护其统治，不得不改弦易辙。

（一）《钦定宪法大纲》下的内阁制

1905 年 10 月，清政府宣布实行预备立宪，派遣五大臣考察宪政。1906 年 11 月 6 日，晚清政府颁布《宣示预备立宪先行厘定官制谕》，宣布实行官制改革，并确定改革官制的宗旨："此次改定官制，既为预备立宪之基，自以新定官制与宪政相近为要，按立宪国官制，立法、行政、司法并峙，各有专属，相辅而行。"[④] 1906 年 9 月 16 日，编纂官制大臣上奏官制改革方案，在行政方面，就是成立责任内阁总领行政，裁撤军机处、内阁等机构。清廷在对之予以肯定的同时，还指出"军机处一切规制，著照旧行"，"其余宗人府、内阁、翰林院、钦天监、銮仪卫、内务府、太医院、各旗营、侍卫处、步军统领衙门、顺天府、仓场衙门均著毋庸更改"[⑤]。所谓的内阁制至此形成。主要框架为：内阁各部与军机处并存，不设责任内阁，行政权分别由外务部、吏部、学部、民政部、度支部、礼部、陆军部、法部、农工商部、理藩部、邮传部十一部行使，这种"分之为各部，合之为政府"、不设内阁总理的行政体制，是借鉴日本官制改革、变通三权分立基础上的"中国式内阁制"。

这次官制改革对行政体系的设置并没有达到责任内阁政府的要求，没有做到三权分立，行政机构依旧是权责不分，内阁各部依旧像六部一样对君主负责，君主照样控制大权。这次改革不仅暴露了清政府对于全面改革的无能，而且也反映出清统治者无力使传统的政治制度恢复生机，反而暴

---

① 《刊印宪政初纲缘起》，《东方杂志》第 3 年临时增刊。

② 第一历史档案馆：《清末筹备立宪档案史料》，中华书局 1979 年版，第 17 页。

③ 历史学家萧功秦认为这是一种"误读"，认为当时的日本并非立宪国家，天皇用绝对的权威来推动社会发展。

④ 中国第一历史档案馆：《清末筹备立宪档案史料》（上），中华书局 1979 年版，第 463 页。

⑤ 中国第一历史档案馆：《清末筹备立宪档案史料》（上），中华书局 1979 年版，第 471—472 页。

露出清政府借立宪之名，维护君上大权、维护现有行专制统治之实的目的。但尽管如此，这次改革还是有一定的进步意义，如对原有的体制做了一些改革，各部门的分工和责任与以前相比较为明确，为以后建立责任内阁制奠定了一定的基础，中国立宪事业从此开始发轫。1907—1909 年，各省谘议局与全国资政院纷纷成立，以为立宪之基，而立宪派也有了合法讲坛，立宪活动更为活跃，立宪派发表大量函电，发起多次请愿，要求迅速召开正式国会和成立责任内阁。

1908 年 8 月 27 日，清政府颁布参照日本帝国宪法所制定的“君民共守的根本大法”——《钦定宪法大纲》（以下简称《大纲》）。这部宪法被赋予“国家根本法”的地位，“为君民所共守，自天子以至于庶人，皆当率循，不容逾越”。但《大纲》仅规定了将来立宪的纲要和准则，“将来编纂宪法及议院选举各法，即以此作为准则悉应固守，勿得稍有侵越”。[①] 这就决定了清末君主立宪政体的制度设计限度。

第一，它规定中国“确立为君主立宪政体”，但它并没有直接规定责任内阁制度如何构建，行政权如何组织；只是规定了君上大权的范围。它规定的行政制度仍然是传统的君主总揽大权与内阁辅弼制，君主既拥有统治权又握有行政权，没有规定总领行政事务的政府首脑。这就使君主仍同传统政治体制下的君主一样，既是主权所有者，又是主权行使者，只不过是将传统体制下的“皇权”变成了宪政体制下的“统治权”。

第二，它没有规定责任内阁制下的民意机构，作为内阁制度另一翼的“议会”——资政院只是一个通上下之情的机构而非立法机构，其权能限制在建议、协赞立法、弹劾行政大臣但无黜陟之权、形成初步决议等，不仅不能对君主的权力有任何实质上的制约，即便对立法这种本属议院职权范围的事项也不能形成最终决议，而是要“请旨颁行”，对行政大臣不符合法律规定的情况仅可弹劾，并无罢免权，而是要上奏君主，由君主最后裁决。资政院主要被设定为协赞机关：协赞君主立法，协赞君主制约行政各部首长，协赞君主决定国家大政方针，如规定：“凡法律虽经议院议决而未奉诏令批准颁布者，不得见诸施行”；“用人权操之于君上，而大臣辅弼之，议院不得干涉”；“凡一切军事，皆非议院所得干预”。当然，君

① 《光绪朝东华录》，第 5978 页。

主的权力也受到一定的约束，即君主对于已经生效的法律，不得随意更改，除非交由议院议决后奏请钦定。

可见，《大纲》在构建立宪政体时实际上确立了君主主权的政府体制，是用西方资产阶级宪法的新瓶来装中国封建君主专制制度的旧酒，[①] 目的是维护皇权的统治地位，而不是真心实现民主政治。其设定内阁和资政院并非责任内阁制下的内阁和议院，而是为君主行使统治权的两个庶政衙门，这种内阁制是剥离了立宪主义精神的，而非责任内阁体制。

就在《大纲》颁布后不久（1909 年），光绪帝和慈禧太后相继去世，“中国封建君主绝对专制，由一人执掌全国大政的时代，亦随着这个老妪的死亡而实际上结束了”[②]。尚在孩提之中的宣统帝和摄政王载沣，已经很难再拥有慈禧那样的权威，皇权的衰败与国内形势的发展，使载沣不得不退让，被迫同意成立责任内阁。

1911 年 5 月 8 日，晚清政府颁布宪政编查馆和会议政务处拟定的《内阁官制》和《内阁办事暂行章程》，“责任内阁”第一次成为国家制度，近代意义的内阁制度开始运行。根据《内阁官制》和《内阁办事暂行章程》的规定，责任内阁为国家最高行政权力机构，由总理大臣、协理大臣和各部院大臣组成，总揽政务，“国务大臣辅弼皇帝，担负责任”[③]，凡颁布法令须经总理大臣、协理大臣会同相关的部务大臣副署，涉及所有各部的国务事项，由内阁全体阁员副署方为生效。内阁设总理大臣一人，为国务大臣之领袖，“秉承圣谟，翊翼机务，平章内外政事，凡用人行政一切重要事宜，均由该大臣承旨施行”，“定政治之方针，保持行政之统一”；协理大臣 2 人，协助总理大臣，平章内外政事，均由特旨简任。内阁总理大臣、协理大臣“每日入对，各部大臣分班值日，如有召见及国事请对者，得会同内阁总理大臣或协理大臣入对。其关于各部主管事件，得由该部大巨入对者，得随时会同入对”。国务大臣会议作为内阁最高权力机构，有权制定和议决国家的法律、敕令、国家预决算、官

① 殷啸虎：《近代中国宪政史》，上海人民出版社 1997 年版，第 91 页。

② 高放：《清末立宪史》，华文出版社 2012 年版，第 405 页。

③ 刘锦藻：《清朝续文献通考》卷 116，《职官》二，考 8759，浙江古籍出版社 1988 年版。

制、外交条约及重要对外交涉、军国要政、官员的任免、仲裁调解各部院之间的争议以及奉特旨与议院移送的民众陈诉案件，等等。根据规定，内阁为全国最高行政机关，行使行政权，执行议会的决议，对皇帝负责。为防止内阁专权，清政府还将都察院加以整改，改六科给事中为给事中，与监察御史共同担任纠弹之责。

就在根据《内阁官制》和《内阁办事暂行章程》组成奕劻内阁后，人们发现该内阁13名成员中，只有汉员4人，其余9人均为满人，其中有7人为皇族。皇族不仅人数上占优势，而且掌握着要害部门。这种人事安排违反了责任内阁制下皇族不得为行政大臣的要求，以至于“一睹新发布之内阁总理，即为东西各立宪国未有之创例，方疑朝廷于立宪之旨有根本取消之意”①，并斥之为“皇族内阁”、军机处之变相。② 清廷的失信使其陷于空前孤立。

奕劻内阁的缺陷是明显的，内阁及内阁总理并不拥有决定性的权力，还是受到皇权的限制，它要“秉承宸谟”，“请旨入对”；且内阁并非由资政院产生而是全凭君主的意志来决定，实质上仍只不过是秉承君主意志、辅佐君主行使行政大权的承办衙门而已。但奕劻内阁是中国历史上第一次按照西方模式成立内阁的尝试，标志着君主立宪制下的责任内阁制度的正式引进，“中国采用列邦所习用之内阁制度，实始于此”③，在中国政治制度史上具有重要意义。一方面体现在内阁对君主权力的制约上，以前的内阁及军机处只是皇帝的秘书机构，不承担政治责任，也不享有决策权，而现在的内阁总理大臣要“辅弼皇帝，承担责任”，内阁总理大臣为“国务大臣之领袖”，也依法拥有相应职权，特别是副署权，可使其依法同专制君主抗争，一定程度上遏制了君主的无限权力。另一方面体现在内阁统一行政上，内阁总理大臣作为行政首长，“秉承宸谟”总领行政，“定政治之方针，保持行政之统一”；“于各部大臣之命令或其处分，视为实有妨碍者，得暂令停止，奏请圣裁”；

---

① 《谘议局联合会呈都察院代奏明降谕旨另简大臣组织内阁文》，《法政杂志》1911年第1卷第1期。

② 亮公：《政党内阁决定论》，《民国月刊》，第1号（1913年5月）。

③ 谢彬：《民国政党史》，上海学术总会1926年版，第130页。

"就所管事务，对于各省长官及藩属长官得发训示"；"就所管事务，监督指挥各省长官及藩属长官，于其命令或处分，如有认为违背法令或逾越权限者，得暂令停止，奏请圣裁"；"依其执掌或特别之委任，得奏请颁发阁令"；此外，内阁还可以讨论法律案、条约案、预算案等事项。[①] 这些规定实现了权责明确、行政统一的要求，具有历史进步性。总之，奕劻内阁的成立标志着中国的立宪事业至此取得了一个阶段性的成果。但由于奕劻内阁实为军机处之变相，妄图假立宪之名，消弭革命、安抚立宪派，以维护"君上大权"，实现"大权统于朝廷"的目的，在很短的时间内就被抛弃了。

（二）《宪法重大信条十九条》下的内阁制

"皇族内阁"的实践违背了责任内阁的基本原则，受到朝野上下的强烈反对，尽失人心、空前孤立，也使反清革命浪潮更加风起云涌。1911年10月10日，武昌起义爆发，各省纷纷宣布独立，清朝政权摇摇欲坠。为应对危机，热河都统溥颋、山东巡抚孙宝琦、江苏巡抚程德全联衔上书，为清廷提出解决问题的方法，提出"必须标本兼治，治标之法，曰剿曰抚，治本之法，不外同民好恶，实行宪政"；应该"先将现任亲贵内阁解职，特简贤能，另行组织，代君上确负责任……其酿乱首祸之人，并请明降谕旨，予以处分，以谢天下，然后定期告庙誓民，提前宣布宪法，与天下更始"，[②] 此为皇族内阁解体和袁世凯内阁出台之伏笔。就在武昌起义不久，"袁世凯以巨金赠送庆王，庆王揣知其用意，乃以袁部军队由袁亲自指挥镇压革命较为有利为借口，奏请启用袁世凯为两湖总督。……袁与清廷几经讨价还价，清廷迫于环境，庆王的贵族内阁遂告垮台"[③]。而此时袁世凯开出了开国会、组织责任内阁、解党禁、赦免革命党人、委以指挥军队全权的条件。1911年10月27日，驻守滦州的新军第20镇统制张绍曾及第三十九协协统伍祥祯、四十协协统潘矩楹、第二混成

① 中国第一历史档案馆：《清末筹备立宪档案史料》（上），中华书局1979年版，第561页。

② 中华民国史事纪要委员会编：《中华民国史事纪要》（初稿），1911年8月25日。

③ 张达骧：《我所知道的徐世昌》，《文史资料精选》（第三册），中国文史出版社1990年版，第474页。

协协统蓝天蔚、第三镇第五协协统卢永祥等实行兵谏，向清政府提出“十二条政纲”，要求清政府迅速实行立宪，立即组织责任内阁、大赦党人，停止对起义军作战，否则进兵北京。清政府惊慌失措，立即表示接受。风雨飘摇之中的清政府连下开放党禁、实行宪政、组织完全内阁等数道谕旨。1911 年 11 月 2 日，清廷诏令袁世凯进京组织完全内阁，并批准“皇族内阁”辞职。1911 年 11 月 3 日，清廷接受兵谏将领的“十二条政纲”，颁下“择期颁布君主立宪重要信条谕”，并将资政院所拟《宪法重大信条十九条》立即“刊刻誊黄宣布”。1911 年 11 月 26 日清廷颁布按照“十二条政纲”拟定的《宪法重大信条十九条》（以下简称“十九信条”）。

“十九信条”及修改后的《资政院章程》对《钦定宪法大纲》进行了较为全面的改造，实行“虚君共和”；组织完全内阁；国会为国家最高政务机关。从而确立了责任内阁制。

第一，关于君主，它规定：“大清帝国皇统万世不易”，“皇帝神圣不可侵犯”，“国会议决事项，由皇帝颁布之”。但是，它还规定：“皇帝之权，以宪法所规定者为限”，“皇位继承顺序，于宪法规定之”，“皇室经费之制定及增减，由国会议决”，“皇室大典不得与宪法相抵触”。这表明君主已非总揽统治权的君主，而是成为纯粹礼仪性的国家元首，居于统而不治的地位，其权力受宪法的规制，皇位继承顺序由宪法规定，君主没有官制官规的制定之权，无权钦定国会议员，也不得以命令代替法律，皇室成员也不得担任国务大臣及地方行政长官。

第二，关于议会，它规定：资政院为真正国会之预备，享有立宪国家议会之权力，如宪法起草权、宪法修改权、重大事项决定权、财政权、监督权等，君主的发布只具有形式意义，资政院成为真正的民意机关、立法机关、决议机关，皇帝成为议会制下形式上的君主。

第三，关于内阁，它规定：内阁是完全意义上的责任内阁：“总理大臣由国会公举，皇帝任命。其他国务大臣，由总理大臣推举，皇帝任命”；内阁总理统一行政，就政治方针向国会负责，“总理大臣受国会弹劾时，非国会解散，即内阁辞职”，但为保持内阁与国会的制衡，“一次内阁不得为两次国会之解散”。

因“十九信条”拟于危亡之际，故只解决了政府统治的形式问题，对“凡属立宪国宪法共同之规定，则暂从阙略”[①]，其内容并不完整，并非完全的宪法。有论者谓：“如果十九信条真能遵行，则议会政府制已不难树立”;[②]“十九信条深得英宪之精神，以代议机关为全国政治之中枢。苟其施行，民治之功可期。独惜其出之太晚耳”。[③]“十九信条”较多地体现了对英国君主立宪体制和精神的借鉴，是当时中国最民主、最进步的宪法文件。但制定宪法并不意味着宪政的实现，从日式宪法突进到英式的君主立宪制宪法，中国的立宪进程不可谓不快，但这只是一种字面上的民主制，中国的宪政仅凭一纸宪法是不能保障的。与《钦定宪法大纲》相比，“十九信条”除了仍然坚持“皇帝神圣不可侵犯”“皇统万世不易”以外，对皇权是做了较多的限制的。如规定“皇帝之权以宪法所规定者为限”“皇帝继承之顺序，于宪法规定之”，皇帝对内使用军队时“须依国会议决之特别条件”“国际条约非经国会之议决不得缔结”等，均是对皇权的限制和削弱。“十九信条”还规定：“总理大臣由国会公举，皇帝任命。其他国务大臣由总理大臣推举，皇帝任命；皇族不得为总理大臣及其他国务大臣并各省行政长官”；内阁国务大臣是由内阁总理大臣推举的，总理大臣拥有自己选用国务大臣的权力，这都与奕劻内阁不同，向前迈进了一大步。

就在 1911 年 11 月 2 日，清廷任命袁世凯为内阁总理大臣，组织完全内阁，并批准奕劻“皇族内阁”辞职后，1911 年 11 月 9 日，资政院对此在形式上予以确认，“用无记名投票法”选袁世凯为内阁总理大臣，并“请旨任命”。[④]这次资政院公举内阁总理的意义非同寻常，这在中国历史上一反阁臣由皇帝钦定的封建政统，首次体现了政府首脑由议院依宪选举的现代宪政。当日清廷发布上谕说“朕依宪法信条第八条命袁世凯为内阁总理大臣”[⑤]。11 月 14 日，袁世凯到京受召见。11 月 15 日，袁世凯依据“十九信条”组织责任内阁，推举国务大臣。11 月 16 日，清廷正式下

---

① 中国第一历史档案馆：《清末筹备立宪档案史料》（上），中华书局 1979 年版，第 102 页。

② 王世杰、钱端升：《比较宪法》，中国政法大学出版社 2004 年版，第 367 页。

③ 陈茹玄：《中国宪法史》，台北文海出版社 1984 年版，第 14 页。

④ 中国史学会主编：《辛亥革命》（四），上海人民出版社 1957 年版，第 100 页。

⑤ 《内阁官报》，谕旨，宣统三年九月十九日。台北文海出版社 1965 年版。

谕旨批准了袁内阁。

袁内阁成立两天后，袁世凯即获得副署权，国务大臣随同总理大臣署名。这是内阁限制君权、获得权力的重要依据和表现。君主不能再随便颁发谕旨了，一要受到资政院的约束，二要受到内阁的约束。袁内阁的存在与否，由议院决定，皇帝无权任命与罢黜了。袁就职后，内阁的权力空前加大，迫使清廷准内阁奏，停止入对奏事，极大减削君权、加重阁权，造成一切政命集中内阁，集中行政权力，并乘机控制军权、财权，这就使清政府的政权、军权和财权都集中于袁世凯内阁，使内阁真正成为中央政府。袁内阁取代奕劻内阁，模仿英国的君主立宪模式，内阁拥有副署权和行政实权，成为行政中枢，成为真正的责任内阁，从而被称为“完全内阁”，这是清末预备立宪史和中国宪政史上的一大进步。

本来，“十九信条”的颁布并非清廷本意，而是以之来挽救统治危机，但此时已是积重难返了。武昌起义后，各省纷纷独立，立宪派倒戈，共和立宪已为大势所趋。袁世凯就任内阁总理大臣后，纵横捭阖，一方面与革命党和谈，一方面逼迫清帝退位，清廷在袁世凯与南方革命党人的联合压力下，终于垮台了，清末仿行宪政也彻底破产。而袁世凯以清廷内阁总理大臣的身份转任民国大总统。

三　清末内阁制之评析

在清朝统治最后十年里掀起的立宪运动，开启了中国的立宪事业，特别是在清朝统治最后一年的短短时间里，成立的两届内阁使责任内阁制从梦想变为政治现实。当时人们普遍感到，仿照西方建立责任内阁，“采用立宪制之意，此亦事之至奇者也”①。

对清末立宪运动及内阁制实践，从过去到现在，都是褒贬不一。在过去的政治环境中，否定的评价居多，② 肯定的评价居少。随着中国民主政治的进步与发展，到了当今，肯定性的评价又居多了。不管如何评价，有

---

① 中国近代史资料丛刊：《辛亥革命》（四），上海人民出版社 1957 年版，第 4 页。

② 张晋藩：《中国宪法史》，吉林人民出版社 2004 年版。

一点是必须肯定的，在中国的历史上出现责任内阁制，这绝对是一种进步。

晚清的君主立宪采取的是日本模式：皇帝的权威至高无上，内阁对皇帝负责，议会由皇帝控制，宪法由皇帝钦定，君主立宪的重心在君主。从清廷起初所发布的各种改革上谕等文件中，我们大略可以了解当时清廷对君主立宪政体的认识："君上有统治国家之大权，凡立法、行政、司法，皆归总揽。"这与英国的虚君制是完全不一样的。国家大权依然掌握在君主手中，其"三权分立"也是虚假的："以议院协赞立法，以政府辅弼行政，以法院律尊司法。"① 从而可以看出清末的"君主立宪"并不想削弱君主的权力，并不想改变君主制，与立宪派主张的英国式的君主立宪模式相差甚远。英国的宪政体制，奉行的是"议会至上主义"，主要是通过议会来限制与削弱君主的权力。英王名为国家元首，但实际上只是一个象征性符号而已，真正的国家权力掌握在议会及由议会多数党组成的内阁手中。清政府从颁布《钦定宪法大纲》到颁布《宪法重大信条十九条》，从成立奕劻内阁到袁世凯内阁，确立完全的责任内阁，这都是历史的进步与趋势，是不能予以否认的。

责任内阁制是由内阁总揽行政权力并对议会负责的政权组织形式，是与封建君主专制制度根本对立的，"是对付一个不能更换的国家元首最好的办法"②。仿行责任内阁制，是清末官制改革的重要组成部分，是当时社会各阶级各集团力量对比关系在国家制度上的深刻反映。其目的是非常明确的，就是将内阁制作为挽救清王朝统治的工具，以之为续命汤，功利主义明显。武昌起义后的十天内，清廷就炮制出"十九信条"，确立虚君共和的责任内阁制，完全是敷衍之作，更显示其功利性。

但是，又不能不看到，清末设置责任内阁，"就其原则和精神来说，大体符合西方君主立宪国家的内阁制，更近似日本内阁制；就制度而言，同先前的君主专制政体相比，显示了进步性和先进性"③。在传统政体模

① 中国第一历史档案馆：《清末筹备立宪档案史料》（上册），中华书局 1979 年版，第 57 页。

② 陈之迈：《中国政府》，商务印书馆 1946 年版，第 5 页。

③ 谢俊美：《政治制度与近代中国》（增补本），上海人民出版社 2000 年版，第 299 页。

式下，君主既是权力的所有者，又对派生权力的行使严密控制，行政权与最高权力合二为一，不存在“有限政府”、责任内阁体制。从《钦定宪法大纲》下的“皇族内阁”到“十九信条”下的袁世凯内阁，内阁制度逐渐趋近完全责任内阁制度。在形式上终结了传统的行政中枢机构，使中央政府组织机构从封建时代步入近代，在一定程度上改变了封建时代行政机构权责不明、职责不分的现象，为民国时期的宪政设计、政治机构改革提供了一定的经验教训。

奕劻内阁虽然与责任内阁有较大的距离，但它在中国宪政史上具有重要的历史价值。它在一定程度上改变了中国传统的中央政治机构，使清朝中央政权在形式上做到了机构统一、权力集中，是中央政府组织形式走向近代化的开始，也为后来的政治机构改革开辟了道路。而袁世凯内阁，从表面看来是依据《宪法重大信条十九条》而成立的，给时人以很多幻想和期待。但袁世凯首先考虑的是他个人的政治前途，他就任内阁总理大臣后，一方面取得清廷的各项大权，在表面上体现了责任内阁制的精神；但另一方面他掌握的各项大权，又形成了新的专制独裁，构建了袁记一元主义政治（权力从君主走向内阁），使责任内阁徒有其名，立宪精神荡然无存，使“十九信条”成为一纸空文。最后，他耍尽手腕，使清廷和民国都成为自己的囊中之物。

总之，清政府设立的责任内阁，同传统的封建君主专制政体相比，具有明显的进步性。但在清末，因责任内阁概念并没有被认识清楚，君主专制氛围浓厚，责任并不完全明确，而国会也未能真正确立等，这使责任内阁制度无法在清末真正地运行。加上清政府迅速垮台，也没有内阁制运行的舞台了，机会只好留给新生的共和国了。

第二章

共和初建时内阁制的确立

1912年1月1日，革命党人在南京宣布建立共和政府——中华民国临时政府。这标志着统治中国几千年的封建制度被推翻了，也使中国的政治体制进入了共和时代，使国家的政权组织形式从皇权体制进入共和体制。

第一节　民初内阁制之认识

南京临时政府建立之前，革命党人曾就即将诞生的共和国采取何种政体形式，进行过争论。随后各省都督代表会议通过的《临时政府组织大纲》规定了美国式的总统共和制，还通过了“虚临时总统之席以待袁世凯反正归来”的决议案。[①] 此时孙中山从海外归来，并被选举为临时大总统，并在1912年元旦宣誓就职。不久，清帝宣布退位、袁世凯承认共和、孙中山辞职，袁世凯被选为中华民国临时大总统。就在此时，临时参议院通过《中华民国临时约法》（以下简称《临时约法》），却将之前的总统制改为内阁制，政体为之一变，“内阁问题为朝野精神所注视”[②]。

辛亥革命的发生并没有阻止内阁制思想在中国的传播，相反，政体的转换更是引起了人们对内阁制的广泛兴趣，人们纷纷对之予以宣传、介绍、研究。民初社会对内阁制的认识是对清末内阁制认识之延续。起初人

① 陶菊隐：《北洋军阀统治时期史话》（上），三联书店1983年版，第291页。

② 夏天民：《论内阁制度》，《法政杂志》1913年第2卷第11期。

们是将其作为工具来对待的，认为实行内阁制可以致国富民强，维护清朝的君主统治，具有明显的工具主义色彩。随着认识的深入，这种工具主义认识逐渐被突破，以至于把它作为追求的政治目标。

民初对内阁制的认识，主要围绕以下几个问题而展开。

一　责任内阁制及其内容之理解

什么是内阁制？这是清末以来一直在探讨的问题。1913 年《民立报》发表《内阁制度论》一文，对内阁制做出了解释，认为内阁制就是内阁大臣由下院多数之政党选任，内阁对于下院负责任，而元首不负责任，元首之行为得阁员之副署，议会不信任内阁时，内阁即当辞职，但内阁拥有解散议会权。该文还介绍，在内阁制下，内阁阁员均得为议员，内阁、国会实为一体，内阁总理出席议会有发言权，并不是因为其大臣之资格，而是因为其议员之资格。[①]

晓州在《内阁平议》[②] 中认为："内阁者，议院政治之枢纽也"，对责任内阁则从"责任"的角度进行理解：在实行议院政治的国家，其元首总揽政务，但对于议院不负行政上之责任，而有内阁为之代负责任。作者对内阁制中的基本问题——元首与内阁的关系发表了自己的看法，认为内阁首脑之任命，"依法律而论，内阁乃为行政元首所委命，不得径谓之议院所选举也。而我国《临时约法》第三十四条'总统任命国务员须得参议院之同意'，此则可谓内阁为参议院所选举，而总统仅有引荐之权而已，竟与各国宪政成法绝对相反"；该文认为，国家元首是虚位，"仅委任占优势之政党首领而付以组织内阁自由选择同僚阁员之权"，内阁首领"在议院中代表内阁全体而担负其完全之责任。故在议院政治国中，内阁总理隐然为一国行政之主"，而国家元首只拥有法律上的荣誉即特权，在政治上不负责任，其权力远不及内阁总理。

宋教仁认为，责任内阁制之精义为"总统不负责任，而内阁代总统

① 《内阁制度论》，《民立报》1913 年第 2 期、第 3 期。

② 晓州：《内阁平议》，《进步》1912 年第 5 期。

对于议会负责任”[①]。

1912年，梁启超在《宪法之三大精神》中说：“责任内阁者，内阁对于国会而负责任也。故有责任内阁如英法制者，则政府视国会为进退，而国会之权重；……有责任内阁，而内阁实指导国会，而政府之权似轻实重。无责任内阁，而执政权奉行国会所议决，则政府之权似重而实轻。”在政府解散权的问题上，梁氏说，在责任内阁制之国，解散权与信任投票权、弹劾权相对应，国会对于政府，得为信任投票，得为弹劾；政府对于国会，得命解散，得命停会。[②]

正式国会成立后，夏天民发表《论内阁制度》[③]一文，对“人言人殊、莫衷一是”的内阁制度进行解释，认为推翻专制制度，就是推翻了一个数千年不负责任之政府，现在即要建立一个负责任之政府，要使之负责任，实以内阁为中坚。该文说，内阁之成立与阁员之任命，“专赖议院之信任”，这种做法“势易酿多数政治之弊端，而难于实行一定之国是”，但此“因之可免政府与人民之冲突，朝野一致，庶政易举”，此谓之“庶民政治”。[④]

民初学者张东荪的《内阁论》则从内阁与国会的关系来认识责任内阁。他说，责任内阁是指“内阁对于国会之下院而负责任”，“国家所以造国会使其有立法之权且同时亦赋以监督行政之权，此所以行政部必对于立法部负责任也”。该文认为，在实行三权分立的国家，立法与行政相互隔阂而冲突，实行内阁制则“使立法、行政二部融通一气而免冲突”，内阁制之下的内阁“富于弹性可以伸缩”，“总统制则无伸缩之效用”，“欲救此弊，则惟有厉行内阁制耳。行内阁制之利在使内阁与国会融成一片，则无冲突之事，且复使内阁为行政部之主体，不致有专制政治之出现，更可消弭内乱于无形”。该文还认为，三权分立为法治之精神，但“三权分立，各不相属，难保无隔阂之弊”，为消弭此弊，“必另设一机关，专以联络此三权，用为救济，此机关即总统是也。故内阁制之总统，实非端拱

① 陈旭麓编：《宋教仁集》，商务印书馆1981年版，第467页。

② 梁启超：《宪法之三大精神》，《庸言》1912年第4号。

③ 夏天民：《论内阁制度》，《法政杂志》1913年第2卷第11期。

④ 同上。

无为，亦非必干与行政，乃欲立法、行政、司法之外，别其作用焉。总统即为执行此行为之机关。然此补充作用，非高处三权之外、驾乎三权之间”。[①]

1913 年，梁启超在国会里讨论内阁制时涉及了责任内阁制之核心内容。比如在同意权与解散权的关系问题上，他说：第一，解散权与弹劾权相对待，“政府对议会，如失多数之赞成，则弹劾之事起。如欲恢复多数之赞成，则解散之事起。如是政府与国会平”，“论者既欲揽弹劾政府之权于国会，而又欲靳解散国会权于政府，是直以立法部压倒行政部，其专制之弊，与行政部压倒立法部正复出同”。第二，同意权与弹劾权不相容，“国会无同意权者，政府由元首自由任命，其有违法失政，则国会得弹劾之。采责任内阁之国行焉，国会有同意权。元首不能以单独意思任命，政府必须得国会之意思”。[②] 1916 年 9 月，梁启超在《东方杂志》发表谈话，也谈及两者之关系，他说：“政府与国会同为宪法上直接之机关，国会对于政府有弹劾权，政府对于国会有解散权，两机关互相节制，互相调剂，此立宪之精神也。苟其一机关为他所屈，则政象必返于专制，非但行政部压倒立法部为专制，即立法部压倒行政部亦为专制。”[③] 两者之间是相互监督制约的平衡关系，失去平衡就会走向专制。对内阁制之精义，梁启超之论述应该是较为深刻的。

到 1925 年，内阁制已践行十多年，而中国的制宪任务仍未告竣，留欧的法学博士吴昆吾在《法律评论》发表《内阁制平议》，认为内阁制乃“于元首之下，设立内阁，总览国务，定大政方针而执行之，对于议院负政治上之完全责任，若失议院之信任，则辞职而去”[④]。这种理解符合内阁制本义。

二　政党与内阁之关系

政党为近代以来各国政治生活中一个重要力量，在内阁制下尤为如

① 张东荪：《内阁论》，《正谊杂志》1914 年第 1 卷第 1 期。

② 《宪法新闻》1913 年 4 月 20 日。

③ 《东方杂志》第 13 卷第 9 号（1916 年 9 月 10 日）。

④ 吴昆吾：《内阁平议》，《法律评论》1912 年第 5 期。

此。那么，内阁制之下，政党和内阁的关系是怎样的呢？

随着民初内阁制之运行，人们对内阁制之认识也越来越深入，政党内阁逐渐受到重视，许多人撰文予以介绍，“今之人一语及内阁制，即以为非有健全之政党不可”①。晓州在《内阁平议》中认为责任内阁政治与政党政治有着密切的关系：“责任内阁政治者，政党政府也”，在议会政治发达之国，必有强大之政党，准各党之势力相继分握政权。② 毕厚在《责任内阁论》中指出责任内阁与政党内阁之关系：“责任内阁为政党内阁之结果，政党内阁为责任内阁制基础”，“不明乎此，而徒断断于责任内阁，所谓不揣其本而齐其末，未见其有当也”。③ 夏天民在《论内阁制度》一文中认为“内阁与政党有重大之关系”，“民选议院中虽间有无党议员，而大多数则皆隶党籍，须随所属政党之决议为行动，故议院之决议恒为占有过半议席之政党所左右。元首策政治之进行，势不得不采议院内阁制度，使优势党之首领组织内阁，则政府行政之方针，自不外其所属政党之主义，而政党内阁成矣”。他说：“内阁以议院信任为进退，而议院之意思又以多数党之势力为转移。议院内阁与政党内阁本相因而至之事，且前者赖有后者而目的始达。”如实行政党内阁，“非其政党恒有过半数之议席决不能继续存在”。④ 但政党政治易致腐败，在改选之后，政党所属议员“不及半数时，则除操纵政党买收议员，别无良策，于是，内阁之动摇、议院之改选必至层见叠出，习为故常。不第政务阻滞，进行维艰，且以选举干涉，议员贿通，至政界腐败达于极点，而政治道德扫地矣”⑤。

张东荪认为：“政党与内阁虽有关系，但非必然之关系，政党可组织内阁，而内阁不必尽待于政党”，“内阁与政党内阁有绝不相同者”。⑥ 但周宏业在《论政党内阁》则认为：在共和政治之国，“以议院多数之政党执掌政权为较好”。该文鉴于宋教仁案，提出要建立政党内阁，则应具备以下三个要件：一是须议院有绝对的势力，二是须有善良之政党，三是须

① 张东荪：《内阁论》，《正谊杂志》1914年第1卷第2期。

② 晓州：《内阁平议》，《进步》1912年第5期。

③ 毕厚：《责任内阁论》，《法政杂志》1913年第3卷第4号。

④ 同上。

⑤ 夏天民：《论内阁制度》，《法政杂志》1913年第2卷第11期。

⑥ 张东荪：《内阁论》，《正谊杂志》1914年第1卷第2期。

有强有力之政府。据此来衡量“今日之现状，政党内阁决不能成立”[①]。还有人提出要在中国建立在政党内阁，即要作政党内阁之预备。《国民汇报》发表《政党内阁之预备》[②] 一文，认为：组织政党内阁是组成强有力之政府之方法。而政党内阁之预备之方法有四：“一曰必其党有优越之历史，二曰必其党有正确之党纲，三曰必其党有进取之能力，四曰必其党能得多数之信仰。这样才能培育出政党内阁来。”但是“今世忧国之士，莫不痛心疾首于党争”，因为“党争不过报章之谩骂与选举之运动”，且“国家当外患内讧相迫而至，党中人犹复不顾大局，以国家为孤注，此亡国之道也”，而内阁制是激励此类党争的原因，故消除党争之法即为实行总统制。[③] 表达了对党争的担忧。

宋教仁是主张政党政治的重要代表人物。他认为责任内阁制是和政党政治紧密联系在一起的，“立宪政治，以代表国民公议为准则，而最适于运用此制者，则莫如政党政治”[④]。要实行责任内阁制，必须有政党，要建立一个民主共和的政权，必须保证革命党人在政府中拥有绝对领导权。在共和政体中，政党政治是最基本的民主形式，两大政党通过合法手段进行竞争，或“进而组织政府，即成志同道合之政党内阁，以其所信之政见，举而措之裕如：退而在野，则使他党执政，而已处于监督地位”[⑤]。宋教仁说：“吾人既主张责任内阁制，则尤希望此制之实现；欲此制实现，则莫若明定宪法，国务总理由众议院推出。……必使国会占多数之政党组织完全政党内阁，方举责任内阁之实，而完全政党内阁则非采用此法不能容易成立也。故吾党主张宪法中规定由国务总理由众议院推出，以促使责任内阁制之成立。”[⑥]

梁启超在辛亥革命后也认为，中国要建立强有力之政府、良政府，必须有健全之政党发生，建立政党内阁，因为政党内阁具有以下的优点：其

---

① 周宏业：《论政党内阁》，《庸言》1913 年第 13 号。

② 《政党内阁之预备》，《国民汇报》1913 年第 1 卷第 3 期。

③ 《内阁制与党争》，《国民汇报》1913 年第 1 卷第 1 期。

④ 宋教仁：《日本内阁更迭感言》，陈旭麓编：《宋教仁集》，中华书局 1981 年版，第 306 页。

⑤ 宋教仁：《国民党宣言》，陈旭麓主编：《宋教仁集》，中华书局 1981 年版，第 748 页。

⑥ 宋教仁：《代草国民党之大政见》，陈旭麓主编：《宋教仁集》，中华书局 1981 年版，第 490 页。

一，“内阁既由国会之多数党组织而成，则内阁即为国会之指导者，而国会即为内阁制拥护者。……内阁与国会，永无相猜相阋之时……即阁会一体”，一国之最高权即可以说是在国会，也可以说是在内阁，与国会合体之内阁，是世界上最强有力之政府。其二，内阁有一定任期，可以改选，如有秕政、失政、为民所厌，“政府党势力必坠而过半数为敌党所制”。其三，政党内阁不能为恶。政党之首领不仅学识才略优异，且道德必有过人。其四，政党未有不以利国、福民为职志也。其五，“政党内阁之妙用全在于其富有弹性力，故任其自然进行自能发生出一种公用以自弥其缺点”。其六，“完全之政党内阁，非先有健全之两大政党，则不能成立”。作为进步党的领导人，梁启超还对未来的中国政治要建设政党内阁，提出了自己的设想，认为“我国非采政党内阁制，无以善治”。他认为要在中国建立政党政治须具备以下条件：其一，确立政治信条，而立宪共和国应守之政治信条有四：“（一）内阁必以政见相同之人组织之，完全政党内阁，全阁员必同出一党，即使是联合数党或不党之人，也要交换政见，确保相同，才能共事。（二）政府所提意见不能通过于国会之时，及国会弹劾政府或为不信任投票之时，则或解散国会，或政府辞职。（三）选举须严尊公式。（四）国会须禁用武力”。其二，厘正政党观念，要求排除伪政党、勿以卑劣手段妨他党之行动，并防小党之分裂。其三，牖进国民程度。梁氏说：“共和之根柢，实在国民，苟国民程度不适于共和，则政府与政党，亦何所丽于建设者?”我国民非习于躬亲政治，而国民程度之牖进，非一朝一夕可致。“我国政界前途之希望，惟视政党内阁之能否成立，然政党内阁，其最键之后援，实在国民，非有健全之国民，安得有健全政党？非有健全之政党，安得有健全政党内阁？然则为国家计，为政党计，舍训练国民何以哉？此真政客之伟大责任也。”①

三 内阁制之条件

对内阁制实施条件，也有人进行了分析。

毕厚在《责任内阁论》中指出，实行责任内阁之要件有二：第一，

① 梁启超：《中国立国大方针》，《庸言》1913年第4号。

必有善强之政府。责任内阁当然之理"必其为国务员能肩巨任"，而民国"一年来内阁自总理至各总长，未克称职，溺职偾事，而善强之政府"，"总统命令不出都门"，"内阁自身亦毫无统一"。该文认为"善强之政府不可遽得，而政府当行政责任之冲"，为此内阁应具有同意权、解散权、预算编制权、提案权。第二，必有健全之议会。该文认为责任内阁就是要政府对议会负责任，议会对于政府是对抗而非隶属关系。要有健全之议会，必使监督政府之议会具有监督权。其监督权包括弹劾权、协赞权（法律议决权和预算议定权）。他还指出实行政党政治，要确守习惯上三大原则，即：（1）非国会议员不得为阁员；（2）组织内阁者必为多数党之首领；（3）内阁失多数于下院，非解散下院，即自行辞职。①

而宋教仁和梁启超等人则认为，要建立责任内阁制，必须建立强有力的政党。②

对于内阁制条件，《独立周报》亦有专文予以介绍："第一，内阁与议会并峙也"；"第二，则行政立法两部之勾连也"；"第三，行政立法两部之相互监督也"；"第四，苟有两院，下院之势力必远过于上院也"。③

四 内阁之责任

内阁责任问题即内阁对谁负责的问题，这是内阁制中的一个基本问题。

毕厚在《责任内阁论》中详尽地论述了责任内阁制。他说，在"元首之责任"问题上，在责任内阁制之下，元首不负责任，既是法理上的结果，也是政治上的必要，是宪政之善制。在国务员的副署问题上，该文认为元首无责任产生了国务员的辅弼制度，而国务员辅弼元首职务上的行为并负其责任的方式是副署行为。国务员对元首的行为既可以副署，也可以拒绝副署。而元首对于国务员副署与否的问题，可以通过任免权进行制

① 毕厚：《责任内阁论》，《法政杂志》1913 年第 3 卷第 4 号。

② 陈旭麓主编：《宋教仁集》，中华书局 1981 年版，第 306 页；梁启超：《中国立国大方针》，《庸言》1913 年第 4 号。

③ 知难：《内阁制之特性》，《独立周报》1913 年第 4 期。

衡，如不免职而强迫国务员副署，国务员可自请辞职，以解除其辅弼之责任。在“国务员之责任”问题上，该文认为总统为国家元首，使其“远于责任之地”，是“安国基，定国本”的做法。在此问题上，有总统“有过失，而使国务员代负之责”，“国务员之责任，非自身之责任，全为代总统而负责任”的说法；但该文则认为，“国务员之责任，非负他人之责任，非代总统而负责任，乃由参与之行为，以参与故而负责任”，而国务员之责任者“为国务员对于自己之过失而自受其结果也”。国务员之责任可分为法律上之责任和政治上之责任，最重要的则谓政治上之责任。国务员之责任可专指政治上之责任，“即国务员于职务上有过失，被议会弹劾或不信任时，则应引咎辞职”。该文说，“责任内阁对于政治上之责任必有一制裁（即弹劾）”，否则政治上之责任成为“虚语”。①

晓州在《内阁平议》中对内阁责任问题，认为内阁“对于议院承担两种责任，即所谓单独与连带责任”，这两种责任“为议院政治之元素”，亦为“议院政治之精义”。②

五　内阁制之利弊

吴昆吾在《内阁平议》中还对内阁制之利弊进行了分析。他说，在君主国，其最大之利在于“易政府而避免革命”，而在民主国则“无实行内阁制之必要”，“若有完善之政党，行之亦未为不可”，“若在政党不良之国，无论其为君主民主，内阁制之蔽，则更仆难数矣”：（一）内阁更迭频繁，朝令夕改，政治无安宁之象；（二）内阁既朝不保夕，斯政治无久远之模，因循作废，国政日荒，国运日退；（三）旧阁既倒，新阁组织不易，中枢久旷，政令停滞，飘摇风雨，百业难兴；（四）无强固之中央政府，既不能统一地方，更何能外竞称雄？（五）立法侵越行政，寖成议会政府，违分权原则，失政治平衡；（六）内阁因议会之喜怒无常，难以久恃，往往于患得患失之余，舞弊营私，糜国帑以作党费，鬻官爵以营菟裘，上行下效，贪婪成风，政治污浊；（七）倒一内阁，随以俱去者若干

① 毕厚：《责任内阁论》，《法政杂志》1913 年第 3 卷第 4 号。

② 晓州：《内阁平议》，《进步》1912 年第 5 期。

人，而新阁员又各有其夹袋之人才，凡百执事，莫不存五日京兆之心，巨细事务，俱尠经验得力之员，庶政莫由举办；（八）败坏社会之感情，废弃他党人才，难收群策群力之效；（九）新内阁成立，随以俱进者若干人，开政客博官捷径，广夤缘朋党之习，使青年子弟不务农商，惟思投身政党侥幸干禄，至四业不兴，国本摇动；（十）内阁固位恋栈无所不知，靦颜换党，协肩美新，草偃风徙，上行下效，礼义廉耻，国之四维，四维不张，国乃灭亡。[①] 这种分析可谓深入。

此外，上述文章还呈现出一个共同的趣向，就是对中国现实政治的关注。他们介绍、研究内阁制不是为研究而研究，而是为了解决中国的现实问题。比如，《民立报》上的《内阁制度论》作者建议中华民国不应舍弃风靡全球这一良好之制度，并对《临时约法》中的一些规定如约法对大总统责任问题既无明文规定、国务员辅佐临时大总统负其责任等问题提出了质疑。[②] 毕厚在《责任内阁论》对《临时约法》之内阁制实践一年多后进行了分析和评论，认为：民初内阁制“有其名而无其实，一年以来内阁东涂西抹、左支右绌之情形暴露于天下，腾笑于列邦”。作者还结合中国政治情形，对民国政府提出“忠告之义”：一是必以同政见之人组织内阁；二是内阁遇议会弹劾或失信任，必行解散议会，否则辞职；三是议会必尊重职权以保其威严；四是政党必以政治上公共目的相结合，行其一定之政策。作者最后还说，要实行责任内阁，还要普及国民政治常识，养成议员政治道德，以成为“政治上之信条”“责任内阁制基础”，如果“不循轨道以进行，而徒侈言责任内阁，欲一蹴而几之，是犹孩童方扶床学步，而遽使之与成人竞走，断无免于颠仆之理也”[③]。这篇文章可谓极具针对性。张东荪则在《内阁论》中认为“中国今日政治危机之解决，全视乎内阁之成立与否为断，成，则政治前途日趋光明，不成，则未或不危者也”[④]。吴昆吾在《内阁制平议》中针对当时“政党分崩离析”“国人政治道德卑下”的现实，“倘行内阁制，将来之国家政权，用为彼辈追

---

① 吴昆吾：《内阁平议》，《法律评论》1912 年第 5 期。
② 《内阁制度论》，《民立报》1913 年第 2 期、第 3 期。
③ 毕厚：《责任内阁论》，《法政杂志》1913 年第 3 卷第 4 号。
④ 张东荪：《内阁论》，《正谊杂志》1914 年第 1 卷第 2 期。

逐之鹿，国事岂有豸哉？且中国去帝制未久，尊崇元首之习久已寖入人心，非一易制度，即可磨灭，遇才能出众之总统虽有宪法之束缚，亦操内阁生杀之权（如袁项城），即庸懦者，亦往往于内阁争权，酿成府院之间的龃龉，而政变随之”。[①] 表达了对中国政治的担忧。晓州在《内阁平议》中认为，议院政治是国民自治政体之最进化者，民国应采用议院政治，“但欲得其完全天然之效力，则须先有灵敏之国民，强大之政党，美备之法律及政治上普遍遵行之习惯规则，然后可受其益而不蒙其弊”[②]。

此外，在国会开幕以后，还有许多人在报刊上发文谈论对内阁及内阁制之认识，涉及的问题有许多，此不多述。总的来看，以上对内阁制的认识，和以前相比，既全面又深入。特别是梁启超等人的著述使这时对内阁制的认识达到了一个新的高度，这些认识是前所未有的。这些认识和研究，不仅有利于人们加深对内阁制及宪政之了解，促进内阁制思想在中国的传播，有利于民初内阁制的实践，促进人们思想解放和观念更新，而且有助于中国宪政事业之发展，针砭时弊，对当时之宪政具有指导作用，这是不容否认的。

第二节　从总统制到内阁制

一　《临时政府组织大纲》与总统制之设计

武昌起义之后，尽管清政府迅疾颁布《宪法重大信条十九条》，令袁世凯组织、力行“虚君共和”责任内阁以力挽狂澜，但已无力回天。各省风闻武昌起义，纷纷响应，宣告独立，但各自为政，不互统属，政局紊乱，难以整合。到了 11 月 7 日，武昌首义的新军领袖黎元洪乃通电独立各省，请派全权代表来鄂召开会议，以便商讨组织临时政府。同月 11 日，江苏都督程德全、浙江都督汤寿潜则联合致电上海都督陈其美，建议仿照美国独立时十三州集会议事谋求统一的故事，在上海设立临时议会，磋商

---

① 吴昆吾：《内阁平议》，《法律评论》1912 年第 5 期。

② 晓州：《内阁平议》，《进步》1912 年第 5 期。

对内、对外妥善之方法，以“保疆土之统一，复大道之和平”，还提出了三条讨论大纲：一为公认外交代表；一为军事进行之联络方法；一为清室之处置。① 对鄂、沪两地的两种创议，各地分别表示响应，但因上海交通便利，又不像武昌正面临着冯国璋部的进攻，因而独立各省纷纷派代表到上海集会，到11月15日，有10省代表到达上海，并召开第一次会议。此为“各省都督府代表联合会”之开始。② 17日，代表得知武昌也曾发过请各省代表赴鄂的通电，再加上黎元洪连连发函催促上海代表赴鄂，坚持武昌为首义之地，政府应设武昌，各省都督府代表联合会乃于11月20日议决以武昌为国民中央军政府所在地，以鄂军都督府执行中央政务。11月22日，鄂省代表居正、陶凤集到达上海，表示鄂都希望各省派全权代表赴鄂组织临时政府。隔日黎元洪又电苏、浙都督催派代表来鄂。这样，各省都督府代表联合会正式决定迁鄂，组织临时政府。

各地代表赴鄂后，各省都督府代表联合会乃假借汉口英租界顺昌洋行作为会所。11月30日，开第一次会议，到会者有24人，代表11省，推同盟会中部负责人谭人凤为议长。12月2日，各省都督府代表联合会决议制定临时政府组织大纲，并推举雷奋、马君武、王正廷三人为组织大纲之起草人，并议决，如果清廷内阁总理大臣袁世凯反正，当公推举为临时大总统。③ 12月3日，《中华民国临时政府组织大纲》（以下简称《组织大纳》）匆匆拟就，并于12月5日公布。

《组织大纲》以美国国家制度为蓝本，根据“三权分立”的原则，对总统制政体进行这样的设计：

临时大总统既是国家元首，又是政府首脑，负责行政各部工作。总统有如下之权力：临时大总统有统治全国之权（第2条）；有统率海陆军之权（第3条）；得参议院之同意，有宣战、媾和及缔结条约之权（第4条）；有制定官制、官禄，兼任免文武官员之权，但得参议院之同意（第5条）；得参议院之同意，有设立临时中央审判所之权（第6条）。

根据《组织大纲》之规定，可看出民初总统制主要有以下几个特点：

① 陈茹玄：《中国宪法史》，台北文海出版社1947年版，第17页。

② 谢振民：《中华民国立法史》，中国政法大学出版社2004年版，第4页。

③ 吴宗慈：《中华民国宪法史》，台北台联国风出版社1973年版，第62页。

（1）国务院不设总理，各部部长直接对元首负责，由元首任免，但各部部长的任命需得到参议院的同意。（2）临时大总统具有统帅海陆军、任免国务员及外交专使、缔结国际条约及退回参议院议决交付复议等权。（3）大总统的选举，由各省代表投票，每省只限一票。这部《组织大纲》，“观其制度精神似积极仿摹美国宪法。主要之点则在于采用总统制。……这是一种严格的总统制”。[①]

《组织大纲》采用总统制，出于以下几个因素。第一，主要是从当时的军事外交形势来考虑的。当时革命形势正汹涌澎湃，尽管清政府处于四面楚歌但还仍然在垂死挣扎。为迅速结束清政府的统治，成立新的共和政府，需要一个强有力的、深孚众望的强权人物来建立统一的领导中心。第二，主要是从总统制适合中国传统这一国情及当时响应革命的各省独立的实情来考虑的。秦汉以来我国就一直是实行高度集权的行政体制，到清朝时，地方各省对清廷也久有不满。而它们宣布独立，参与革命并非出于共同的协谋，希望在新的统一政府之下能够拥有美国各州半独立的自主地位。[②] 孙中山也说，中国省份众多，人种复杂，认为“中国革命之目的，系欲建立共和政府，效法美国，除此之外，无论何项政体皆不适宜于中国”。第三，《组织大纲》之所以抛弃“十九信条”确立的“虚君共和”的责任内阁制，还在于革命党人对于能高效运行、迅速调动各方面资源的总统制的认同。

在鄂各省代表在制定《组织大纲》后，开始了组织临时政府的程序。在群龙无首之际，孙中山于 12 月 25 日到达上海。在孙中山回国之前，革命军已与清军议和，并对清内阁总理大臣袁世凯有秘密承诺，即如袁能迫清帝退位，即推为总统。[③] 12 月 29 日，各省代表会议选举孙中山为临时大总统，接着各省代表决议由各省代表联合会组成临时参议院，孙中山同日致电袁世凯，声明暂时担任组织政府之责，希望袁世凯早定大计。1912 年 1 月 1 日，孙中山离上海赴南京就任中华民国临时大总统，中华民国正式诞生。次日，代表会选举黎元洪为副总统。3 日，孙中山请各省推派参

① 陈茹玄：《中国宪法史》，台湾文海出版社 1947 年版，第 18—19 页。

② 张学仁：《二十世纪之中国宪政》，武汉大学出版社 2002 年版，第 54—55 页。

③ 钱基博：《辛亥南北议和别记》，《江苏革命博物馆月刊》第 17 期。

议员组成参议院，并草拟临时政府内阁名单。民国元年（1912）1月28日，临时参议院在南京正式成立。至此，中国历史上第一个共和制政府也是第一个美国式总统制政府——中华民国临时政府终于成立了。

二 《中华民国临时约法》与内阁制之设计

民国虽然成立，但北方的清政权仍然存在。这样就出现了南北两个政权的对立局面。南京临时政府一开始就很脆弱，是由独立各省组建起来的一个松散联盟，中央政府由于财政困难，根基不稳。清政府虽然朝不保夕，但仍控制着大半以上的国土，在列强看来仍是一个合法的政权。为结束这种对立局面，南北双方开展了和谈。和谈当中，袁世凯的态度倾向成为关键因素。结果是袁世凯纵横捭阖，以优厚的条件换取清帝的退位，革命党人则许诺以大总统的职位换取袁世凯承认民主共和。通过这种“交易”，民主共和赢得了形式上的胜利。革命党人在恋恋不舍地交出政权的同时，又希望通过制定一部法律来约束袁世凯，以维护革命的胜利果实，这就是《中华民国临时约法》（以下简称《临时约法》）的制定。

（一）《中华民国临时约法》之制定

《组织大纲》制定于非常时期，仅为政府之规制而非为民国之规制，因而内容比较原则和空疏，不免出现若干缺失：(1)《组织大纲》产生的程序及内容缺乏民主的基础。参加联合会的各省代表并非普选，只是各地都督的代表；大总统的出任实际由各省都督赞可与支持，与民意的向背不一定符合。(2)《组织大纲》仅为政府组织法，虽对临时大总统与参议院的产生及职权有所规定，但未涉及人民的权利与义务，但作为政府组织法，加入有关人民权利的规定，显然不合适。(3) 参议院开会的法定人数为何，也无规定。(4) 对国体和民权都没有涉及，对政府与人民之间的关系，总统与国务员应向议会所负的责任，也都没有规定。(5) 对司法机关也没有做出规定，主要只对立法权和行政权作了明确的规定，实际只是行政、立法的两权分立。(6)《组织大纲》在附则里规定临时政府成立后6个月内召集国会，以制定宪法，但从当时实际情况来看，各项制度均属草创，选举筹备也尚需时日，6个月内召开国会显然是不可能的，必须延期。以上的缺失，再加上与会代表的意气之争，使《组织大纲》的价值与功效皆受到损失，“只能认为当时的军事期中一种特殊的形式”[1]。

鉴于此，临时政府决定另订新法。孙中山在给临时参议院的咨文中说：“查临时政府现已成立，而民国组织之法尚未制定，应请贵院迅为编订颁布，以固民国之基。”[2] 2月7日起，参议院召集临时约法起草会议，名为编辑委员会，着手起草临时约法，约法编辑委员会初拟的约法条文，拟继续采用总统制。[3]

但在编制约法的过程中，发生了将由袁世凯继任临时大总统的新情况。原来，在民国成立前各省都督府代表联合会根据形势曾决议，只要袁世凯迫使清帝退位，赞成共和，南北实现和谈，便举袁世凯为总统。而且革命军的实力很弱，远远抵不上北方军，而同盟会内外的人士都倾向于和议，以避难就易，用临时大总统为酬庸，以假手袁世凯迫使清廷退位，以早日实现共和。但由于袁氏在清季以及议和期间所表现的两头马和首鼠两端的行动，其人格极不被信任，而以大总统相让，又是亟不容改变的承诺。由于这种矛盾，便欲以法律的力量，藉资补救，以抑制其不正当的野心。所以，尽管孙中山的思想中极端反对议会政府制，但屈于现实，还是同意宋教仁于1912年1月所拟富于内阁制精神的临时政府组织法草案，将之咨送参议院审议。在孙中山辞职、推荐袁世凯的咨文中所列的第三项条件就是要求用临时约法来制约袁世凯。这是临时约法所以产生的政治原因。到清帝退位的事情十分成熟，总统的位子立刻要献给袁世凯的时候，临时约法的制定也就刻不容缓了。[4]

1912年1月20日，临时参议院召开第一次起草会议，推举马君武、景耀月、王有兰、吕志伊、张一鹗等五人为起草员，拟定《大中华民国临时约法（草案）》，起草完毕后即交审查员审查。28日，参议院成立，召开了第二次起草会议。2月7日，召开审议会，3月8日，完成三读程序，3月11日，经临时大总统公布，《中华民国临时约法》正式诞生。

---

① 杨幼炯：《中国立法史》，台北中国文化公司1960年版，第4页。

② 《南京临时政府公报》第三号（元月三十一日）。

③ 徐矛：《中华民国政治制度史》，上海人民出版社1992年版，第41页。

④ 李剑农：《中国近百年政治史》，武汉大学出版社2006年版，第141页。

（二）《临时约法》关于内阁制之设计

《临时约法》最大特点是将国家政体由总统制改为责任内阁制，使国家最高行政权从总统转移到内阁手中。其标志是在《临时约法》中于“总统”一章之外增加了“国务员”一章，增设了“总理”一职。参议院在制定《临时约法》草案时，即拟推黄兴或宋教仁为内阁总理，将袁置于虚尊地位，以制服“野性难驯”的袁世凯。

《临时约法》对责任内阁制是如此设计的：

（1）它规定临时政府以“三权分立”的权力制衡理论为依托，规定“中华民国的统治权由参议院、临时大总统、国务员和法院行使”。

（2）参议院为国家最高立法机关，拥有立法权、对临时大总统人事任免的同意权、政府预决算、税法、币制及度量衡之准则、公债等财政方面的议决权，临时大总统宣战、媾和、宣布大赦等方面的决定权，答复政府咨询、受理人民请愿之权，质问国务员、咨请政府查办贪腐违法官吏之权，弹劾临时大总统及国务员之权。且国务院须对参议院负责。

（3）临时大总统、副总统由参议院选举之，临时大总统的宣战媾和权、缔结条约权、制定官制官规权、任命国务委员及外交大使权等权力的行使须得到参议院之同意。

（4）政府由临时大总统、副总统和国务员组成。临时大总统为国家元首，代表临时政府和中华民国，总揽政务，公布法律，发布符合法律之命令，统帅国家军队，经参议院同意行使人事任免权、官制官规制定权、提案权、国事权、战和及缔约权、宣告戒严权、荣典权等权力。国务院由国务总理及各部部长组成，负责政府事务，“国务员辅佐临时大总统负其责任”，“国务员于临时大总统提出法律案公布法律及发布命令时须副署之”，“国务员得于参议院出席及发言”。这样，国务院是中央政府，掌行政实权，执行中央政务。

（5）司法独立，法官审判不受干涉，且任职受到保障。

（6）各省参议院的名额相等，均为五人，且选派的方法由各省自定。

从《临时约法》对立法机关与行政机关之关系的规定来看，参议院具有广泛的权力，内阁负有实际的行政责任，而且临时大总统的权力受到多方面的约束和限制。这样的体制意味着，“国家的大政方针都由参议院决定，由临时大总统及国务员负责执行，行政机关的重大决定均须由参议院同意”①。这就是革命党人所认可的《临时约法》下的政府体制：《临时约法》“盖总统制为内阁制，则总统政治上之权力至微”；② 也就是学界一般公认的《临时约法》所规定的责任内阁制。

但是，《临时约法》规定的政体很早就引起了人们的怀疑，认为约法采用的不是内阁制，而是总统制与内阁制的混合政体，③ 或兼采内阁制特点的总统制，④ 或是总统内阁制，⑤ 或是美国总统制的变种。⑥ 的确如此。因为：责任内阁制之精义在于立法机关和行政机关的相互制衡，即政府由议会产生，政府由议会中的多数党组成，政府首脑由多数党领袖担任，并对议会负责；议会通过立法权、财政权、同意权、重大事项决定权对政府进行制约；更为重要的是，双方通过行使不信任投票权、弹劾权和解散权实现两者的监督与制衡。以此为标准，《临时约法》规定了是一个不健全的责任内阁制，“从国务院与参议院之关系而观《约法》，虽有责任内阁制之精神，而实未备责任内阁制之体用”⑦。比如，《临时约法》中规定的内阁成员辅佐总统“负其责任”，回避了责任内阁到底是对总统负责还是对议会负责的基本问题，使民初的内阁无所适从；《临时约法》既没有规定议会对内阁的不信任投票权，也没有规定内阁对议会的解散权，这就造成了后来责任内阁进退失据的局面。还有，只有在总统制国家才设置的副总统，而到了《临时约法》又于总统旁殊可不必要地“带上一赘疣似的副总统”。⑧ 这样的规定就淡化了《临时约法》内阁制的色彩。

但拙著认为其为内阁制是不容置疑的。因为：

第一，内阁制在《临时约法》中已有概略的规定，主要是第五章第

---

① 殷啸虎：《近代中国宪政史》，上海人民出版社1997年版，第131页。

② 陈旭麓编：《宋教仁集》，中华书局1981年版，第460页。

③ 刘伟：《近代中国的社会转型与制度变迁》，湖北人民出版社2010年版，第275页。

④ 夏新华：《近代中国宪法与宪政研究》，中国法制出版社2007年版，第207页。

⑤ 刘伟：《近代中国的社会转型与制度变迁》，湖北人民出版社2010年版，第275页。

⑥ 谢俊美：《关于民初总统制与责任内阁制问题平议》，丁日初主编：《近代中国》（第10辑），上海人民出版社2000年版。

⑦ 陈茹玄：《中国宪法史》，台北文海出版社1985年版，第31—32页。

⑧ 同上书。

43—47 条，1912 年 6 月 26 日公布的《国务院官制》更有详细的规定。“中国临时约法原亦系采责任内阁制”，因为该法第 44 条“国务员辅佐临时大总统，负其责任’的规定，系声明元首不自负责之意。[①] 第 45 条“国务员于临时大总统提出法律案公布法律及发布命令时须副署之”之规定也属明证。当时亲历民初内阁政治实践的宋教仁也说：“今吾国之现行制，责任内阁制也”，是“总统不负责任，而内阁代总统对于议会负责任”，只不过是有责任内阁制之名，而无责任内阁制之实。[②] 尽管约法没有声明国务员应对议会负总统的责任，故有疑采总统制的问题，似乎是指国务员对总统负责而言。

第二，《临时约法》的立法意图很明确，即设立责任内阁，把国家主要权力赋予内阁，以防止总统权力的过分膨胀而造成独裁。“就当是制定约法者的本意而言，约法所采为责任内阁制，殆不容否认；仅因他们对于责任内阁制的内容缺乏充分的认识，遂使制定约法者的本意不甚明了。”[③]“在立法者的思想中更重要的是企图以这样的方式达到限制袁世凯的目的”[④]，“其精神故趋重责任内阁制者”。[⑤] 孙中山要把总统的职位交给袁世凯，尽管袁世凯替革命党人完成了推翻清政府的任务，但革命者还是对他不信任，所以在交替之际，要弄出一个约法来约束袁世凯，以限制其擅权，以防其图谋不轨。这样我们就不难理解，为什么《临时约法》中赋予参议院广泛的权力，而国务院又负实际的责任，只有临时大总统不能独立行使其法定的若干权力。这反映了革命党人想利用“议会斗争”和“责任内阁”来限制或牵制袁世凯，以维护民国的命运。孙中山在向参议院请辞总统的咨文中附有三个条件之一就是新总统必须遵守参议院制定的《临时约法》。宋教仁说：“改总统制为内阁制，则总统政治上之权力至微，虽有野心者，亦不得就范。”[⑥] 而时任国务院秘书长的张国淦说：

---

① 王世杰：《比较宪法》，中国政法大学出版社 2004 年版，第 263 页。

② 陈旭麓编：《宋教仁集》，商务印书馆 1981 年版，第 489 页。

③ 王世杰：《比较宪法》，中国政法大学出版社 2004 年版，第 265 页。

④ 张国淦：《北洋述闻》，上海书店出版社 1998 年版，第 41 页。

⑤ 陈茹玄：《中国宪法史》，台北文海出版社 1985 年版，第 31—32 页。

⑥ 宋教仁：《国民党沪交通部欢迎演说辞》，载陈旭麓主编《宋教仁集》，中华书局 1981 年版，第 460 页。

“《临时约法》变总统制为内阁制，把大总统规定成一个不负实际政治责任的国家元首，想以民党的国会多数利用内阁限制袁世凯反共和的企图。”①

据此，拙著认为《临时约法》是符合责任内阁制之基本精神的，只是不完全具备责任内阁之内容，其规定的责任内阁制有欠完备。尽管总统被赋予“总揽政务”之权，但国家的实际政务总是通过国务院各部门予以推进实施的，在加上“副署”权之规定，这就赋予国务院以巨大的行政权力。由于“其实权握在国务员之手”，拙著还是认定这是一种责任内阁制。只不过由于民国初建，再加上当时人们对从西方移植的责任内阁制的理解不完全，或者是革命党人有意为之，致使其在文字表述上存在欠缺，关于总统、内阁、议会的权力，《临时约法》的规定又含糊不清，有的甚至相互矛盾，从而导致总统、内阁、议会之间的权力相互摩擦。如真正按照责任内阁制来组织政府的话，就应该将主要的行政权力赋予内阁，而使总统处于一种虚位的礼仪象征性地位，且以议会来约束总统的权力，使内阁制政体中的总统成为象征性的虚位元首。但《临时约法》未能充分体现责任内阁制的基本精神，使总统和内阁的权力设置处于一种尴尬的处境：又赋予临时大总统代表临时政府，总揽政务、公布法律、统帅全国军队、任命文武职员等方面的大权，又赋予内阁以副署权来限制总统的权力。而且第 44 条“国务员辅佐临时大总统负其责任”的规定又令人费解：内阁究竟是向总统负责还是向议会负责？在袁世凯担任总统时期，内阁完全被压制于总统的威权之下，而袁世凯之后，总统又往往被内阁强人玩弄于股掌之间。但两者之间的争斗却一直也没有停止过，这无疑造成了民国前期政治上无休止的混乱以及政治资源的耗损。② 加上人治主义和工具主义色彩的浓厚，决定了《临时约法》及其设计的内阁制的失败命运。

---

① 宋教仁：《国民党沪交通部欢迎演说辞》，载陈旭麓主编《宋教仁集》，中华书局 1981 年版，第 460 页。

② 音正权：《〈中华民国临时约法〉的主要缺陷》，《政法论坛》2000 年第 6 期。

三 《中华民国临时约法》设计内阁制之原因

1912 年 3 月 10 日，袁世凯就任临时大总统，在其就任的第二日，由其宣读并公布《临时约法》。不久，中华民国第一届内阁——唐内阁组织告成。唐内阁的组成及运行是我国政治发展史上破天荒的大事，标志着源于西方的内阁制度正式在中国的政治舞台上开始运行了。

就在袁世凯就任临时大总统前夕，参议院制定出《临时约法》，将民国政体由总统制改为内阁制。为什么会在短短的两个月之内，《临时约法》要设计内阁制，使民国政体出现如此转变呢？对此，学界多有研究，大多认为这是“因人立法”、遏制专制之需要。拙著认为除此之外，还有以下几个方面的原因。

（一）出于国家统一而加强中央集权之需要

以往论者常把《临时约法》改总统制为内阁制，简单解释为限制袁世凯，这不能不说是主要原因之一，但这种改变也是出于中央集权、国家统一的需要。当时极力支持袁世凯的统一党，也积极主张模仿法国而不要模仿美国，其着眼点在于国家统一问题。熊希龄回忆 1912 年初加入统一党而不是加入同盟会时曾说：“前在宁、沪，遁初屡次要入同盟会，而弟独入统一党者，以同盟会宗旨注重联邦制度，所见不合也。”①

秦汉中央集权制度的确立结束了西周末期以来地方诸侯分裂割据的局面，此后，中央集权（纵向）日益加强，地方完全成为中央的附属物，以至于中国长期在国家形式上采取单一制。到清末新政时实行的改革措施，其实质是为了加强中央对地方的控制。

但是至清末以来，地方势力逐渐形成，地方主义开始觉醒。武昌起义发生后，各省（除少数省外）纷纷宣布独立，响应共和，清朝中央集权体制土崩瓦解，独立的各省在政治上要求自治。中华民国建立后，在建立什么样的政治制度的问题上，包括孙中山在内的不少的国民党人、革命派借此主张建立像美国一样的总统制联邦制共和国，终于在《中华民国临

---

① 《熊希龄先生遗稿》，上海书店出版社 1998 年版，第 4363 页。

时政府组织大纲》中确立总统制。但是，也有不少人，包括革命派、立宪派、北洋派，鉴于民初地方势力强大，国家有分裂的危险，对把联邦制推向极端感到震惊，认为联邦制会削弱民国政府的力量，更基于中国几千年留下来的民族传统，都反对联邦制而主张单一制，国家的统一仍是最终目标。[①] 法国的内阁制正是适应这种需要的政治体制，而《临时约法》正好适应了这种需要，将总统制改为内阁制，以维护国家的统一。对这种重大制度的变更，当时参议院议员谷钟秀解释说："当革命之时，各省初相联合，实有类于美利坚十三州之联合，因其自然之势，宜建为联邦国家，故采总统制，自临时政府成立后，感于南北统一的必要，宜建单一国家，如法兰西之集权政府，故采法之内阁制。"[②] 尽管这种说法遭到了很多人的批评，但出于加强对地方的管理，维护国家的统一，这种说法也不是没有道理。当时支持袁世凯的统一党也主张模仿法国而不模仿美国，也主要是着眼于国家的统一。

（二）革命党人斗争之需要

民初总统制到内阁制的转变，其间纷繁复杂的变化，表面上是一种政体上的抉择，实质上是一种权力分配上的角逐、竞争。早在民国初建时，孙中山和宋教仁就曾经在政体上发生过争论，这种争论似乎隐含着一种权力之争。这种革命派内部的争论还在其次。在立宪派与革命派之间也一直存在争论。在制定《临时政府组织大纲》时，立宪派是主张总统制而反对宋教仁的责任内阁制的，因为他们知道孙中山的总统是临时的，其实一般人的心理已注定清朝的命运完全操纵在袁世凯手里，只等清帝退位、袁世凯当上大总统时，实现共和立宪的政治。由于在辛亥革命之后，立宪党在参议院中的席位有限，故主张总统制而反对内阁制。但在制定《临时约法》时，孙中山即将让位于袁世凯，立宪派已经在很大程度上控制了参议院，并且已在临时政府的组织上占据重要位置，所以从维护自己的既得利益考虑，他们一改初衷，转而支持"责任内阁制"，以图在袁世凯的羽翼下分享一些政治权利。因此，《临时约法》将总统制改为内阁制，表

---

① 费正清：《剑桥中华民国史》，中国社会科学出版社 1993 年版，第 219、209 页。

② 庄建平：《近代史资料文库》，上海书店出版社 2001 年版，第 96 页。

面上是一种政体的抉择，实质上是一种权力分配上的角逐、竞争。

况且，如果说此种转变仅仅是为了制约袁世凯，那么则应该实行完全“责任内阁制”，但同西方典型的“责任内阁制”相比，在《临时约法》中所规定的“责任内阁制”下，总统依然拥有极大的权力，并非虚位元首，而是明文规定“总揽政务，公布法律”“统率全国陆海军队”等。虽然《临时约法》规定国务员对大总统有“副署”权相牵制，但也只是“辅佐临时大总统负其责任”。这种区别一是反映了当时中国复杂的历史环境，二是表现了革命派和立宪派的一种软弱和妥协，所以与其说此种转变是为了制袁，倒不如说是通过法律条文为自己分得一点可怜的权力而已。[①]

如果把由总统制改为内阁制，仅仅理解为限制袁世凯的需要，是不能解释民初诸多复杂的政治现象的，实际上它是当时权力斗争的一种体现。在民国初期的政治格局中主要有三种政治力量，即以袁世凯为代表的北洋势力、革命派以及传统的士绅阶层。这三种政治力量在民初的政治舞台上展开了权力的角逐。虽然传统士绅阶层渗透到各种权力部门，但其力量并没有凝聚起来，不能对袁世凯形成强有力的挑战，所以，共和初期的政治斗争主要在革命党和袁世凯为代表的北洋势力之间展开。当袁世凯要继任总统时，革命党则企图以责任内阁来限制袁世凯的权力，带着对袁世凯先天的不信任，革命党人抢得先机制定了《临时约法》以约束之。但是，革命党却忽视了政治领域的一个基本原则，即每一种政治力量都会追逐一种与其本身的实力相称的权力，因为政治权力的分配不能仅靠纸面上的白纸黑字，而是依靠相互之间的实力对比及其演变、消长。

（三）参议院扩大自身权力的需要

《临时约法》改总统制为内阁制，只是大多数立法者的主观选择。要对这一选择做出较好的解释，还要参议院中立法主体的变化。因为制定《临时政府组织大纲》的是各省都督府代表联合会，而制定《临时约法》的是临时参议院，这当中的人员构成发生了很大的变化。武昌的各省都督

---

① 何善川：《试论民初“总统制”向“内阁制”的转变》，《徐州师范学院学报》（哲社版）1992 年第 2 期。

府代表联合会的代表共计23人，至南京临时参议院期间，18人（占总数的75%强）已不再是参议院成员，仅5人留任。而且其构成人员身份是各不相同的。制定《组织大纲》的是各省都督府的代表，他们代表的是各省的都督；制定《临时约法》的参议员虽然大多仍为各省都督选派，但是他们却是国家立法机构参议院的参议员，具有一定的独立性。这就不难理解为什么各省都督府代表联合会在制定《组织大纲》时，大多数主张实行行政权优先的总统制；而作为国家立法机关的参议院在制定《临时约法》时，大多数参议员主张立法权优先的责任内阁制。总统制权力集中于总统，责任内阁制权力掌握在议会。从权力结构的角度来看，民主共和国可以区分为总统制共和国和议会制共和国两种。责任内阁制实际上是议会制共和国的政府组织形式，因此又称为议会内阁制。总统制下国家权力集中于总统，责任内阁制下国家权力掌握于议会。从这个角度看，《临时约法》采纳责任内阁制，与其说是革命党人为了维护革命成果而对袁世凯加以防范限制，不如说是临时参议院基于自身的利益考虑而采取的扩大自身权力的措置。①

（四）清末责任内阁制之影响

清末的仿行宪政试图要实行君主立宪体制下的责任内阁制。辛亥革命和清末预备立宪在时间顺序上连接紧密，清末立宪的影响并没有因为辛亥革命的发生而完全消失。在清末立宪期间，立宪派所广泛宣传、呼唤的君主立宪制度下的责任内阁制，对于当时所有关心国家命运与前途的政治开化人士来说，仍然耳熟能详，言犹在耳，记忆犹新。而且辛亥革命爆发后，清政府任命袁世凯为内阁总理的事实就在眼前。与总统制相比，人们对责任内阁制要熟悉得多，接近得多，因此采纳责任内阁制也是很自然的。②

袁世凯在就任中华民国临时大总统之前是清朝的内阁总理大臣，而此时的政治体制是责任内阁制。此前，袁世凯一再坚持以君主立宪制为底线，由于大势所趋，骨子里仍希望实行君主立宪制的袁世凯还是被潮流裹

---

① 刘笃才：《〈临时约法〉“因人立法”说辩正》，《法学研究》2002年第5期。

② 同上。

挟着赞同共和了。当南方参议院选举袁世凯为大总统时，袁世凯骨子里并不接受南方的任命。在他看来，袁政府是由清政府递嬗而来，因为清帝退位时在退位诏书里授命袁世凯以全权组织临时政府，他是由清朝的内阁总理转为民国大总统的，实现了他从清末内阁总理大臣到民国大总统的无缝对接，中国的政体从君主立宪制下的内阁制转变为民主共和制下的内阁制。

而在革命党人看来，民国政府则是由革命党人推翻清政府、国民推举的结果，也要求袁世凯到北京以外的南京组织政府，退位的皇帝应直接向在南京的孙中山为代表的共和派移交权力，① 但没有实现。当袁世凯继任民国大总统时，民国的政体是由民初的总统制转变为责任内阁制的。所以，革命党人和袁世凯之间一开始就存在不可调和的矛盾，这也是袁世凯一直不肯就范的原因之所在。实际上，这种争议为后来的袁氏政权之"正统性"埋下了伏笔，这也许是袁世凯当上正式大总统以后复辟帝制的一个原因。

（五）当时舆论之影响

清末以来直至民国初期，由于报禁的解除，实现了舆论自由，各种报刊杂志登载了大量的宣传介绍君主立宪、议会政治、内阁政治、政党政治的文章，来宣传内阁政治，主张建立责任内阁制（前文已有论述）。民国初期，相当一部分人都认为要想使总统不成为争夺的目标，要想使政府稳定，就必须推行内阁制。临时政府成立前，国民协会于 1911 年 12 月 20 日发表《为议和问题于全国同胞商榷意见书》，提出"中央政府之组织宜于师法"，"如美制，则大统领为行政部长，国会为主体权，二者绝对的分离，不相联络。其长所在行政部得保留其独立地位，惟不相统属，立法者不达行政细情，不无扞格之患。如法制，则大统领之下有总理大臣，大臣对议会负责，因政策之贤否而随时更迭。其长所在大统领不负责任，超然于议会之上，常保持其平衡状态。政府由多数党组织，于养成国民政治能力极有裨益。今欲于二国之制，定其取舍从违，则以法制为宜。盖美制

① ［澳］骆惠敏：《清末民初政情内幕——〈泰晤士报〉驻北京记者、袁世凯政治顾问莫理循书信集》（上），知识出版社 1986 年版，第 842 页。

大统领不对国会负责任，一旦政府不为人民信任，舍革命外无由易之。法制不然，政府受国会监督，国会而不赞成政府焉，区之易如反掌”。[①] 临时政府成立后，《东方杂志》第 8 卷第 10 号发表《敬告中国人中国民主政府当仿法国决不可仿美国之制》，认为：“今吾国苟仿美制，则人民政治上知识阅历，既尚幼稚，又无大政党以尽监督之职，其结果必致行政立法冲突不已。苟有冲突，即去总统，则一国之元首更动无常，必致骚乱。”《民立报》1912 年 3 月 7 日发表的《共和宪政意见书》，也提出同样的看法。这些舆论对于内阁制的设立是有一定影响的。

再加上临时政府本身就具有内阁制的一些特点。临时政府虽然是仿照美国设立的，但当时就有人认为它是中国的第一次内阁，[②] 在临时政府的人事安排中，黄兴的影响极大，他拥有自己的权力基础，是同盟会中仅次于孙中山的第二号人物，成为实际上的总理。而临时政府成立后的运作，也具备内阁中的一个主要特点，即副署制度。在孙中山就任临时大总统之前一日，宋教仁与吕志尹、居正就提出组织法大纲的修正案，其核心是将国家政体由总统制变为内阁制，主要内容就是临时大总统发布法律及有关政务之命令时，须有国务员副署。但该主张未被采纳，但深入如此，其影响还是很大的。1912 年 1 月 28 日，临时参议院成立后，宋教仁又提出一种总统制和内阁制混合的临时政府组织法草案，规定内阁成员享有副署权。

由于以上诸多原因，民初内阁制度的设置与确立就理所当然了。

---

① 上海社会科学院历史所：《辛亥革命在上海史料选辑》，上海人民出版社 1981 年版，第 269 页。

② 陆丹林：《革命史谭》，见荣孟源《近代稗海》第 1 辑，四川人民出版社 1985 年版，第 530 页。

第三章

民初内阁制的运行

民初内阁制确立后，开始了它的运行。[①] 其运行依据当然是《临时约法》，因为《天坛宪草》《袁记约法》《曹锟宪法》都没有真正实行，所以民初内阁制一直到黎元洪第二次当总统期间，都依据的是《临时约法》。那么，它是如何运行的？责任内阁制之要义在于立法机关和行政机关的相互制衡，即政府由议会产生，政府由议会中的多数党组成，政府首脑由多数党领袖担任，并对议会负责；议会通过立法权、财政权、同意权、重大事项决定权对政府进行制约；更为重要的是，双方通过行使不信任投票权、弹劾权和解散权实现两者的监督与制衡。但是由于民初内阁制存在诸多缺陷，在其运行过程中出现诸多变异。拙著主要根据内阁制中的内阁与议会、内阁与总统的关系之演变来考查内阁制的运行。

---

① 根据钱实甫的观点，内阁制的运行可分为六个时期：(1)《临时约法》时期：1912. 3. 30—1914. 5. 1。(2)"新约法"时期：1914. 5. 1 - 1916. 6. 29。(3)"法统恢复"时期：1916. 6. 29—1924. 11. 24。(4) 临时执政时期：1924. 11. 24—1925. 12. 26；1925. 12. 26—1926. 4. 20。(5) 摄政时期：1926. 4. 20—1927. 6. 18。(6) 军政府时期：1927. 6. 18—1928. 6. 3。实际上，以上几个时期，并非都是真正实行的内阁制，有的是总统制、"帝制"、"军政府"制，但对外往往号称是"内阁制"。见钱实甫《北洋政府时期的政治制度》，中华书店 1982 年版，第 82 页。

第一节　民初内阁与国会的关系

一　民初内阁与国会关系的文本规定

（一）民初国会演变简况

国会也称议会，是西方资产阶级民主制度的产物和标志。

辛亥革命以后，中国的资产阶级曾组织了一个具有议会性质的过渡机构——各省都督府代表联合会（1911.11—1912.1）。它曾主持制定了《中华民国临时政府组织大纲》，规定参议院拥有立法权、选举大总统权、组织政府权、财政权和对政府的咨询权。1912年1月28日，中国历史上第一个议会——临时参议院在南京成立（1912.1—1913.4，分南京和北京两阶段），推举林森为议长。主要工作是选举袁世凯为临时大总统、制定《临时约法》、同意唐绍仪组织内阁及决定临时政府北迁。临时政府北迁后，参议院亦于4月29日移至北京并开院，选举统一共和党党魁吴景濂为议长。因《临时约法》第53条规定要在约法施行后10个月内，由临时大总统召集国会，故北京参议院便着手进行筹备。1912年5月7日，议决采两院制，并通过《中华民国国会组织法》（以下简称《国会组织法》）。

1913年4月8日，中华民国第一届国会在北京正式开幕，国会正式成立。《国会组织法》规定：众议员任期三年，参议员任期六年。但未到换届选举，国会被袁世凯和黎元洪解散过两次（1914年1月，熊希龄副署解散令解散国会；1917年6月黎元洪下令解散国会），经历了第一届国会第一期常会（1913.4—1913.11）、第二期常会（1916.8—1917.6）、护法国会（1917.9—1922.6）、第三期常会（1922.8—1924.10）。后相继为政治会议（1913.12—1914.5）、约法会议（1914.2—1914.5）、参政院及其代行立法院（1914.5—1916.6）取代。后来又成立第二届国会（新国会或安福国会，王揖唐为众院议长，梁士诒为参院议长）（1918.8—1920.8）、临时参政院（1925.7—1926.4）。1924年11月，段祺瑞就任中华民国临时执政，“初命王揖唐通电解散安福俱乐部，以绝新国会之召集希望，继命章士钊检举贿选议员，以阻旧国会继续活动，终于民国十四年4月25日，下令取消法统”①，解散国会。1926年8月15日，国会议员被遣散，国会至此在中国的政治舞台上就寿终正寝了，可谓艰难而辛酸。

（二）民初内阁与国会关系的文本规定

内阁与国会的关系，是内阁制度的根本内容，它决定内阁制度能否正常运行。责任内阁制的特点就是“行政机关不与议会分离，而行政机关复能与议会互相对抗”②。两者不相分离，就是“议行合一”，即“行者”可以参加“议”，而“议者”中有一小部分有权“行”。他们既是议员，又是行政官员。两者互相对抗，就是下院对内阁可投不信任票而迫使内阁辞职；而内阁也可行使解散议会权解散下院，重新选举，如仍不得新下院的信任，则必须总辞职。这种相互制衡的目的在于求得内阁与议会政策的一致。

民初颁布的《临时约法》《中华民国宪法》中对内阁与国会的关系是如何规定的呢？

第一，约法规定，大总统任命国务员必须得到参议院之同意，必须受到国会的控制，国会对内阁的议案有否决之权；有权弹劾内阁阁员。按照《临时约法》，国会的权力是“至高无上”的，它既是立法机关，也是一个行政监督机关；它既有权制定、修改、解释宪法及各种法律，也享有对于总统和内阁的弹劾权和同意权。这种规定从立法上讲是与责任内阁制精神背道而驰的。

第二，在内阁对国会负责的问题上，《临时约法》的规定并不十分明了，其第44条规定：“国务员辅佐临时大总统负其责任”，这一规定似乎表明国务员要对参议院负实际政治责任，实际上不免带有几分含糊。③

第三，《临时约法》规定，大总统任命国务员要得参议院的同意（第34条）。根据责任内阁制理论，内阁以国会之大多数信任为存在基础，所以，国务总理任命时的同意权固须规定，而内阁关于每一个阁员的任命，

---

① 谢彬：《民国政党史》，上海学术总会1926年版，第13页。

② 王世杰、钱端升：《比较宪法》，中国政法大学出版社2004年版，第273—274页。

③ 同上书，第7页，注［1］。

无须经过国会的事先讨论与同意。而《临时约法》却规定，内阁对每一个阁员之任命均须得到国会的同意，实有画蛇添足之嫌。

第四，《临时约法》没有规定“不信任权”或“倒阁权”，也没有规定“国会解散权”，但对国会的弹劾权却作了如下规定：“参议院对于国务员认为失职或违法时，得以总员四分三以上之出席，出席员三分二以上之可决弹劾之”（第19条12款），“国务员受参议院弹劾后，大总统应免其职”（第47条）。弹劾权是责任内阁制下参议院对内阁进行制约、内阁对参议院负责的重要体现。可是《临时约法》误把弹劾权与不信任投票权混为一谈，把不信任投票权的意义包括在弹劾权之内。

第五，《临时约法》既把议会的不信任投票权包括在弹劾权之内，又规定大总统享有提交复议的权力，且须有出席参议员三分之二以上的多数支持原议，弹劾案才能成立。反过来说，如果有三分之一的参议员不支持原议，即可撤销弹劾案。这明显的是给予行政机关以较大的方便，以少数的支持来否决多数的原议。国会对内阁实际上享有不信任投票（弹劾）权，但内阁应该有而实际上无权请求总统解散国会，且“国会永远不被解散”，但事实上却屡遭解散。这样，资产阶级政治理论中的立法与行政的“制衡”原则就被打破了，在实践上，造成“数百议员皇帝”专政[①]的局面。对此，《天坛宪草》有了兼顾规定，国会对内阁行使的弹劾权和不信任投票权已经分开，内阁通过总统也可以解散国会，且不能提交复议，《曹锟宪法》也大致相同，“而与一般之所谓责任内阁制趋于一致”[②]。

二　民初内阁与国会关系的演变

内阁制在英国确立了几百年，是行之有效的，亦逐渐成为其政治习惯，发展成为一个较好的制度。这套制度移植到中国以后，由于制度层面该规定不尽完善，尽管目的良好，但在实际的运行中发生了较大的差异，导致中国政治秩序混乱不堪，它往往被用作专制的庇护所，以至于内阁与

① 章炳麟：《代议然否论》，《民报》1918年10月第24号。

② 王世杰、钱端升：《比较宪法》，中国政法大学出版社2004年版，第273—274页。

议会的关系发生偏差。

（一）袁世凯总统时期的内阁与国会

早在临时参议院修订《临时约法》之前，就发生过政府与参议院严重对抗的事件。1912 年 1 月 27 日，宋教仁主持制定的《中华民国临时组织法（草案）》在《民立报》上公布。三天后，临时大总统孙中山将此草案咨送临时参议院“以资参考编订”，可临时参议院于 2 月 1 日讨论时，一致决定“将原案退回”，并在给临时政府的咨文中指出：制定约法是立法机关参议院自己的专属事权，宪法法案权为参议院所专有，在正式国会未召集之前，本院为唯一立法机构，所以临时组织法应由本院制定，于是拒绝了临时政府提供的组织法草案文本。袁世凯继任临时大总统后，唐内阁成立，“参议院与内阁大体取合作态度，……因唐内阁系同盟会派与拥政府派混合而成，参议院两派势力又相当，故参议院与内阁大体相安”，参议院议决诸议案，对内阁皆不著痛痒，但在唐内阁倒台以后，参议院对内阁杯葛之事遂起，[①] 政府干预参议院的事，也屡有发生，但这时的参议院还有较高的地位，给予了抵制。在唐内阁倒台后，袁世凯提名陆征祥为总理，陆在向参议院提出阁员名单时，因其不能宣布政见而遭参议院否决，使陆征祥组阁一再受挫，后因段祺瑞军警干涉才获通过。宋案发生后，政府与国会的关系又陷入紧张。国会开幕后，又因宋案及大借款案、中俄蒙协约案而对内阁提出弹劾案，以至于发生杯葛。还有在 1913 年 4 月 10 日，袁世凯企图在政府内安插私人亲信张元奇、荣勋，以之为内务部次长，并将官制通则内内务部部长名额增加次长一名，要求临时参议院通过。临时参议院以与约法相违背为由，拒绝了袁世凯的咨请，身为总统的袁世凯不得不屈服于参议院，下令取消对张、荣的任命。到 1913 年 10 月，国会宪法起草委员会完成了《天坛宪法（草案）》的起草工作，就任总统后的袁世凯对国会的制宪活动进行干涉，要求扩大总统的权力，派施愚等八大人物在宪法起草委员会上陈述对宪法的意见。国会为维护尊严地位和议员脸面，根据宪法起草规则（除两院议员外，其他机关人员不得出席、旁听会议），拒绝接待施愚等八大人物。于是导致袁世凯认为立法

---

① 张玉法：《民国初年的国会》，书目文献出版社 1987 年版，第 23 页。

权对行政权干涉过多，“国会专制”，“议员掣肘行政”，“其流弊将使行政一部仅为国会附属品，直是消灭行政独立之权”，使“天下文武官吏，皆附属于百十议员之下”，[①] 最终袁世凯决计推翻国会，根除心中大患。1913 年 11 月 4 日，袁世凯以经由内阁总理副署的命令解散国民党，撤销国民党籍国会议员，追缴挂名于国民党的议员证书及徽章，“当日被追缴者 354 人（其中，参议院 129 人，众议院 225 人），翌日又追缴 80 余人，以致两院残留之议员照常出席，均不满法定人数，不能开会”，“国会陷于凌夷澌灭、可悲之境域”。[②]

此外，临时参议院对于政府的其他活动也进行过干预。从中我们看到，临时参议院维护自己的立法权及其权威性，强调立法机关对行政机关的制约作用，这是无可厚非的。但也应指出的是，临时参议院在许多问题上已经超越了《临时约法》所规定的权限，存在越权干预行政机关之嫌。如 1912 年 8 月，针对武昌首义将领张振武、方维被秘密杀害一事，参议员张伯烈、刘成禺等 19 人认为政府行为违背《临时约法》第 6 条“人民之身体非依法律不得逮捕、拘禁、审问、处罚”之规定，以张振武、方维两人均为国民，理应受法律保护为由，联名向参议院提交有关质问政府案，对临时政府进行弹劾。而临时政府以张振武为大总统处军事顾问，是军人，而非民人，可以按军法从事。结果临时参议院因法理依据不足，参与此事的合理性不强，弹劾遭到失败。[③]

诸如此类的滥用立法机关权力的事件还有很多。譬如对催交预、决算案之类，参议院实际上只要制定有关会计法律就可以对政府财政收支进行监督，而要求政府每月提交预、决算更是不合情理之事。又譬如在 1912 年 5 月，临时政府因严峻的财政困难而决定向英、法、德、美四国银行团举借外债，在同银行谈判的过程中，临时参议院频繁地秘密召开会议，要求总理唐绍仪、财政总长熊希龄向参议院报告借款谈判实情，对临时政府借款一事加以指责，过多地干预政府的外交活动。对于临时政府的人事安

---

① 张国淦：《中华民国国会篇》，《近代史资料》第 91 号，中国社会科学出版社 1997 年版，第 123—124 页。

② 谷种秀：《国会之究竟》，《正谊杂志》1914 年第 1 卷第 1 期。

③ 谢俊美：《民国临时参议院》，《政治制度与近代中国》（增补本），上海人民出版社 2000 年版。

排，临时参议院也有较多干预。如 1912 年 5 月，袁世凯总统将陕西经略使胡瑛改任为新疆青海屯垦使，但临时参议院对地方官吏的任命也大加质问和干预。《临时约法》只规定临时参议院对总统任免国务员及外交大使、公使的同意权，并未涉及地方官吏的任免。这件事的背后反映了当时的党派之争，因为胡瑛是老同盟会会员，参议院内部的共和党参议员不愿看到对他的任命。

临时参议院之所以对行政部门强势，盖因以下几方面的原因：一是《临时约法》在制度的设计上存在缺陷。《临时约法》赋予了临时参议院对行政机关过大的制约权，而忽视了行政机关对议会的抗衡，使立法机关、行政机关之间没有形成一种有效的权力制衡的机制，造成临时参议院凌驾于行政机关之上的状况，其结果是加剧了立法机关和行攻机关之间的紧张关系。二是《临时约法》没有构建独立的司法体制。当立法与行政两个机构发生冲突时，司法机关缺乏进行协调和仲裁的机制。三是中国传统政治体制中的集权体制使然。中国长期以来实行的是一元化集权政治，政治权力一直集中在皇帝及其代表的官僚集团手中。虽然民国已实行民主共和制度，但人们崇尚集权和权威的思想观念仍然根深蒂固。临时参议院的议员政治家们在处理现实中的权力关系时，仍不免习惯于传统的自下而上的服从和被服从的权力观念以及崇尚政治权威的思维模式，而《临时约法》赋予参议院诸多权力也使这种权力意识变得更加强烈，给人们一种“议会集权”“议会专权”的感觉。四是临时参议员政治上的不成熟。这些参议员缺乏近代民主政治中的妥协艺术，不具备与欧美民主政治制度相适应的政治家所必备的政治素养和经验。而且这些参议员角色错位，很自以为是，把自己当作行政官员，到处指手画脚。虽然议会强大有利于防止行政集权，但如果过度了，则会走向反面。

临时参议院的这种“强势”并没有维持多久。而“实际上民国成立至今，从无议会牵制内阁之精神，军阀之喜怒，对于内阁则有莫大影响，近年来即无所谓国会，更无论矣”。[①] 民国初期大多数时间议会是任人摆布，直到落下被解散的命运。

唐绍仪初任内阁总理，拟定阁员后，咨交参议院：“所有外交总长陆

---

① 章熊：《中华民国的内阁》，古城书社编译所 1928 年版，第 78 页注一。

征祥、内务总长赵秉钧、陆军总长段祺瑞、海军总长刘冠雄、财政总长熊希龄、教育总长蔡元培、司法总长王宠惠、农林总长宋教仁、工商总长陈其美，均多数同意，惟交通总长梁如浩，多数不同意。”① 后获参议院通过后再发表阁员名单。这表明唐绍仪任总理时期双方的关系还是较好的。唐下台后，袁世凯即向参议院提出以外交总长陆征祥为总理案，欲组织“超然内阁”，获参议院通过，但陆氏在参议院宣布政见时，“忽发出开菜单做生日，种种不可思议之鄙意俚词，而始终未及政治一字”②，以至于其新提的六内阁阁员全数被否决，参议院也以“失职”为由而弹劾陆征祥。参议院的这种做法立即引来许多的批评，“各方议论纷纷，全集矢于参议院，谓不顾大局，陷国家于无政府状态”③，盛传要解散参议院。“参议院既受各方攻击，而党派又以分歧不能始终团结，（七月）二十日开会，周（学熙）、范（源濂）、许（世英）、陈（振先）、朱（启钤）同意，只蒋（作宾）一人不同意。三十日改提刘揆一长工商，八月二日开会同意。于是议员气焰一时顿息。”④ 此后，国会的地位就日益堪忧了。次日参议院即弹劾陆征祥失职，陆称病请假，由袁系人物赵秉钧代理总理，以组织国民党“政党内阁”。

赵内阁与参议院的关系尚属融洽，其在参议院投票表决时，以 69: 71 的高票通过。关系之所以如此，是因为赵氏加入国民党，名义上属于国民党内阁，而实际上赵氏属于袁派人物，又得到了共和党的支持。再加上阅历丰富、小吏出身的赵秉钧善于和参议院拉拢关系，特别是这时政党和议员的注意力都转移到国会选举上，会期将尽的临时参议院也失去了大部分的斗争热情，参议院与内阁的对抗也悄然趋于停歇，动荡不安的政局趋于暂时的稳定。赵内阁的成立大大削减了国民党在一般舆论中的反政府色彩，这成为国民党在国会选举中获胜的重要原因。而这一胜利潜伏着更大的冲突。

1913 年 4 月 8 日，第一届国会典礼在北京举行，国会正式成立。根

① 张国淦：《北洋述闻》，上海书店出版社 1998 年版，第 124 页。

② 章伯锋、李宗一：《北洋军阀》第二卷，武汉出版社 1989 年版，第 2 页。

③ 张国淦：《北洋述闻》，上海书店出版社 1998 年版，第 127 页。

④ 同上书，第 128 页。

据约法，国会由参、众两院构成，参院有 264 名议员，众院有 556 名议员，共 820 名，号称“八百罗汉”。[①] 在国会中，国民党的人数占的比例比较大，在两院中的席位超越其他党派。可国会议事时撇开了制定宪法、选举总统之要事，而使 4 月 26 日签订的善后大借款合同成为国会的中心议题。4 月 28 日，参议院第一次正式议事，参议院中占优势的国民党质疑大借款的合法性，并要求国务员出席回答，第二日国务员未出席，参议院以多数票通过了否认大借款的合法性的议案。5 月 5 日，众议院（国民党议员利用进步党议员出席人数不足）也议决退还政府《中国善后借款合同查照备案》咨文，也否认了其合法性。

宋案发生后，二次革命前，总理赵秉钧称病不视事，总理由段祺瑞代理。这时，袁世凯决意改组内阁。从 6 月 26 日开始，国会中的国民党、进步党协商弹劾政府，迫使袁世凯加快组阁的进程，而此时改组内阁的主动权已从袁世凯手中转移到国会手中。国会两大党因为奥国借款问题和对袁世凯迟迟不能改组内阁而分别对政府提出弹劾案。在 6 月 20 日众议院预算案讨论会上，财政次长梁士诒回答议员质问时，称自己只是次长，不能参加国务会议，因此不能对质问做出答复，引起议员们的普遍不满。因为这意味着总长请假，次长不负责任，内阁就无人负责财政问题了。有议员当场指责政府未经国会之通过就擅自签署奥国借款，属于违法，要求国务代总理段祺瑞下次出席众议院会议回答质问。[②] 6 月 25 日，国会为奥国借款问题专门开秘密会议质问，梁士诒的狡辩再一次激怒了大多数议员，因为奥国借款完全是秘密借款，国会事先一无所知，这是完全违反《临时约法》的。到次日上午 10 时，国民党邀请进步党在众议院会场开协商会，以弹劾内阁全体成员，实现改组的目标，希望推倒段祺瑞代理内阁后支持进步党组阁。而进步党也对改组内阁迟迟不决和英国借款问题不满。到 6 月 29 日，进步党在开议员会议讨论弹劾案，会议最后议决弹劾内阁总理和财政总长。7 月 4 日，众议院分别提出《弹劾国务总理（赵秉钧）及财政总长（周学熙）违法擅借奥款案》《弹劾财政总长违法擅借奥款

---

① 李剑农在《中国近百年政治史》中认为参议员总数为 596 人，众议员总数为 274 人，两院人数共 870 人。武汉大学出版社 2006 年版。

② 《宪法新闻》1913 年第 1 期，第 68—69 页。

案》《弹劾全体国务员失职违法案》等六个弹劾案，或者要求罢免内阁总理赵秉钧，或者要求罢免财政总长周学熙，或者要求罢免全体国务员，请大总统将其免职以谢国民。由于国会各政党派态度空前一致，7 月 14 日，众议院各政党凑足了法定人数，使六项弹劾案合并同时交付审查，这使总统袁世凯仓促提请国会同意任命熊希龄为国务总理，从而加快了内阁改组的步伐。由于熊希龄为进步党所拥戴，而进步党在两院中又占优势，故熊氏提名在两院安然通过。① 到 1913 年 9 月 11 日，被称为“第一流人才内阁”的熊内阁正式组成。1913 年 10 月 6 日，国会选举袁世凯为正式总统，10 月 10 日，袁派施愚等八大人物在宪法起草委员会上陈述对宪法的意见以干涉国会制宪。10 月 25 日，袁世凯致电副总统黎元洪及各省都督、民政长，指责国民党“危害国家，颠覆政府”，指责“国务总理之任命须经众议院同意”的“同意权”是“国会专政”，必须废除。这封电报不仅离间国会与政府间的关系，而且还把矛头指向国民党。这是解散国民党的先声。11 月 4 日，内阁总理熊希龄被迫在解散国民党的命令上签字，解散国民党，致使国会不足法定人数，使国会陷于瘫痪状态。12 月 3 日，参议院亦以政府之下令追缴议员证书及徽章，国务员辅弼总统，列名副署，应负责任，特依《临时约法》第 19 条第 9 款、《中华民国参议院法》第 40 条，提出质问于国务员。12 月 23 日，国务员答复质问，但只是一种不负责任的答复，是一种遁词。② 袁氏于 1914 年 1 月 10 日以熊希龄等全体阁员之副署，下令停止国会残余议员之职务，声明两院议员人数，既与现行《国会组织法》第 15 条所载的总议员过半数之规定不相符合，应即依照政治会议议决，毋庸再为现行《国会组织法》第 2 条及第 3 条之组织。这样，“得第一流内阁的赞襄”，议会正式宣告解散。③ 同时宣布组织约法会议，名义上视为增修约法，实为废止《临时约法》。这样内阁沦为袁世凯专制的帮凶与工具，民国之法统不用等到洪宪帝制就早已中断。至 1916 年 8 月，国会第一次恢复，民国无正式立法机关，凡两年又六

① 李剑农：《中国近百年政治史》，武汉大学出版社 2006 年版，第 307 页。

② 谢振民：《中华民国立法史》，中国政法大学出版社 2000 年版，第 90 页。

③ 李剑农：《中国近百年政治史》，武汉大学出版社 2006 年版，第 312 页。

月。[①] 可熊内阁也好景不长，在完成其使命后也于 1914 年 3 月被迫解散。[②]

正式国会，开会不过 7 个月，大部分时间消耗在党争上，在议长选出后，才开始正式议事，各党派间对法律案件及政治案件的争执甚多。一般说来，政府移送者较国会自提者易于通过，但政府移送的案件，若破坏国会职权或影响党派利益，国会或有关党派必然会加以阻扰，如善后大借款和中俄密约案等。对于大借款案本身，国民党和进步党皆不反对，反对的是政府未经国会同意而违法借款。因此，众议院通过将政府咨文退还，参议院亦主退还，但因拥袁派的抵制而无结果。等到违法借款之案被发现，两院议员更加愤怒，纷纷提出弹劾政府案，最终导致国务总理赵秉钧、财政部长周学熙的免职。对于中俄协约承认蒙古自治一案，进步党从事实上考虑，主张承认；国民党从影响上考虑，反对承认。结果，众议院通过，参议院否决，使中俄协约在法理上不能成立。此亦为政党制衡中的一个收获。[③]

（二）黎元洪总统时期的内阁与国会

1916 年 6 月 6 日，袁世凯忧愤而死。6 月 7 日，段祺瑞以国务院名义通电全国，黎元洪继任大总统。黎就任后于 1916 年 6 月 29 日下令恢复元年约法，特任段祺瑞为国务总理，第二天，颁布国务员任命令，段内阁组织就绪，只等国会两院同意，以完成法定手续。8 月 1 日，旧国会重新开会于北京，此即第一届国会第二次常会。10 日，黎总统在北京迎宾馆举行茶会，招待全体议员，黎致辞，希望与各位议员“相见以诚，合力同心，共匡大局”[④]，实为组建新内阁做准备。17 日，政府将国务总理段祺瑞提名案提交两院，征求同意。21 日下午，众议院开会，议长陈国祥主席，总统黎元洪派黎澍代表出席，陈述命段为国务总理的理由：说段有保障、保持共和之功，“云南事成，民国再造，各项要政，急待维持，而贵

---

① 谢振民：《中华民国立法史》，中国政法大学出版社 2000 年版，第 95 页。

② 李剑农：《中国近百年政治史》，武汉大学出版社 2006 年版，第 308 页。

③ 张玉法：《民国初年的政党》，岳麓书社 2004 年版，第 450—451 页。

④ 沈云龙：《黎元洪评传》，台北文海出版社 1978 年版，第 88 页。

院尚未开会，不得已特先任命为总理。且段公自民国元年历任军政首长，二年肩带国务总理，皆孚人望。民国改造，相助尤多。对南北又急融洽，其政治经验亦可概见，兹特提出请求贵院同意”。随后，主席宣告依法投票，结果在414名议员中，获407票，大多数同意。嗣于23日，参议院开会，出席议员193人，议长王家襄主席，总统代表黎澍陈述任段之理由，与众议院同。结果同意者187票。至此段祺瑞内阁总理追认手续顺利完成。8月28日，黎总统又将咨请追认各总长之咨文送交众议院：“查国务总理段祺瑞，业经就职。其余各国务员，自应依照约法第三十四条咨请贵院同意。兹于本年六月三十日，特任唐绍仪为外交总长，陈锦涛为财政总长，程璧光为海军总长，张耀曾为司法总长。7月12日，特任孙洪伊为内务总长，范源濂为教育总长，许世英为交通总长。8月1日，特任谷钟秀为农业总长。除有国务总理出席说明外，相应咨请贵院依法办理。再总理段祺瑞，久任陆军总长一职，即由改总理兼任，以资熟手不再另行提出。”[①] 30日，众议院以总统咨文中段总理兼任陆军总长未曾列入，是为不合法，经议决通过退还政府，要求段兼总理一项列入，再行咨院。翌日，政府将补任段兼陆军总长之咨文送交众议院。9月1日，众议院开会，追认全体阁员，议长汤化龙主席，经多数议员赞成，段总理兼陆军总长案，与其他各总长同意案，同时投票。有效票数为454票，投票结果，各总长均得过半数票，一一通过。[②] 9月4日，参议院开会，议长王家襄出席，宣读众议院国务员同意案。段总理出席，谓：“方今国家多故，内阁一日不成，政务一日不能进行，大总统均将国务员提出，幸众议院全院通过，现移贵院，请求同意。”[③] 段氏退席后，主席宣布用无记名投票法投票。投票结果，各总长得票均超过半数，议长宣告全体通过，所提阁员，均经两院追认同意，法定手续完成，段阁始告正式成立。此乃民初内阁制之恢复。此次段内阁，纯系南北各方人员组成的混合内阁。[④] 这种混

---

① 《新青年杂志》1916年第2卷第2号，国内大事记，第3页。

② 徐炳宪：《段祺瑞与民国初年的内阁》，台北传贤文化事业有限公司1984年版，第68页。

③ 《新青年杂志》1916年第2卷第2号，国内大事记，第345页。

④ 徐炳宪：《段祺瑞与民国初年的内阁》，台北传贤文化事业有限公司1984年版，第70页。

合内阁，之所以能得到国会的通过，有人分析其原因有二：首先是为阁员中西南反帝制分子占多数，而国会两院议员属国民党籍者有四百余名，亦占绝大多数。其次是为总统与国会融洽，彼此均能忠诚谋国；黎总统为人忠厚，对议员态度诚恳，且事先对国会有所疏通，请议员大力支持。从这段记载看出，内阁与国会的关系还算是融洽的。

内阁阁员中，西南派占多数，因军阀肆意攻击，终未能行其志。众议院通过阁员同意案后，督军代表们于9月22日在徐州开会时决定罢斥西南派唐绍仪、孙洪伊、谷钟秀、陈锦涛、张耀曾五总长，致其不敢就职。有如此跋扈的督军团，西南派阁员再多，又如何能行其志![1] 这表明，军阀对内阁及内阁成员的干预及其在中国政治中的作用。

段祺瑞掌握政权之初，为了使其统治建立在合法的基础上，他不得不表示拥护宪政，支持国会。《临时约法》规定的政体是责任内阁制，而手中拥有强大军事武装的段祺瑞，为彰显责任内阁制的"精神"，又不甘心受制于国会。这样不免出现段祺瑞内阁与国会之间的冲突。在段祺瑞任总理期间，利用其军事实力，对国会进行武力干涉。如民国六年段内阁利用武人迫使众议院议决参战案便是。[2]

1917年1月，德国实行潜水艇封锁政策，通牒各中立国，在其封锁线内，不准船只往来，本来采取中立政策的中国也对德提出抗议。美、日两国从本国利益出发，极力怂恿中国对德绝交。在研究系梁启超的鼓吹下，[3] 段祺瑞极力主张与德国断交并宣战。段内阁因此于1917年3月4日与黎总统发生府院之争，府院之争实际上是院会之争。在参战问题上，以众议院议长汤化龙为首的研究系议员全力支持对德绝交、参战，以国民党议员为主体的益友社最初并不反对对德绝交，后来侦知梁启超和段祺瑞密谋："以宣而不战，借端借款练兵，制服国民党为宗旨，如此可以名利兼收，并可实行政治独裁，段颇韪其言"[4]，因而改变策略，反对段内阁对

① 徐炳宪：《段祺瑞与民国初年的内阁》，台北传贤文化事业有限公司1984年版，第74页。

② 同上书，第8页。

③ 梁认为，对德绝交，可提高中国国际地位，废除一些对中国不利的条款，借此编练参战军增强军事实力。

④ 《吴景濂自述年谱》，《近代史资料》总107号，2003年12月，第46页。

外政策，国会中反对最力者为马君武等激进的国民党议员。国民党议员反对参战，主要是担心北洋集团借参战扩充军力进一步压迫国会，“民党之真意亦非必反对宣战，惟不满意段内阁，欲藉此难之，使归于消灭”[①]。3月4日，段祺瑞及全体国务员在总统府商议对德问题，黎元洪主张绝交案应先俟国会同意，拒绝在绝交案咨文上签字。段祺瑞愤而辞职，虽经冯国璋力劝复职，随即改变策略，召各省督军进京商议对德参战问题，实质以武力恫吓总统府和国会。而此时黎元洪与国会互为奥援，黎元洪欲利用国会连任总统，国会利用黎元洪来改组内阁，推倒段祺瑞内阁，以徐世昌作为过渡总理，拥西南政学会领袖岑春煊组阁，将北洋派在中枢的势力连根拔起。但在表面上段祺瑞还是拉拢国会。3月7日，段总理柬招各派议员108人，80余议员到场，到国务院静远堂开会，说明外交方针。怀疑派之著名议员如马君武、黄公素、萧晋荣、王乃昌等具与其列。“段君首述今日邀请之意，在与诸君讨论外交，遂详叙近日一切经过及政府现在之决心，又论及欧洲战况，谓曾详慎研究，断定德国之必败。怀疑派议员数人对于种种疑点曾有质问，段君一一听取后依次答复。闻是日谈话范围甚为广泛，不惟说明目前之计划，并论及战后种种问题，……是日之会，总理及议员诸君俱以极诚挚之态度披沥意见，即怀疑派诸人虽不免仍有反对之点，然对于段君之诚挚，俱示满足之意……国会与政府之意见得以充分疏通，不惟裨益于外交，亦为宪政上之一种好现象也。”[②] 1917年3月11日，众议院通过与德国断交案。3月12日，参议院开会继续讨论外交问题，时已5点，议长以动议付表决，大多数赞成，赞成者为白票158票，反对者为蓝票25票，于是政府对德外交方针完全通过于两院。[③] 民国六年（1917）3月14日，外交部向德国使馆发布照会，大总统也于同日发布《大总统令》，正式同德国断交。

断交议案通过了，但是否加入协约国对德宣战呢？对此分歧很大。黎元洪、冯国璋皆反对加入协约国，段祺瑞及各省军民长官一致赞成参战。

---

① 顾维钧：《顾维钧回忆录》第1册，中华书局1983年版，第153页。

② 季啸风、沈有益：《中华民国史史料外编》（第一册），广西师范大学出版社1997年版，第170—171页。

③ 同上书，第178页。

5月1日，国务会议通过参战案。5月7日，段祺瑞内阁提出对德宣战案，咨请国会同意。5月8日，众议院召开秘密会议，讨论对德宣战案，国务委员全体出席，报告对德奥宣战之意见。为了让国会议员通过提案，段师法袁世凯故伎，指使傅良佐收买地痞流氓组成“公民请愿团”包围国会，于5月10日众议院开会时围攻议院，殴辱议员，强迫议员投票通过宣战案。议员群情激愤，要求段祺瑞到国会接受质问，“段一就席，议员们就首先发言质问：为什么袭用袁世凯的故伎，组织公民团包围议员？并声言要先解除公民团的包围，才能开议。段虽不承认公民团是他的主使，但不能推脱解围的责任，即退席去打电话。约半小时后回来报告说：已饬军警负责办理了。段说毕，即按照议程开议，先由段说明提案理由，次由议员进行辩论和质问。当日质问较多，词锋所及，有涉及题外者。段听了不耐烦，即说：‘议员说话要有范围。’此言一出，全场起哄，大叫：‘什么是范围？难道用公民团吓唬人就是范围吗？这种态度哪里是对国会负责的态度？把他拉下来！’当即有广东议员叶夏声等奔上讲台，拟动手拉段下台，同时又有许多人奔上讲台准备拉架，一时秩序大乱。议长忙按警铃，才把秩序恢复”①。公民团事件是一个危险信号，使议员愤怒异常，遂停止会议，国会、内阁矛盾已无可调和，内阁中国民党籍国务员谷钟秀、张耀曾、程璧光、伍廷芳、范源濂等纷纷辞职，内阁只剩下段氏一人，国务会议连日停止，不能正常举行。本来国会是可以通过参战案的，结果，段祺瑞弄巧成拙，使其在舆论和法理上都处于极其不利的地位，不能收拾。

此时出现内阁与国会矛盾不可调和的局面，根据责任内阁制原则，要么内阁总理辞职，要么政府解散国会，但在约法的二元体制下，任何总理都难有所作为，无以折中之。当时张国淦充作府院之间调和人，和段祺瑞反复磋商，提出了一个变通的办法，即段仍留任，以黎元洪亲信补充为阁员，段也做出重大让步，双方协商解决似不无可能。但黎元洪提出要段主动辞职，重组内阁。12日，段拟就辞职书欲辞职，但被左右阻止，决计与国会抗衡，再三咨催国会速议宣战案。而此时的国会中的大多数都主张倒段。18日，北洋系与日本军阀勾结的借款秘密暴露出来，更使国会大

① 汪建刚：《国会生活的片断回忆》，《文史资料选辑》第82辑，文史资料出版社1981年版，第186页。

多数不信任段祺瑞了。5 月 19 日，众议院开会，通过了议员储辅成的提议：“现内阁仅余段总理一人，不能举责任内阁之实，本院对于此等重大外交案件，应俟内阁改组后再议”，于是对德宣战案延搁。[①] 此时对德参战问题已退其次，完全演变为国会和段祺瑞之间的党争。

段祺瑞威逼议员投票失败后，又指使各省督军于5 月 19 日向黎总统呈递请愿书要求解散国会，另制宪法。不料，5 月 23 日，黎元洪自恃有国会议员及张勋之奥援，贸然发布外交总长伍廷芳副署的总统令，罢免段祺瑞国务总理和陆军部长职务，任命外交总长伍廷芳暂代国务总理，后国会又通过李经羲为国务总理。黎氏此举，使府院冲突达到极致。退居天津的段祺瑞反戈一击，于当日发电声称：“查共和国责任内阁制，非经总理副署，不能发生效力。以上各件，未经祺瑞副署，将来地方、国家发生何等影响，祺瑞概不能负责。”[②] 此即是段氏欲策动督军反叛。不久八省督军宣布独立，脱离中央，并欲进兵北京。情急中的黎元洪请张勋进京调停，张勋进京途中，发电要求黎元洪三天内解散国会。6 月 13 日，尽管“解散（国会）既不合法，留存又不足以息事”，[③] 黎还是以步军统领江朝宗代理国务总理的名义副署[④]发布解散国会令，国会在不到一年的时间内再遭解散。

从上述看出，段祺瑞当政期间，府院矛盾不断，院会冲突不断，阁员变更频繁，当政者处处掣肘，不胜其烦，“府、院、国会三方，各立于独，国会既不得以命令解散，而总理亦不宜以不信任解职，两相抵抗”[⑤]，这是制度不健全导致的恶果。权力制衡本为内阁制的一个原则，面对段祺瑞内阁的专权，国会内进步党和国民党联合起来，维护权力制衡的原则，对段祺瑞的权力形成牵制，结果因对德国宣战问题导致内阁与国会之间的对抗，引起政府危机，段祺瑞解职，使段祺瑞的参战计划严重受挫。这表

---

① 谢振民：《中华民国立法史》，中国政法大学出版社 2000 年版，第 127 页。

② 《段祺瑞漾电》，《中华新报》1917 年 5 月 24 日。

③ 《熊希龄致徐世昌函》，1917 年 6 月 11 日，《中华民国史档案资料汇编 · 政治（二）》第 3 辑，第 1225 页。

④ 代总理伍廷芳和即将上任的李经羲都拒绝副署，以避违法之嫌，也有人对江的资格提出疑问。

⑤ 严复：《与熊纯如书》，1917 年 7 月，《严复集》第 3 册，第 672 页。

明民初国会并非完全是“橡皮图章”“表决机器”，还是起到了一些监督政府、制约权力的作用的，[①] 但国会在北洋军阀面前实在是太弱小了，国会境况日益堪忧。

但是，也应该注意到，当时国会里有的政团、议员的素质是有问题的，他们怀有私心、私见而与内阁对立。在参战案问题上，国会先赞成于前，又反对于后，“使政府上不在天下不在田”，“陷政府于进退失据之域，……陷国家于进退失据之域”，有的党派足以称快，但国会不能无罪。[②] 国会里还有政团对参战案的通过提出交换条件，他们只知私党私人之利益，视国家大事为儿戏。[③] 这样人为地导致了国会与内阁的冲突。

（三）冯国璋—徐世昌总统时期的内阁与新国会

1917 年 6 月 14 日，张勋进京。7 月 1 日，宣告复辟。7 月 2 日，逃避于日本使馆的黎元洪致电南京冯国璋副总统请其暂代总统，被迫复命段祺瑞为国务总理。7 月 5 日，段祺瑞马厂誓师，再造共和。17 日，段阁再次组成，这是段派军阀与研究系、新交通系的联合内阁。

“再造共和”之后的政局极其复杂，除了对外的参战问题，还有国会改造问题。[④] 在 8 月 14 日正式对德宣战之后，段阁便依研究系之策，着手解决国会改造问题。国会改造的结果是旧国会的终结和安福国会的产生。而此时一部分南下议员加入广州孙中山护法军政府，与北京政权形成对立，另一部分在上海的国会议员要求迅速恢复被非法解散的国会。而恢复旧国会，即要恢复《临时约法》，立法权过重的弊端依然无法解决，势必再次面对国民党议员的束缚甚至弹劾，府院之争在所难免。这使重掌军政大权的段祺瑞不愿恢复旧国会，让国民党再度染指政权。因为段氏本身对代议制并无好感，念及国会政潮，加上在对德宣战案中与旧国会积怨甚深，让其备感束缚，所以不愿意再恢复旧国会，而是想废弃旧国会，或将其改组成完全听命于自己的御用国会。于是以“法统中断”为借口，拒

---

① 李庶民：《北洋时期为何也有“民主”》，《炎黄春秋》2005 年第 4 期。

② 鸟：《国会之宣战案通过问题》，《寸心》1917 年第 5 期。

③ 佳：《交换条件》，《寸心》1917 年第 5 期。

④ 李剑农：《中国近百年政治史》，武汉大学出版社 2006 年版，第 384 页。

绝恢复旧国会。这时，段祺瑞接受梁启超“国会组织法不善是国会纷争的根源，应先修改国会组织法”的建议，仿照南京临时政府的旧例，召集临时参议院，再造国会。7月14日，通电各省，征询召集临时参议院的意见：“国会之职权，乃由约法上之参议院递擅而来，由参议院行使立法职权，即无异于国会之存在，是与约法精神，共和本旨，皆不违背。且人数尤多，选派由地方自定，依据约法．可以迅速成立，救时之计，无逾于此。”① 各省先后复电赞同。

1917年7月31日，冯国璋就任大总统。9月29日，段内阁发布成立临时参议院命令。各地方随即依照《临时约法》第18条规定，选派参议员5人或1人，陆续赴京集会。10日，临时参议院正式成立。临时参议院不行使立法机关之职权，仅负责修改国会组织法和参众两院议员选举法。修正完毕，参议院职责亦完成。1918年8月12日，根据修正法案所产生的安福国会宣告成立，参议院即于当日举行闭幕礼解散。

早在1917年9月29日，段政府令内务部筹备国会选举事宜：“依约法第53条，本有召集国会之规定。此次国体再奠，所有约法上机关，亟应完全设立。著内务部按照民国元年筹备国会事务局办理事宜，迅速筹办预备选举。”② 1918年2月12日，冯国璋以代理大总统名义公布实施经过参议院修改的《修正国会组织法》《修正众议院议员选举法》及《修正参议院议员选举法》。2月18日，又令内务部筹备选举。3月6日，段祺瑞发布命令进行新国会参议员、众议员的选举。选举揭晓，研究系议员在新国会中只获得21席位，安福系议员获得压倒多数的335席，研究系希图掌控国会、实现政党内阁的计划完全破灭，梁启超自此退出政治舞台，潜心治学。1918年8月12日，国会正式开幕，议员成分大多为科举时代秀才、举人、进士以及新旧官僚政客。此次国会因由安福系包办产生，且安福系议员占绝对多数，故被称为“安福国会”，针对南方旧国会而称“新国会”。此次国会为民国第二届国会。在选举过程中，段祺瑞指使一批皖系军阀、政客、官僚及其支持者专门成立了安福俱乐部操纵选举，终于在选举中大获全胜。安福国会从成立之初即存在两个致命弱点，一是本身不

① 谢振民：《中华民国立法史》，中国政法大学出版社2000年版，144页。

② 同上书，148页。

具合法性，“第二届国会，严格言之，一非法之国会也”；二是依附私人派系，派系实力消长决定其命运。[①] 由此可见，国会亦被玩弄于股掌之间了，何谈颜面？

安福国会的成立，皖系外的其他各派几乎一致地将之斥为非法。加上冯国璋的代任总统即将到期，于是亟欲选出正式大总统，以求得事实上的地位，以缓和北方各派的争执。9 月 4 日，安福国会选举徐世昌为民国第二任大总统，徐当选，但只是皖、直间妥协的结果。

1918 年 10 月 10 日，徐世昌解除段祺瑞总理职务，以钱能训为内阁总理。段祺瑞辞去总理职后，参战军改为国防军，又改为边防军，徐树铮以西北筹边使兼任边防军总司令，段派势力并未受影响，转任参战督办的段祺瑞仍通过安福系控制国会，安福系反而更加横肆。先是迫使龚心湛辞去内阁总理职（龚心湛欲避开安福国会与南方进行和谈，引起安福系的不满），后是在 1919 年 9 月下旬至 1920 年 5 月中旬靳云鹏任总理期间，迫使靳云鹏四次提出辞职。因为靳云鹏刚组阁时，安福国会即要求靳氏加入安福俱乐部，但为靳所拒绝，“由是国务议事，往往不能通过于参众两院”[②]，很难见容于徐树铮控制的安福国会。尽管靳云鹏和段祺瑞是师生关系，同为段祺瑞亲信，同属皖系，两人内斗，安福国会为徐树铮控制，必极力反对靳阁。议会和内阁都成为前台之幡幌。

安福俱乐部凭借段祺瑞的支持，声势日盛，冠绝一时，遂引起各方的反感。1920 年 7 月直皖大战爆发，皖系失败，直系与后起的奉系控制了北京政权，随即宣市解散安福俱乐部，解散安福国会。8 月 3 日，徐世昌下令解散安福俱乐部，8 月 30 日，安福国会宣布闭会，正式消亡。由段祺瑞及其安福俱乐部操纵的安福国会（第二届国会）自 1918 年 8 月开幕至 1920 年 8 月解散，历时两年。

（四）黎元洪—曹锟总统时期的内阁与国会

1920 年 10 月 30 日，徐世昌下令，依据《临时约法》及 1912 年公布

---

① 顾敦鍒：《中国议会史》，苏州木椟正心堂 1931 年版，第 284 页。

② 章伯锋、李宗一：《北洋军阀（1912—1928）》第 3 卷，武汉出版社 1989 年版，第 676 页。

的《国会组织法》，重新选举国会，以组成第三届国会。以孙中山为首的护法军政府及皖、直系军阀都表示反对，致使第三届国会胎死腹中。1922年4月，直奉战争爆发，奉系战败，直系曹锟、吴佩孚控制北京政权。吴佩孚为解决南北分裂问题，提出恢复法统，以统一全国，得到了一些军阀和留京旧国会议员的支持。6月1日，参、众两院议长王家襄、吴景濂暨议员203人在天津开会，发表即日起国会行使议会职权之宣言。1922年6月2日，徐世昌宣布辞职。6月11日，黎元洪莅京暂行大总统职权，第二日下令撤销1917年6月12日发布的国会解散令，电促两院议员来京继续行使职权。在下令恢复国会的同时，黎元洪提名唐绍仪任总理。在唐绍仪到任前由颜惠庆代行总理职权，要唐为总理是南方护法集团和直系做的一笔交易，而以黎为总统，以便为曹锟上台铺平道路。[①] 随即颜即着手组织内阁，可组阁要应付各个集团的要求。吴景濂作为众议院议长和黎元洪总统复职的主要支持者，自有他的一套想法，而且早已制订了一个方案并坚持不肯让步。所以，双方的意见冲突难以解决，颜以拂袖而去以示抗议，形成僵局。后经过参议院副议长王正廷的斡旋，黎元洪任命颜为内阁总理。名单发表后，吴景濂很不满意，有人认为颜惠庆内阁寿命不长，因为吴的益友社控制了整个众院。在内阁得不到国会批准的趋势变得明朗化以后，颜宣布他的内阁属于过渡性质，只准备执政6个星期左右。因为国会要等到1922年8月1日才开会，在此以前，他的内阁不需要批准，一待国会开会，他即提出辞职。[②]

1922年7月下旬以后，以总统府为一方，以吴景濂国会为一方，已经就组织新内阁开始了幕后协商。驻节洛阳的吴佩孚主张由参加过华盛顿会议的代表们组成内阁。1922年8月11日，来京报到的国会议员人数已经过半，遂正式开会，“法统重光”。此为中华民国第一届国会在五年前遭第二次解散后第二次恢复，称第一届国会第二期常会。

1922年8月5日，王宠惠被任命为代理总理，这时唐绍仪是内阁总理。王氏在政界、学界口碑甚佳，只是唐到任前代理总理。这时的唐内阁中，田文烈任内务总长，高凌霨任财政总长，张绍曾任陆军总长，李鼎新

---

① 顾维钧：《顾维钧回忆录》第1册，中华书局1983年版，第241页。

② 同上书，第243页。

任海军总长，张耀曾任司法总长，王宠惠兼教育总长，卢信任农商总长，高恩洪任交通总长，顾维钧任外交总长。唐绍仪之所以不就任总理，一是唐氏害怕直系势力，不敢就任；二是因为内阁的人事安排是唐不能接受的。所谓唐内阁仅仅是利用了他的名字，而这个内阁实质上是保定派、洛阳派两派达成协议并与吴景濂为首的“益友社”取得谅解之后的产物。王宠惠代总理的内阁组成于1922年8月5日，在唐绍仪拒绝出任总理后，于9月19日进行了改组。由王宠惠任总理，孙丹林任内务总长，罗文干任财政总长，张绍曾任陆军总长，李鼎新任海军总长，徐谦任司法总长，汤尔和任教育总长，高凌霨任农商总长，高恩洪任交通总长，顾维钧任外交总长。王亲近于吴佩孚，其阁员内务总长孙丹林、交通总长高恩洪均是吴氏亲信，虽有津保派陆军总长张绍曾、交通总长高凌霨，阁员重心在孙（丹林）、高（恩洪）二人。王宠惠内阁于国会第二期常会闭会次日代署，国会第三期常会召开后，仍未按惯例将内阁同意案咨交国会表决，引起国会不满，[①] 双方时有摩擦，政潮一触即发。其原因是：提出内阁名单经内阁批准时，孙丹林和高恩洪得不到议会的同意，二人是吴佩孚的人，而吴佩孚是内阁强有力的后台，王通过孙和高与吴保持密切联系。至于吴景濂，只是政治上的强人，自以为可以自行其是。王宠惠听到吴景濂及其同伙宣称孙、高的任命将遭到国会的否决后，经吴佩孚的同意，决定不把内阁名单提交国会审批，使国会得不到推翻内阁的机会，这便是王宠惠内阁遇到困难的根本原因。这些困难导致总理和以吴景濂为首的议会之间的公开争吵。[②] 摩擦因国会经费问题而引发，财长罗文干以国库没钱而拒绝提供国会经费。这样国会不断地要求总统送去内阁阁员名单，而总统听信吴佩孚的干将孙、高的意见没有理会国会的要求，致使形成不好的局面，国会就想方设法挑政府的毛病，制造困难，屡次要求总统命令总理亲自出席国会接受质询，但王宠惠从未去过国会。而这也是议会内阁制所必须应付的场面。[③] 王宠惠作为法学大家，对此制不可能不了解。内阁与国会之间争端的实质，主要是提出阁员名单交国会批准的问题，即内阁同意权。对

---

① 张国淦：《北洋述闻》，上海书店出版社1998年版，第185页。

② 顾维钧：《顾维钧回忆录》第1册，中华书局1983年版，第246页。

③ 同上书，第247—248页。

此，王宠惠有三种选择：一是按宪法办事，要求总统把内阁名单提交国会审批，如有人通不过，则做些必要的更动；二是如不愿将名单提交国会批准，总理即要辞职；三是如内阁名单中因为有吴佩孚的孙、高二人而得不到批准，应要求吴佩孚另外遴选二人补入名单。而第三种选择对王宠惠来说，最为困难。唯一的办法只有辞职。此后不久即发生了罗文干案[①]，罗案是内阁和国会矛盾激化的结果。当时财政总长罗文干私签《奥国借款展期合同》，事前未征得内阁同意。罗文干和国务总理王宠惠关系密切，为倒王阁，众院议长吴景濂攻击罗氏有纳贿行为，迫黎元洪将其逮捕，这是国会主动攻击内阁之信号。罗案发生后，王内阁失去支持，遂全体辞职。而此案的策划人正是吴景濂和与吴过从甚密、欲为内阁首揆的陆军总长张绍曾。[②] 罗案的根源在于好人内阁未能操纵国会政治，即黎元洪复职后立即回复旧国会。好人内阁由于采取超越党派的立场，未与国会派发展关系，亦未向有军阀后台的议员提供足够的资金，致使国会试图以质询和弹劾案困扰内阁。就是议长也没有想到其对罗文干的指控竟使总统黎元洪冲动行事，以至于对罗文干的指控造成了内阁更迭的后果。[③]

罗案对政局产生了深远的影响，不仅是内阁垮台的问题，而且吴景濂派议员在国会中的地位得到进一步巩固，吴成为国会实际领袖，政局中枢关键人物。黎元洪地位更岌岌可危，内阁完全为国会所挟，外得罪吴佩孚，失去强援。吴佩孚为免直系内部矛盾激化，自此不再插足国会、内阁事务。[④]

王宠惠内阁倒台后，在酝酿新内阁总理人选时，各方多嘱意于张绍曾。在以吴景濂为首的益友社的操纵下，张绍曾内阁于 1923 年 1 月 4 日正式成立。这时，内阁和国会成为政客们利益的交换场所。国会中集团很多，他们会对未来的内阁部长们提出一些要求，有些国会领袖在外交部安插自己的人，常是推荐一些亲友到各部任职（有时对于做出任命某些高

---

① 罗案于 1923 年 6 月 29 日经京师地方审判厅判决宣告无罪。见《法律周刊》1923 年第 1 期。

② 顾维钧：《顾维钧回忆录》第 1 册，中华书局 1983 年版，第 254 页。

③ 费正清：《剑桥中华民国史》，中国社会科学出版社 1993 年版，第 273 页。

④ 王雷：《误读的共和》，博士学位论文，上海师范大学，2008 年，第 109 页。

级官员的诺言不能履行，会立即招致国会中一些政治集团的敌意反应[①])。有些外交部的官员是经过国会领袖例如众议院议长等人的介绍而后任命的。外交部就通过这个办法与国会保持友好关系。但后来国会得到内阁的消息却是首先来自报纸，这表明国会与内阁之间开始发生龃龉。国会开始要求政府派总理和外长到国会接受质询并回答问题。由于张绍曾决定不理睬国会，事情闹得越来越厉害，关系越来越紧张，“议会方面的弹劾声、不信任声甚嚣尘上，先后提出倒阁议案的，在参议院有张我华的不信任内阁案，众议院有叶夏声的不信任案，都有法定以上人数的联署，其余像彭养光的提案、王湘的质问等，不一而足，其倒阁理由大约为外交失败、处置西南失当等。倒阁派的结合因为团体太多，分子太杂，命意各别的缘故，举动颇难如意。张内阁觑破政敌的内幕，就一面使吴景濂在内部掣肘，使院内不足法定人数而流会，或开会而不信任案不予列入议事日程；一面张阁左右四出拉拢议员，派作顾问咨议或实缺官以为对付，并于财政万分竭蹶中发给一次顾问咨议薪水以示实惠，果然这手段很有效，倒阁的声浪渐渐低下去了”。但“倒阁派经过多日的努力，参议院于四月二日众议院于四月九日先后开议，众议院方面倒阁的声势最盛，张阁的对付也最用力，并且有吴景濂以议长的凭借在那里作梗，所以，四月九日的开议弄得一场大闹剧，几乎酿成人命，以后也便毫无动作。参议院方面经好几次开会讨论修改，于四月十一日以九十四票对二十一票议决不信任张内阁，咨众议院征同意”。[②] 4 月 15 日，张绍曾跑到议会外面的保定面恳曹锟主持护阁，曹锟表示张阁要局部改组，于是除去了几个声名狼藉的阁员。还有一个本来是中法之间的贷款问题的金佛郎争议，后来演变成了政府与国会之间的争议。原来，1922 年法国向中国政府提出，从是年起，中国支付庚子赔款由纸币佛郎改用金佛郎折算。[③] 因为第一次世界大战之后，纸

---

① 顾维钧：《顾维钧回忆录》第 1 册，中华书局 1983 年版，第 371 页。

② 朔一：《倒阁声中的内阁现状》，《东方杂志》1923 年第 20 卷第 5 期。

③ 据《辛丑和约》，中国须赔偿法国白银 7088 万两，通过关银与佛郎之折算，连本带利共 58016 万佛郎。“金佛郎”是指实行金本位的纸币。当时中国银币 1 元值 8 佛郎有余，而如果以其含金量牌价换算，则只值 2 佛郎 70 生丁左右。如果按照法方要求，以金佛郎付款，中国将要损失 6500 万元之多。这样，法国名义上向中国退还庚子赔款，实际是将佛郎贬值的损失转嫁于中国。

佛郎贬值，无法与金佛郎等价，中国将因此多付8000多万银元。而张内阁外长黄郛代表中国政府原则接受了此项苛刻条款，引起舆论大哗。众议院为此召集紧急会议，猛烈抨击张绍曾内阁，国会牵起大规模倒阁风潮，尽管此项赔款因各界反对并未实施，还是迫使外长黄郛于1923年4月8日辞职，由顾维钧接任。[①] 6月6日，张内阁因制宪经费案件而垮台。6月13日，黎元洪也因此而离京赴津，终结自己的政治生涯。[②] 黎元洪在离京之前，由公府秘书厅发三道命令：准免国务总理张绍曾本兼各职；特任李根源兼署国务总理；准免全体国务员本兼各职。黎元洪去职后，空下来的总统宝座，在1923年10月被曹锟用贿选的手段而坐上了，民主被视为儿戏。[③]

总统选出，宪法颁布，第一届国会期满，但下一届国会选举仍待完成。1923年10月26日，国会临时会开幕，众议院即发生议长问题。内务总长高凌霨此时尚代理总理，吴景濂早就觊觎阁揆，两派展开激烈争斗。高凌霨借议长任期已满向吴氏发难，高派议员认为议会任期可以延长，议长任期不应再继续，重新选举，吴氏若不听劝阻，继续留任，即违反刚颁布的宪法。而吴氏坚决不辞，反对派议员针锋相对，政潮愈演愈烈。吴景濂乃决定12月18日召开国会临时会，目的是趁机窃取议长之职及推倒高凌霨之代阁。临时会上，吴景濂自以为主席，引起高派议员强烈不满，会场秩序大乱，双方大打出手，吴氏受伤，血流满面，且议院警卫亦被撤换。[④] 吴氏人身安全毫无保障，无奈于12月21日夜携印信潜往天津，从此退出政治舞台。吴氏出走，政潮未息，高凌霨和议会矛盾凸显。国会讨论金佛郎案，请阁员高凌霨、王克敏、顾维钧出席，以备质问，三人均托词不来。高凌霨借议会倒吴之目的已达，扣留众议院经费，且拒不撤还议员警卫，并下令举行下届议员选举。高凌霨借此造成国会内讧，无暇顾及内阁，自己继续代理总理。吴氏出走后，昔日倒吴派议员和拥吴派议员为求自保联合组织院内行政委员会，执行院内一切行政事宜，避免高

---

① 顾维钧：《顾维钧回忆录》第1册，中华书局1983年版，第259页。

② 张国淦：《北洋述闻》，上海书店出版社1998年版，第199页。

③ 顾维钧：《顾维钧回忆录》第1册，中华书局1983年版，第266页。

④ 《陈嘉会日记》1923年12月18日，第187—188页。

凌霨干涉；同时积极运动联络各派议员，以倒高阁。国会迅速表决通过孙宝琦内阁案，高凌霨代阁遂完全失败。

1924 年 9 月，第二次直奉战争爆发。11 月 24 日，直系将领冯玉祥反戈，发动北京政变，囚禁曹锟，顾维钧代理内阁被迫辞职，阁员纷纷逃离北京，中央政府为奉系和冯玉祥之国民军所控制。张、冯二人无力善后，拥戴老军阀段祺瑞成立中华民国临时执政府，由段任临时执政。段宣称："此次组织中华民国临时政府，系为革新体制，与民更始。"[①] 经贿选丑闻及议长殴斗，国会已四分五裂，对各政治派别而言，此时已无利用价值。1924 年 12 月 13 日，段祺瑞执政府国务会议拟议：（1）撤销 1923 年宪法；（2）宣告《临时约法》失效；（3）消灭国会机关。此举遭到部分国会议员的反对，段祺瑞置之不顾。1925 年 4 月 11 日，段政府公然下令取消民国法统，谓"民国法统，已成陈迹"，[②] 这就使《临时约法》《中华民国宪法》悉行作废，国会的存在就失去了法律上的依据。26 日，一部分议员准备在参议院集会，一批警察奉命驱散两院警卫及其杂役人员，内务部随之派人接收国会印信、文件以及器具，国会行政委员会无可奈何地发布通告无法行使职权，参、众两院院址亦由内务部接收，成为政法大学、女子大学校址。1926 年 8 月 5 日，吴佩孚拨款 8 万元，遣散一切在京议员，每人发给路费，先后有 300 人前往领款，议员星落云散。[③] 至此，民国"法统"及议会被完全废止，曾经给国人以无限希望憧憬的国会，被作为民主范式的议会制就这样悄无声息地退出了中国历史舞台。没有了议会，内阁制也就偃旗息鼓了。

从内阁与议会关系的演变过程，可以看出，在民国初期内阁与议会关系的演变体现了基本的民主制度。民国议会并非约法上的一纸空文，它曾实实在在地存在和运行，它曾制定了带有宪法性质的《临时政府组织大纲》和《临时约法》，选举产生民国大总统，议会对内阁的同意权、质询权、弹劾权以及不信任权，使政府第一次受到被统治者的监督。尽管议会的总统选举权、内阁同意权、政府监督权等权力时有扭曲，时有虚置，但

① 《政府公报》1924 年 11 月 25 日。

② 顾敦鍒：《中国议会史》，苏州木椟正心堂 1931 年版，第 407 页。

③ 《时报》1926 年 8 月 21 日。

议会民主权力的行使在一定时期又是真切确实的，尽管民国前期政府的35届内阁中只有11届是经议会同意的，只有17位总长人选被否决，只审议议决了49件财政议案。先后对1912年8月财政概算案等8件政府财政预算案进行审议，其中议决的有5件。议会提出的质问书能够统计出来的共有801件，其中得到政府答复的为479件。议会议决建议查办的案件有18件，建议查办了中央和地方一批官员。议会在受理的请愿和提出建议案方面，也履行了自己的职责。[①] 在议会的各项权力运行中，总统选举权、内阁同意权、立法权等得到了较为真实的运用，而财政权、弹劾权等则多为虚置。北京政府为了让自身政权的存在具有合法性，必须让议会得到实质性的运作，并让议会制度存续十余年。但是，我们不能不看到，越到后来，国会在军阀控制的政府面前显得多么软弱无力，议会和内阁一起成为军阀们装点门面的饰品，大多时成为专制与集权的工具。

通过以上几部分的阐述，可以看出：在民初的内阁与国会的关系中，议员们凭借约法赋予的权力，在心理上取得了一种优势，也真希望中国的议会制度能顺利发展。一开始是议会具有较强的优势，它拥有弹劾权、质询权、法案议决权，有同意权，能使内阁倒台，内阁没有任何对付国会的武器，它没有解散权，备受国会压迫，造成议会独尊，国会专擅，使内阁的独立性大打折扣，“自民元以来，政府为国会操纵，闹得天翻地覆”。[②] 因此，民初内阁比较软弱，国会的权力则比较优越，其地位高于内阁。但这只是一时的现象，“议会专制”的局面很快就结束了。从总体上来看，还是内阁占主导的，越往后，特别是像段祺瑞这样的强人担任内阁总理期间，内阁是强势的，尽管国会在名义上起着重要作用，没有国会的同意，政府的组成即不“合法”，以至在北京政府时期44任内阁总理中，有超过半数的25任总理，在未经国会通过的情况下，只能以“代理”或“署理”的名义履行总理的职责。[③] 可是越到后来，议会地位越下降，议员有时也拿着《临时约法》这个合法性武器，挺着腰杆，据理力争，在武人面前这个纸上的东西是没有任何功效的。依靠军阀的内阁或控制内阁的军

① 薛恒：《民国议会制度研究》，中国社会科学出版社2008年版，第313—314页。

② 张国淦：《北洋述闻》，上海书店出版社1998年版，第162页。

③ 汪朝光：《北京政治的常态和异态》，《近代史研究》2007年第3期。

阀凭借强势的武力来干涉、控制议会，打击议会，直至解散议会。而且在大多数情况下，国会只是当政者寻求合法性与正当性的工具。

三　民初内阁与国会冲突之原因

从上面内阁与国会关系之演变，我们可知，内阁与国会并没有一体化；相反，在两者关系演变过程中，呈现“两张皮”的态势，各自为政。除了短时期出现“国会专制”外，大多数时期是“内阁专制”，表现出行政集权。内阁总理往往不是出自议会中多数党的领袖，而是出自实力派或有实力派背景的人。双方之间经常发生摩擦，以至于冲突。

本来，依内阁制之精神，行政权与立法权通过相互监督、相互制约而实现平衡，做到合二为一。何以冲突？

首先，根据责任内阁制精神，内阁与国会是相互制衡的关系。制衡的关系体现在两方面：一为不信任案通过权；二为解散国会权。但《临时约法》没有明文规定不信任权和总统解散国会权。无解散国会权，议会和内阁矛盾凸显，没有任何的调停和缓冲，国会权力膨胀，又很可能会成为众矢之的，造成更大的政局动荡。《临时约法》一方面没有解散权之规定，另一方面也没有不信任投票之规定，而弹劾权之行使又非常艰难，这就使政府与国会，只是互相掣肘，而不能将对方怎么样。即使行使弹劾权，也只能请求查办或弹劾违法的内阁成员个人，而无权通过对内阁投不信任票而使整个内阁辞职。由于约法没有规定内阁的国会解散权，当内阁与国会发生冲突时，不能请求元首下令解散国会，诉诸人民，重新选举国会。而这些控制内阁的军阀往往把“枪杆子”作为权力斗争的有效法宝，来解散国会，维护专制。这更加剧了内阁与议会之间的冲突。

其次，根据责任内阁制之精神，国会中多数党领袖应为内阁总理，而实际上内阁总理往往并非多数党领袖，更非国会推荐，而是实力派人物或背后有实力派在支持。这就形成独特的内阁，国会势必处处掣肘内阁。内阁成员在国会发表施政演说时，不仅遭到恶语攻击，甚至拳脚相加，逼得报告人夺路而逃，留下了许多猛烈政争的历史记录，为人耻笑。

再次，则为历史的原因。中国素为专制国，行政、立法、司法从未划分过，行政包揽一切。当专制国转为民主国之时，这一恶习尚未更改，自然以行政权凌驾于立法权之上。当时即有人分析行政部与立法部之间冲突的原因："一、本为专制国，无三权分立之现象，一旦改为立宪，分为三权，则行政部之权必以专制之遗迹而较其他为庞大，司法部全屈服于行政部之下，独立法部不甘受其蹂躏，时思起而反抗。……二、本为帝政之国，行政部于数千年养成大权独揽，专制自为之习惯，此习惯非一日可改，故革命之初，居行政部者，若为新进之士，则动多窒碍，若为旧日官僚，则此恶习不除。夫既有专制之习惯，必使行政部之行为时时出于法律之外，立法部不能熟视无睹，则必起而干涉之"，有此二因，一旦专制国改为共和立宪，"行政部与立法部未有不冲突者也"。[①] 这种分析应是契合实际的。

最后，政府人员对民主缺乏了解，与国会之间缺乏理解和沟通，也是两者之间冲突的原因。顾维钧曾说："政府成员自总统而下，对国会的立法职能的理解相当差。总统或总理在我（顾）看来不像完全明了国会在政府中应起的并理应为政府行政部门尊重的合法作用。"国会有权批准内阁成员的任命和内阁的财政措施，"由于对国会的这一合法任务缺乏了解或领会，常常引起几乎是连续不断和永无休止的国会和内阁的冲突"。[②] 罗文干案件就是内阁与国会冲突发展到极端的典型事件。无论是王宠惠还是罗文干，都对国会持有厌恶心理，在处理正常事务中，难免感情用事，罗文干拒绝向国会提供经费即为一例。国会要求总理王宠惠提交内阁成员名单，而内阁对这一合理要求始终置之不理，使彼此之间的矛盾更加激化，而没有试图寻求一种正当程序上的妥协。无论是阁员还是议员，都很少意识到他们之间的权责划分，意识到互相制约是组成一个有秩序立宪政府的必要条件，缺乏对民主含义的深刻理解，也不知道通过什么方式来实现民主，当发生冲突时，他们往往借助于强势的武力来对付柔弱的议员，并最后解散议会。

而在国会中有的议员很自负，自以为是，养成太上皇式的议会至上、

---

① 张东荪：《内阁论》，《正谊杂志》1914 年第 1 卷第 2 期。

② 顾维钧：《顾维钧回忆录》第 1 册，中华书局 1983 年版，第 370 页。

专权训政的极端思维。在他们看来，立法、行政、司法三权之中，只有国会是通过民选的，所以，他们的权力应该最大，国会就应该专权。在国会恢复不久，有议员曾对美国公使芮恩施说："国会不可能只限于进行它的主要工作即完成宪法的制定；它还必须控制国民政府。"① 也即是说，国会对于行政事务不会是一个旁观者，这样也就增加了国会与内阁之间的冲突。

第二节　民初内阁与总统的关系

民国政府体制由总统制改为内阁制，总统仍然存在，但并非行政首脑，而只是居于国家元首的地位。民国初期，凡承认《临时约法》的，大总统都是如此地位。照一般资产阶级国家的成规来看，元首是享有若干特权的，但其中许多权力只具有象征意义。就民初政治实践来看，有的总统是这样，但有的总统并非如此。有的总统不仅大权在握，甚至把内阁变成总统的秘书机构，有的弱势总统也不甘寂寞，常与内阁争权。

一　民初内阁与总统关系的文本规定

（一）民国初期总统更替简况

民国初期的总统经历了这样几个阶段：1911 年 12 月 29 日，各省都督府代表会议选举孙中山为中华民国临时大总统。1912 年 2 月 15 日，临时参议院根据《组织法大纲》一致选举袁世凯为临时大总统。1913 年 10 月 5 日，国会根据《大总统选举法》选举袁世凯为正式大总统（任期至 1918 年 10 月）。1914 年 5 月 1 日公布的《中华民国约法》将民国政体由内阁制改为总统制。1915 年 12 月，袁世凯又由总统制向帝制过渡。1916 年 6 月 6 日，帝制失败，政体恢复为内阁制。第二日，段祺瑞以国务院的名义宣布由副总统黎元洪继任大总统（任期至 1918 年 10 月）。1917 年 7

① ［美］保罗·S. 芮恩施：《一个美国外交官使华记》，李抱宏、盛震溯译，商务印书馆 1982 年版，第 159 页。

月 1 日，张勋复辟，黎元洪逃命天津，直系冯国璋代理大总统职。1918 年 10 月，徐世昌经安福国会选举为民国第二任大总统。1922 年 6 月 2 日，徐世昌在被直系指为“非法”总统的逼迫下，辞总统位。1922 年 6 月 11 日，黎元洪复总统职位,[①] 1923 年 6 月 13 日，因曹锟逼迫而下野，避居天津。1923 年 10 月，贿选总统曹锟就总统职，1924 年 9 月，曹锟在北京政变中被囚禁。此后，“大总统”之名就被“临时执政”“海陆军大元帅”所取代。国民政府成立后，“元首”之名也几经变更，但都与内阁制的真谛相去甚远。

（二）内阁与总统关系的文本规定

根据民国初期宪法性文件，内阁与总统的关系表现在四个方面：

第一，元首不负责任。在责任内阁制之下，元首对于自己的行为，不负法律上的责任。不负责任，即任何法院或其他机关，不得对于元首的违法行为或失当行为施以任何法律制裁。《临时约法》第 44 条“国务员辅佐临时大总统，负其责任”的规定，意即元首不自负责。民国十二年《中华民国宪法》第 95 条亦有“国务员赞襄大总统，对于众议院负责任”的规定。据此规定，元首本人仅对于谋叛行为，须向议会负责而受其弹劾，元首的其他违法行为，依民国十二年《中华民国宪法》第 90 条“大总统除叛逆罪，非解职后，不受刑事上之追究”之规定，在解职前，普通法院亦不能过问。[②]

第二，国务员对议会负责。在责任内阁制国家，国务员的进退须以议会的多数信任为标准；国务员应对议会负责，任免国务员之权，在形式上属于元首，但实际上，元首任免国务员，应以议会多数信任为限，其他国务员的任免由国务总理向元首推荐任用。《临时约法》仅规定“国务员辅佐大总统负其责任”，而未声明国务员应对议会负总统的责任，就制定约法者的本意而言，约法采用责任内阁制，应知道国务员应对议会负责。1923 年《中华民国宪法》则明确规定“国务员赞襄大总统，对于众议院

---

① 直系拥黎复位，一方面借以驱徐，一方面利用其任期短促（只有 160 余天），以促黎去位。见刘以芬《民国政史拾遗》，上海书店出版社 1998 年版，第 31 页。

② 王世杰、钱端升：《比较宪法》，中国政法大学出版社 2004 年版，第 262—264 页。

负责任”。依据该法第62条及第89条的规定，众议院能对国务员投不信任票；国务员如受众议院不信任的决议，大总统非免国务员之职，便须解散众议院。[①]

第三，元首发布命令须经国务员的副署，这是国务员代负元首责任的必要条件。《临时约法》第45条设有“国务员于临时大总统提出法案、公布法律及发布命令时须副署之”的规定。1923年《中华民国宪法》第95条有“大总统所发命令及其他关系国务之文书，非经国务员之副署，不生效力；但任免国务总理不在此限”的规定。1923年《中华民国宪法》所设但书的用意，在防杜国务总理对于本人免职令及任命继任总理令拒绝副署。[②]

第四，元首必须容纳内阁的政策。在责任内阁制国家，国务员可通过行使副署权制止其所不赞同的政策，还可使元首容纳内阁所决定的政策。[③]

从上述看出，民国初期内阁与总统的关系为：国务院及所属之各部为行政中枢，大总统不负实际政治责任，而国务总理则居于行政首长地位。国务总理不对总统而直接对国会负责，大总统只是“橡皮图章”、礼仪式的虚位元首。

二 民初内阁与总统关系之演变

在内阁制国家，内阁掌握国家权力，一般具有较强的独立性，大都不受元首的牵制，不受国会的压迫，只对国会负政治责任，并能担当起角色。然而，当内阁制移植到中国，则产生了诸多变异，这种变异的内阁制常常使总统与内阁发生摩擦，即所谓的“府院之争”。

在两者的关系上，总统拥有很大的权力，总统处于控制和支配的地位。国务员的去留取决于总统，国务员“辅佐临时大总统负其责任”，也没有责任内阁制中的“解散权”，这就使内阁制的色彩大打折扣。

① 王世杰、钱端升：《比较宪法》，中国政法大学出版社2004年版，第264—265页。

② 同上书，第266页。

③ 同上书，第266—267页。

总统与内阁之摩擦，称为府院之争。“民国以来，所谓府院问题者，即总统与国务院互争权限，始而隔阂，继而龃龉，终而冲突。有凭借国会以为要挟者，又有勾引军阀以相干涉者。其初也，总理之去留而已；至其甚，而牵及于总统之地位。”[①] 府院之争从民国首届内阁建立起就已出现，直到内阁制在中国消亡。其间，只要总统或国务总理不甘于寂寞或呈现强势，要求履行《临时约法》所赋予的职权，府院之争就会以这种或那种形式表现出来。两者之间也有关系一致的时候。例如赵秉钧内阁与总统完全一致，或关系友好。在这种情况下，总统就能保持强硬立场，有如自任总理那样行事，并按自己的偏好任命内阁各总长，总统和内阁之间就自然不会产生摩擦。而此时，国会作为一方就会和以总统为首的整个政府作为另一方之间产生摩擦，[②] 总之是摩擦不断。

（一）袁世凯在位期间的府院关系

在刚刚诞生尚且有一定生命力的民主共和制面前，袁世凯表面上还做出顺应潮流的虚假姿态，暗中则破坏国会，向内阁夺权，直至走向独裁。

在唐绍仪内阁成立之初，就发生过内阁与总统府之间的冲突。袁世凯与唐绍仪多年来关系密切，从袁世凯任驻朝鲜营务总办开始，两人成为密友。“随着时间的推移，他们都跻身于政界高层，在意见相左时，两人谁也不肯让步”，导致冲突发生。唐绍仪组阁后，在第一次与总统的正式会见中，他在介绍内阁成员时，向总统提醒道：按照《临时约法》，内阁只对参议院负责。袁世凯却用官腔回答：“我们都是老朋友，我相信我们总是一致的。”[③] “唐氏自任国务总理，颇有意举责任内阁之实，以避袁氏与各方之冲突，而袁之不谅，且疑唐挟国民党以自重，有独树一帜之意”，“府院两处意见不合，各走极端”。[④] 冲突的原因就是因为两人的观念完全不同。一般人都认为，袁、唐有近 30 年的私交，让唐出任总理，府院之间不至有龃龉之事。然而，由于政体结构的缺陷，唐袁之间亦未免冲突。

---

① 杜春和：《北洋军阀史料选集》（上），中国社会科学出版社 1981 年版，第 179 页。

② 顾维钧：《顾维钧回忆录》第 1 册，中华书局 1983 年版，第 375 页。

③ 同上书，第 106 页。

④ 张国淦：《北洋述闻》，上海书店出版社 1998 年版，第 125—126 页。

“总统府发一议，出一令，必经国务院之阶级，且有时驳还，深病之。”① 袁就总统职后，主采总统制，以便于大权独揽，“然内阁制系依据《临时约法》者，故国务总理唐绍仪依然主张内阁制，设国务会议，以为执行职权之枢纽”②，自然双方就会产生摩擦。袁原本寄希望于私交甚厚的唐绍仪能俯首帖耳地充当自己专制集权的工具，然而唐绍仪素受民主共和思想的熏陶，对袁世凯的专权行为深为反感，他不愿《临时约法》流于形式，“以内阁制度责任所在”③。他知道在责任内阁制度下，内阁的命运取决于议会中据有多数席位的同盟会，因此“每有要义，必就商于蔡（元培）、宋（教仁）二君”，对袁大总统则每“持故力争”，引起袁世凯的猜忌。于是，府院之间形成对立。袁世凯对唐绍仪用人“贵新不贵旧”的思想不满，更对唐绍仪以约法为准绳的强硬态度深为恼怒。而总统府则以事事须经国务院之许可，时遭驳回，亦表示不满，以至于总统府的侍从武官认为总理经常“欺侮”总统。而唐总理根据内阁制之精神，对于袁的决定，常常据法力争，结果发生“督直事件”，导致两人之间关系破裂。本来，直隶民党运动直省议会已公举王芝祥（革命派）为直隶都督，唐到北京后，又请之于袁，袁当面许可，唐因此电王来京，并以王督直之说报告直省绅民。可王一到北京，直隶的五路军界忽发出反对王芝祥的通电，袁便以此为口实，委王为南京宣慰使，唐总理对于王的委状拒绝副署，说政府不宜以军队反对的缘故失信于人民；袁则谓，除令王督直外，诸事皆可听总理之命，竟以不曾副署的委状交王。④ 对此种副署的责任问题，一般人并没有意识到是违宪问题。袁世凯因根本没有约法意识，将临时约法当作废纸，对于副署问题因“时复驳回，深苦之”，而唐绍仪“因与袁为旧交，恒严词抗辩，不肯稍让，因益忌之，会事有不经国务院，径发令，唐大愤”⑤，于次日（即6月16日）即提出辞国务总理之呈，不告而去，蔡元培、王宠惠、熊希龄、宋教仁、王正廷等阁员也相率辞职，以抗议袁世凯破坏责任内阁的行为。这样，第一届责任内阁迫于强权政治而

---

① 章伯锋、李宗一：《北洋军阀》第二卷，武汉出版社 1989 年版，第 2 页。

② 白蕉：《袁世凯与中华民国》，中华书局 2007 年版，第 44 页。

③ 章伯锋、李宗一：《北洋军阀》第二卷，武汉出版社 1989 年版，第 2 页。

④ 李剑农：《中国近百年政治史》，武汉大学出版社 2006 年版，第 374—376 页。

⑤ 白蕉：《袁世凯与中华民国》，中华书局 2007 年版，第 44 页。

解体。

由于强势的袁世凯首开其端，此后府院之间基本相安无事。唐一下台，袁世凯即提外交总长陆征祥为总理，获参议院通过，但陆氏在参议院宣布政见时，发言不当，新提的六内阁阁员全数被否决。1912 年 6 月 29 日，参议院才通过袁世凯第二次提出阁员名单中的 5 位，次日即弹劾陆征祥失职，陆称病请假，由赵秉钧代理。在赵秉钧任内阁总理时，“所有院中纸片公文概不批阅，一切事件由直接总统办理。……每日命令，经大总统盖印，即交印铸局公布。汇积若干，偶至夜深兴到时，信手署名，亦不阅正面，亦不问何事。赵答：‘总统阅过盖印，必不错误，且命令已发布，阅之何益？’”[①] 此时府院关系还算融洽，不是赵秉钧超脱，而是袁世凯过于强势，以至于赵秉钧无所作为，最后被迫因宋教仁事件而去职。到熊希龄熊内阁时，“府院关系更形隔膜。即就一事论，各省军民长官来电，习惯上分致府院两方，其重要者，单致府方”。在熊希龄内阁刚成立时，熊氏具有明确的责任内阁制观念，认为内阁是一个掌握国家实权的机关，内部要协调一致、共同负责，其理想是建立政党内阁，至少也应该是“同志内阁”，其同志阁员自然应该由总理挑选，对内阁总理和国会负责，其最低纲领有一条就是要“划清总统府与国务院之权限”。坚持责任内阁制，使总统成为虚位元首，这必然与袁世凯发生不可调和的矛盾。双方一开始在阁员的选择和任命上即发生冲突，熊希龄对袁世凯的专横意见予以拒绝，甚至以“不就职”相威胁。这表明袁、熊在责任内阁这个问题上存在深刻的矛盾。由于袁世凯需要进步党等中间力量的帮忙，以镇压国民党和当选正式大总统，故对熊希龄暂做让步。国务院秘书长张国淦屡向袁建议，现在实行责任内阁，要信任内阁，袁虚心采纳，“后袁渐渐将府方复电汇交院译发，向用‘公府秘书厅’改用‘国务院’三字”[②]。一旦形势发生有利于自己的变化，袁世凯就会毫不犹豫地把这部分分出来的权力再收回去，熊希龄内阁的使命也就将终结。1913 年 10 月 6 日，袁世凯当选为正式大总统的目的达到了，熊内阁也就没有利用价值了，其末路也就到了。到 1914 年 2 月，熊内阁替袁氏将所有停止国会、停止省议会、停

① 张国淦：《北洋述闻》，上海书店出版社 1998 年版，第 130 页。

② 同上书，第 134 页。

办各地方自治、特设造法机关、种种的命令副署发表后，存在的余地就没有了，熊希龄、梁启超、汪大燮三人连翩去职，熊内阁就此瓦解。[①] 后"经过政治会议、约法会议，由约法会议议决于五月一日公布（新）约法，国务院改政事堂，而临时约法的内阁制一变"[②]。

从上述可见，袁世凯在任期间，凭借自己的强大实力而占据绝对优势，府院关系完全颠倒，内阁制精神完全被漠视，"总理遂一任袁之指挥矣"[③]，"中华民国的内阁，实际上并非由参议院产生，也不是由多数党领袖组织，而是完全由袁世凯个人定夺。资产阶级从西方移植过来的政党内阁制也完全变了种，不论叫'总统内阁'也好，还是叫'内阁政党'也好，实际上都不过是袁世凯的秘书院"[④]，几乎是袁家天下。这是传统皇权思想在民国时期的一个表现。

（二）黎元洪在位期间的府院关系

袁氏既殁，黎元洪以非北洋背景的副总统继任总统，而段祺瑞以北洋的中坚继为国务总理。"所以袁死后继承北方政权者，非身为总统的黎元洪，乃为担任总理的段祺瑞……政权仍实实掌握在北洋手中。黎若要插手政权，则必然引起纷争。"[⑤] 以段祺瑞为代表的北洋系对于总统落入非北洋的黎元洪手中，非常不满，便利用《临时约法》规定的内阁制不断制造矛盾，以架空、挤走非北洋系总统为目标，将内阁负责制变成内阁专权制。曾任总统府秘书长的丁世峄曾指出府院之间互相对立的局面："国务院议事前既无议事日程，事后又无议事记录，总理不见总统，但凭院秘书长往来其间。发一令总统不知用意，用一官总统不知来历……总统偶有所询，院秘书长则以事经阁议，由内阁负责为答，大总统无见无闻，日以坐待用印。"[⑥] 此后双方的矛盾和冲突不断。

先是新旧约法引起的"继任"与"代行"之争，亦即"法统之争"。

---

① 李剑农：《中国近百年政治史》，武汉大学出版社 2006 年版，第 313 页。

② 张国淦：《北洋述闻》，上海书店出版 1998 年版，第 135 页。

③ 傅运森：《中华民国》，商务印书馆 1931 年版，第 77—78 页。

④ 张学仁、陈宁生：《二十世纪之中国宪政》，武汉大学出版社 2002 年版，第 73 页。

⑤ 罗志渊：《论责任内阁制在中国的发展》，《宪政思潮》（季刊）1972 年 1 月第 17 期。

⑥ 李剑农：《中国近百年政治史》，武汉大学出版社 2006 年版，第 188 页。

袁世凯去世当天，段祺瑞以国务院的名义宣布依据《中华民国约法》第29条，“以副总统黎元洪代行中华民国大总统之职权”。而南方护国军则宣布黎元洪应根据民国二年的《大总统选举法》第5条“继任”大总统。这两种主张有着实质性的区别，“代行”的期限只有三天，必须在三天内选举产生大总统，而“继任”的期限则可延续到大总统任期届满为止，即到1918年10月。而更重要的是承认“代行”即是承认《袁记约法》，承认“继任”即是坚持《临时约法》，这是一场“法统之争”。“代行”遭到了全国一致的反对，段祺瑞被迫屈服，黎元洪终于“依法”成为“继任”总统。6月29日，北京政府以大总统的名义下令恢复《临时约法》，并宣布于8月1日召开国会。历时一个月之久的围绕新旧约法的争议最终以《临时约法》和国会的恢复而结束。可是好景不长，因张勋复辟，袁世凯留下的2年任期，黎元洪也没有坐完，便由冯国璋“代理”了。

除了“法统之争”，再是因参战问题引起的府院之争。“黎就职后，意图恢复国会。黎以约法中大总统权限太小，欲乘机扩张。段则以国会重开，诸多掣肘，意在迁延，可得一时之便利”，段以责任内阁制为借口，把持权力，把黎元洪排除于政局之外，不让其参与政事，“此乃黎段意见分歧之开端”。[①] 此后，“无论哪一件军国大事，内阁总理独断专行，总统无置喙余地。遇着某项问题，黎稍稍与段争执一下，段即以‘西山养疴’为武器，吓得黎不敢再有所主张。黎上台时也未尝没有一番抱负，而上台后从镜子里照见他自己渐渐成为一具签字的机器”[②]。而黎又不甘心做段祺瑞的傀儡，于是府院之争爆发。

起因是国务院秘书长人选的争执。本来，以黎、段素日交情及段拥戴黎继任大总统，双方关系就应该是很好的，但局面很快发生改变。此次组阁本属混合制，国民党籍议员居多，多数拥黎，而黎顿觉局面迥非昔比。双方左右谋孽乘机挑拨，府院之间冲突愈形尖锐。内务总长孙洪伊当时声望很高，以内阁领袖自居，他和总统府秘书长丁世峄联合，与总理段祺瑞

---

① 曾毓隽：《黎段矛盾与府院冲突》，载《北洋军阀史料选集》（上），中国社会科学出版社1981年版，第261页。

② 陶菊隐：《督军团传》，台北文海出版社1978年版，第24—25页。

的亲信徐树铮抗衡，试图以孙洪伊代替段祺瑞，而孙挟黎以自重，徐倚段以为抵制，这样，孙、徐二人之冲突日甚一日，特别是在总统和总理之间的权责问题上纠缠不清。一般人都认为是段纵容徐树铮，而徐特别跋扈所酿成，其实内部还有个秘密，就是在袁殁以后，在讨论继任问题时，“东海（徐世昌）主张副总统继任，合肥尚踌躇，其离间者复加以蜚语，黎至此始信徐而疑段”，这引起了黎元洪对段的不满。① 极为黎所信任的孙洪伊到京受任内务总长，极力在府方布置势力，欲挟黎以分化直、皖，此时，“府方空气，无人不以院方为敌人”。② 到1916年6月，段祺瑞拟任陆军次长徐树铮兼任国务院秘书长，黎不同意，说宁愿不做总统也不能与其共事。经晚清老臣徐世昌劝解才答应任徐为国务院秘书长，而徐树铮做了国务院秘书长后，俨然为总理第二，将总统当做盖印的根据。可孙亦颇自负，不肯下人，至无事无时不冲突，日在火并之中，③ 致政象杌陧不宁，黎、段感情因之益趋恶化。④ 为平息冲突，又经徐世昌居间调停，将孙、徐同时免职，“此后数月，院方极意迁就府方。府方亦因种种关系迁就院方，故府院暂告平息”⑤。但事情到此并没有了结，黎、段关系因此大坏。几个月后，双方因为对德外交问题彻底闹翻了。

事情起源于1917年1月，德国宣布施行“无限制潜艇战”，有损中立国的权利。此时，美国宣布对德绝交，准备参战，同时要求中国与其采取一致的行动。为拉拢中国参战，美国提议借款给中国作为参战军费。日本获悉之后，唯恐落在美国后面，也积极支持中国参加对德作战，并提出减缓交付庚子赔款、提高关税和提供参战军费，以为诱饵。当时，朝野对德绝交与宣战问题分为两派，以段总理为首为赞成派，而黎总统力主中立。2月2日阁议，伍廷芳外长提出当与美国一致行动，首先应由外交部备文向德国抗议，进一步绝交，俟绝交时，再讨论宣战，“依此步骤，一面向国会接洽，一面向总统陈述”。2月8日，段总理偕各国务员到府，陈述阁议，总统对伍外长的提议“极端赞成”，嗣后府方对于此案，忽而

---

① 张国淦：《北洋述闻》，上海书店出版社1998年版，第210—211页。

② 同上书，第210—211页。

③ 张国淦：《北洋述闻》，上海书店出版社1998年版，第145页。

④ 刘以芬：《民国政史拾遗》，上海书店出版社1998年版，第88页。

⑤ 张国淦：《北洋述闻》，上海书店出版社1998年版，第145页。

赞成，忽而反对，名曰外交问题，实为府院关系问题，[①]“府方谋倒段、院方谋倒黎，已为公开之秘密矣”，于是双方均离开正文而别寻途径。[②]

3月4日，段祺瑞再偕内阁成员到公府谒见黎元洪，请求他在前一天内阁会议上通过的对德绝交案上盖印。黎总统以该电文中有“对德绝交”之语，此事须国会同意，未允盖印。段祺瑞因黎阻其外交方针，以“内阁政见与元首不合，则内阁去职为世界立宪国政治之原则”[③]，“愤愤出府，即日辞职赴津”[④]。黎本想批准段的辞呈，但督军团拥护段通电，吓得黎改变了初衷，说“绝交咨文，可照盖印”[⑤]，并浼张国淦及由宁来京的副总统冯国璋赴津斡旋，并承诺不干预内阁的三条件。[⑥]在此情况下段总理于6日回京照常视事，可谓平靖一番风潮。1917年3月8日，绝交咨文盖印。9日，段在外交大楼邀宴国会两院议员，疏通此案意见。10日，众议院开会讨论以绝大多数票通过。次日，参议院亦以绝对多数票通过。3月14日，总统黎元洪公布此项文告，宣布与德国断绝外交关系。

至此，段意犹未足，欲进一步对德宣战，而黎力持不可。因为绝交文告公布后，议员中除研究系外，莫不反对，南方要人如孙中山、唐绍仪及各省议会、商会也力陈加入协约国之失策，但段置之不顾。5月6日，国务院通过对德参战案，并迫使总统盖印。5月7日，咨送国会。5月10日，国会开会审议此案时，段祺瑞指使其亲信傅良佐雇佣所谓的“公民团”将国会包围，并与议员发生冲突，殴伤十余议员，议会与内阁的关系至为紧张，而国会议员决定无限期搁置，因为各内阁总长相继辞职，内阁仅剩段总理一人，已不能行内阁制之实了，应嗣内阁改组后再议。而督军团听说之后大为愤怒，企图以武力解散国会，另行改选国会；而国会则

---

① 张国淦：《北洋述闻》，上海书店出版社1998年版，第147页。

② 同上书，第96—97页。

③ 季啸风、沈有益：《中华民国史史料外编》（第一册），广西师范大学出版社1997年版，第161页。

④ 张国淦：《北洋述闻》，上海书店出版社1998年版，第147页。

⑤ 同上书，第95页。

⑥ 即：“第一，此次内阁所定外交方针，决无更变；第二，以后国务会议决定之事，总统不再拒绝盖印；第三，以后国务院如有训令驻外公使及外省军民长官之电报文件，总统绝不琐琐干涉，以期内阁举其责任之实。”见季啸风等编《中华民国史史料外编》（第一册），广西师范大学出版社1997年版，第157—158页。

要求总统黎元洪罢免段祺瑞之国务总理之职。5 月 19 日，众议院复议参战案，决议暂缓讨论此案。

按内阁制的原则，国会搁置内阁的信任案，即表示国会不信任内阁，此际内阁即应辞职，以示负责；不然则呈请元首下令解散国会，重新选举，以探求真正民意所在。根据《临时约法》，总统没有解散国会的权力，但内阁总理亦当有“不能行其志则去”的政治家风度。段总理并非如此考虑，反而迁怒国会，唆使督军团呈请总统，改制宪法，解散国会。而黎总统核阅后，饬武人不当越俎代庖，干涉政治。而国会方面，意在排段倒阁，亦请黎总统免段总理职。黎元洪也知道，根据约法，总统无权解散国会，解决时局的办法，唯有请段总理辞职，另组新阁。对这样严重的问题，黎元洪纳左右策士之计，从国会之请，于 23 日免去段的本职，以外交总长伍廷芳代理，另提李经羲为国务总理，征求国会同意。免职令下，段即卸职赴津。到津后，段以国务总理名义，发布通电，否认免职令的效力，扬言另组临时政府，府院之争白热化。自 1916 年 8 月段内阁成立，到 1917 年 5 月（23 日）段总理免职，为时 9 个月的段内阁至此瓦解。①

当参战案搁置之际，督军团召开徐州会议，讨论时局解决办法，决定向黎元洪提出解散国会、改正宪法、健全内阁、屏斥佥任四条件，于必要时得进行复辟，对黎元洪进行威胁，战事也有一触即发之势。在此等情况下，南京的冯国璋副总统向国会辞职，黎元洪益感孤立，慑于形势，电招张勋入京调停，并以步兵统领江朝宗代理国务总理副署解散国会的命令，于 6 月 12 日解散国会。6 月 14 日张勋偕李经羲入京，22 日李经羲在张勋的枪杆子下面就任阁揆。7 月 1 日，复辟乱出。7 月 2 日，黎元洪电南京冯国璋代行总统职权，复命段祺瑞为国务总理，并走避日本使馆。段看到驱逐黎元洪和解散国会的目的已达到，于 7 月 4 日马厂“誓师”，再造共和。17 日，组织新阁。黎、段府院之争以此了结。本来，黎欲“恃法律上名义，建立于北洋之上”，但黎在京别无依据，② 堪比痴人说梦。

---

① 徐炳宪：《段祺瑞与民国初年的内阁》，台北传贤文化事业有限公司 1984 年版，第 85 页。

② 张国淦：《北洋述闻》，上海书店出版社 1998 年版，第 144 页。

（三）冯国璋在位期间的府院关系

复辟乱平，黎元洪败北，冯国璋和段祺瑞分别占据了总统府与国务院，府院均归北洋掌管，“似为北洋当阳之日，应该可以天下太平了”[①]。然而，北洋中的冯、段，因为和战问题潜滋着直皖两系的暗斗。北京政府成为双方争斗目标，而其斗争又以军队为后盾。

在讨逆结束后，段派对总统人选问题发生分歧，一派认为不要让副总统北来，就由总理摄护；另一派主张由冯国璋北上代理，而张国淦则主张仍请黎出来。但最后段祺瑞主张由冯国璋北来，因为黎元洪不赞成参战。冯因听到有人主张由段代行总统，故不愿意北来就职，于此埋下了冯、段矛盾的种子。在黎引咎卸职、坚不复职、元首虚位的情况下，汤化龙代表旧国会请冯国璋到京代行总统职，段援引研究系组成联合内阁，段阁再度成立。此时国会已解散，阁员之任命，均未经国会同意，故此次内阁，只是事实内阁，不能称为合法内阁，故遭到了西南各省、国会议员及海军的反对，声称要护法。8 月 1 日，冯代总统入京就职，数月来的对德宣战案，14 日经国务会议全体阁员署名，总统盖印公布。自段内阁重组，“不意对外问题乃转变而为对内问题。其时，西南通电拥护约法，反对北方政府。冯主联合，段主用兵，表面上南北问题，亦可曰和战问题。其实，冯、段意见素不相容，……至此，冯为总统，段仍为总理，益思凭借权位，以扩张个人势力，而府院问题又起矣”。“从前黎、段时期，段握有实力，黎不过政客而已，尚是以虚击实；冯、段既各具相当力量，则是以实碰实。”[②] 冯国璋刚任代总统时，曾向段祺瑞、王士珍说：“咱们老弟兄三个连枝一体，不分总统、总理和总长，而今后再也不会有府院之争了”，“可预定能与芝泉融洽，不致重启府院之嫌，余与芝泉为数十年心腹之交，彼此均能相信”，[③] 就是在一般人心里，以为冯、段本是同学，时局症结所在，无不可以推诚披臆，互相谅解，不但以前府院之争不致重

---

① 罗志渊：《论责任内阁制在中国的发展》，《宪政思潮》（季刊）1972 年 1 月第 17 期。

② 张国淦：《北洋述闻》，上海书店出版社 1998 年版，第 157、158 页。

③ 公孙訇：《冯国璋年谱》，河北人民出版社 1987 年版，第 106 页。

演，而大局之解决，亦颇有希望。[①] 可段的野心和脾气都很大，他自居责任内阁，把总统看做一个“活动的盖印机器”[②]。而冯国璋也是个有军队、有地盘、有势力、有野心的实权人物，不想像黎元洪那样甘当“活动的盖印机器”。于是各自代表直、皖两系，公然对峙，再次形成“府院之争”。其对峙焦点是以何种方式统一全国，即和战问题，实质是为各自的利益而战。皖系主张武力统一，而直系主张和平统一。冯、段真正冲突首先发生在湖南战事问题上。1917 年 10 月，段祺瑞派直系军队进入湖南，与南方护法军作战，希望削弱南方与直系势力。可到了 11 月 14 日，前线直系军队宣布停战议和，直隶、江苏、湖北、江西等省督军发表联合通电，主张与军政府和平解决。在武力统一受挫的势力下，段 20 日提出辞职，梁启超、林长民、汤化龙等研究系阁员也随段去职。冯毫不客气地于 11 月 22 日下令准免，先以外交总长汪大燮代理国务总理，后又请出王士珍署理国务总理兼陆军总长（1917. 11. 30—1918. 3. 23），段阁瓦解。段祺瑞免职后仍以参战督办的名义掌握皖系军队，依然握有压迫内阁、操纵内阁的大权，被称为“太上政府”[③]。段以参战名义大肆向日本借款，其目的并非用于对德奥参战，而真正目的是用于作为国内武力统一的工具。12 月 2 日，段策动北方十督[④]等在天津举行督军团会议，迫使冯国璋于 12 月 16 日重新下令讨伐西南。此时，西南军阀陆荣廷提出恢复国会，停止湘粤进兵和拥护冯国璋继任总统，作为取消两广独立的条件。冯发出停战布告，责成南北两军停止敌对行动。12 月 31 日，北方十督发表通电，坚决反对恢复旧国会，主张以皖系控制的临时参议会代行国会职权，选举正式大总统，企图“合法倒冯”。冯声称要亲自出征讨伐西南，不料在蚌埠被皖系督军倪嗣冲拦截，被迫回京。正当主战派挥兵南下之际，又发生奉军入关“兵谏”，皖奉联合，冯国璋被迫改组内阁。1918 年 3 月 17 日，病假中的内阁总理王士珍发出阳电，向督军团辞去内阁总理职。同日，督军团又在天津开会，决定要求恢复段内阁。冯氏无可奈何，屈服于段派，

① 张国淦：《北洋从政实录》，《张国淦文集》，北京燕山出版社 2000 年版，第 207 页。

② 陶菊隐：《督军团传》，台北文海出版社 1978 年版，第 146 页。

③ 同上书，第 27 页。

④ 指曹锟、张怀芝、张作霖、倪嗣冲、阎锡山、陈树藩、赵倜、杨善德、卢永祥、张敬尧。

于3月23日下令署国务院总理王士珍免职，特任段祺瑞为国务总理，阁员仍旧。

段祺瑞第三次组阁之后，继续推行其武力统一政策，同时按原定"合法驱冯"之计划，指使参议院通过《国会组织法》和《两院议员选举法》修正案。此时，为实现独裁专制，段拨巨款收买大批政客，组成"安福系"操纵新国会选举。1918年8月12日，皖系一手操办的安福国会开幕，合法倒冯时机成熟。1918年9月4日，冯国璋自知无力抵抗，提出以段祺瑞同时下台为他下野的条件，段祺瑞也表示与冯同时下野。安福国会本来欲拥戴其党魁段祺瑞为大总统，但段力推徐世昌，以另造法统。因为把徐抬出来，既可以解决冯、段之争，又有解决南北战争的希望。[①] 9月4日，大总统选举会正式举行，徐世昌果然当选。[②] 10月10日，徐世昌就任大总统，冯、段同时下野，冯、段两派也同时去职。冯、段的结局，形式相似，内容则完全不同。段祺瑞不过是以退为进，他依旧在幕后（通过安福系）控制着中国政治，取得了彻底胜利，而冯国璋则为彻底的失败者。

段祺瑞与黎元洪和冯国璋两任总统都共事，但都不能相谐而安。当时有言："有黄陂而合肥碰壁，有河间而合肥而下监，有东海而合肥盖棺矣"；[③]"冯、段执政时代，府院之间，明争暗斗，至为剧烈，为世人所尽知"，在袁世凯时代，二人均以袁继承人自命、相争，二人"既素不融洽，且利害相反，兼以府院争权，袁、黎已然，冯、段自不能例外。……黎有国会中比较多数之议员为后盾，而无军权，冯则虽有军权，而全无国会为之支持，故同为之败。……冯之副总统，本为旧国会选举，乃亦主废弃旧国会，已为失策；而对于新国会又太无布置，致其选举全为安福系所操纵。迨新国会召集，冯继黎之任期适已届满，势除拱手让人外，自属一筹莫展"，"向使冯稍加注意，当时直系尚有相当地盘，在国会自亦可得相当人数，再能与反段之研究系及旧交通系相联系，未始不足在选场中一决胜负。乃只知倡导和平，指使己系督军、将领反战，以拆段之台，而不

① 李剑农：《中国近百年政治史》，武汉大学出版社2006年版，第402页。

② 陶菊隐：《政海轶闻》，上海书店出版社1998年版，第32页。

③ 张国淦：《北洋述闻》，上海书店出版社1998年版，第171页。

计己之任期迫届，武器一失，如何与人抗衡？最终虽与段同时下野，稍解愤恨，然段一面拥有所谓参战军，一面则握有所谓新国会，隐然居于太上内阁地位，而冯则悄悄隐去，从此与政治绝缘，岂非失败之甚也?”① 段之所以能略胜一筹，一方面有强有力的军事实力，另一方面他会利用新的政治工具（将国会、研究系玩弄于掌股之上），以民主为旗号，为自己的利益服务。段、黎冲突势可明了，而冯、段矛盾势可避免，因为同为袁的继承人，发生冲突，不可理喻，其实为了利益之争。段祺瑞为实行元首超然、内阁负责的责任内阁制，在政策的制定、政务的推行、职官的任免，都曾坚持内阁制的原则，但引起黎元洪和冯国璋的不满。黎采取对内阁公文书拒绝盖印的做法，冯则采取暗使督军抗段，形成黎、段冲突和冯、段暗斗。黎、段冲突结果导致造成黎免段总理职，段派督军奋臂援段抗黎，最终酿成复辟之祸。冯、段暗斗结果则造成北洋的分裂。依内阁制的原则，段总理与元首据理力争，似不为过，但师袁以武力为后援之故伎，则远违宪政体制。黎、冯欲揽政权处处与内阁掣肘，亦系昧于责任内阁制的基本精神。1912 年间，袁世凯不经国务总理副署和国会表决的方式，擅自变更了王芝祥直隶总督的任命，酿成了一桩著名的“非法”案件。数年后，段祺瑞却以内阁总理的名义，不经总统同意，随意发布命令，任用官员，同样也是“非法”的行为。从总统和总理的权力关系上看，这两个时期行使权力的主体正好相反。“袁、段两人的作风不同，一个采取总统制，反对国民党所倡的责任内阁制，初则逐走内阁总理唐绍仪，暗杀国民党中坚分子宋教仁，以启南北之争，对北洋团体内部则又玩弄徐世昌，疑忌冯与段，而开北洋派分裂之端；一个却又薄总统而不为，上面拥戴一个与盖印官相似的总统，实行袁所反对的责任内阁制。以此酿成府院之争，扩大了南北战祸。后来吴（吴佩孚）又别创一格，连内阁总理都不做，以地方控制中央，虎踞洛阳发号施令，形成太上政府。是北洋派的末代之雄。他们个性及作风不同。但推行北洋中心主义则一。随着这个潮流而演变的，有君主与民主、毁法与护法、联治与集权的种种斗争。”②

① 刘以芬：《民国政史拾遗》，上海书店出版社 1998 年版，第 19—20 页。

② 陶菊隐：《督军团传》，台北文海出版社 1978 年版，第 22 页。

（四）徐世昌在位期间的府院关系

徐世昌为文人、旧官僚，就任大总统后，作为国家元首只是一个傀儡。控制北京政府、主宰政权的，仍是以边防督办名义出现的皖系段祺瑞。而徐世昌又不甘心做傀儡，任总统期间，主张以和平谋统一，有南北议和停战之举，遂与受段祺瑞操纵的内阁发生冲突。

徐世昌解除段的总理职后，发布和平宣言，以钱能训为总理。钱氏曾在东三省任徐世昌参赞，徐世昌以文治为号召，钱幹臣（能训）以文治派组阁，以实行议和为唯一政策。安福国会中，参议院议长梁士诒极力主张南北议和，适逢欧战结束，举行巴黎和会，中国外交失败，爆发五四运动，致钱能训内阁瓦解，靳云鹏内阁成立，而时局重心仍在段祺瑞，“人人心目中但只有段督办”，“靳就总理，极意奉承段，每日问起居，所有阁务必请示而后行”。[①] 但靳云鹏与段的心腹西北筹边使徐树铮争权，欲借助直奉，而直奉亦欲联合倒皖，结果直皖战争爆发（1920 年 7 月），皖系完全失败，安福系受到严惩，乃告消灭，而段祺瑞免职，息影津门。徐总统以靳与直奉有关，又令其第二次组阁，“靳以联结直奉而为总理，故周旋曹张之间”[②]。为排斥交通系对内阁的控制，采取总辞职的办法，排挤交通系，而后靳云鹏第三次组阁。此时因为“秘密费”发生了府院矛盾。原来靳内阁以为排斥了交通系的周自齐（财政）、叶恭绰（交通），“财政自有办法”，以维系内阁，但不料“府方不喜潘（潘复，代理财政总长），张志潭（交通总长）与潘亦不协，而财政潜势力仍握在交通系”，“至此更毫无办法”。“其时，直奉两方对靳尚无恶感，惟府方因潘而牵及于靳，时时发生龃龉，其直接冲突则在全国烟酒事务署。”以前，烟酒署有提交总统府秘密费 10 万元的惯例。督办为张寿龄，靳总理徇潘复之请，主张更换张寿龄，遭到府方反对。“自是府院裂痕揭开矣。”[③] 原来，交通系被排除后，积愤不平，认为有机可乘，遂以京津停兑为倒阁政策。先得府方同意，提出中、交银行准备金不足，要求政府下令京津行停兑。中行

---

① 张国淦：《北洋述闻》，上海书店出版社 1998 年版，第 174 页。

② 同上书，第 176 页。

③ 同上书，第 178 页。

王克敏等密告政府停兑之危险，靳不敢坚持停兑，而府方催促尤力。此时直隶省长曹锐 11 月 29 日致府院电云，认为中交停兑之人，在北京暗中策动，以扰乱金融、危害国家，对此应依法严惩。国务院收到此电即秘派军警监视交通系有力者，而府方有人密示意叶恭绰离京，叶当晚秘密赴奉，见张作霖，力言："总统本有去靳之意，因靳召集新国会，实为曹（锟）谋。如张入京去靳，以梁士诒组阁，则国会召成，张当然被选为总统。"张为所动，遂于 12 月 14 日入京，曹锟闻张到京，亦于 19 日由宝到京，与张会晤，曹说内阁不宜更换，疆吏不应干预中央之事，并邀张同见总统，总统说："责任内阁我无成见，惟翼卿（靳云鹏）实不相宜。"曹、张无言而退。其实，靳云鹏已于前日辞总理职。至 24 日，总统下令由梁士诒组阁，府院冲突了结。不久，徐总统在直系军阀曹、吴的威逼下于 1922 年 6 月 2 日辞职。

（五）黎元洪—曹锟总统时期的府院关系

1922 年 6 月 11 日，黎元洪（时为中兴煤矿董事长）"以补足总统任期"的名义被拥戴为总统，实际上只是一个傀儡（内阁人选全由军阀曹锟、吴佩孚操纵）。黎继任大总统后，首先撤销 1917 年 6 月 12 日解散国会的命令，宣言继续民国六年第二期常会，法统恢复以抵制南方的"护法政府"。这时黎元洪的"任期"问题又出来了。对于黎元洪的任期，各派一直存在分歧，直系津保派以及依附于曹锟的部分议员力图尽量缩短黎元洪的任期以便早日将曹锟推举上台，认为黎到 1923 年 10 月任期已满，应行另选。而部分议员热心制宪，主张先定宪法后选总统，这样就势必会把黎元洪的任期拉长。1923 年 5 月，府、院（张绍曾内阁）之间又因制宪经费发生激烈冲突，并成为逼黎退位的导火索。

第一届国会第二次恢复后，继续制定已拖延了 10 年尚未完成的宪法。可宪法会议因人数不足而经常流会，国会乃于 5 月提出修改宪法会议规则，每次出席宪法会议的议员，给出席费 20 元，缺席者依此数扣之，无故缺席过两次者除名。并修改《国会组织法》，将宪法会议出席之人数，由两院议员总数的各三分之二改为五分之三；列席人数，由总数之四分之三改为五分之三。议案修订后，两院议长王家襄、吴景濂和黎元洪商量如何筹措该制宪经费，因国库空虚，财政紧张，决定由海关建筑经费项目先借拨 120 万元，以解燃眉之急。津保派知悉后，认为黎氏此举有意示好于国会，遂借此事件倒黎，府院冲突再起。在国务会议上，内务总长高凌霨、交通总长吴毓麟、司法总长程克认为按照责任内阁制精神，应先交国务会议议决，指责黎元洪不应单方面和议会接触，贸然划拨巨额经费。此时局面极其混乱，“以内阁为一方，以总统为另一方，以国会为第三方，再加上所谓的实力派，这就再次形成了一种四角安排”，且“四角冲突”愈演愈烈，为历来内阁所未有。内务总长高凌霨等认为国务总理张绍曾对此应负连带责任，胁迫内阁总辞职，张绍曾被迫于 6 月 6 日辞职。内阁已倒，下一步则是黎总统垮台了。过了几天，黎元洪被曹氏指以“未经内阁讨论而私自批准制宪经费及国务院任免官员而大总统不批准”“有违责任内阁制精神”的理由而赶下台。6 月 13 日，黎元洪不得不弃职赴津。黎的政治生涯，就此结束。① 空下来的总统宝座，在 1923 年 10 月被曹锟用贿选的手段而坐上了。曹锟就任总统后，总统和内阁之间几乎没有什么摩擦，其公布的《中华民国宪法》，虽然标榜责任内阁制，但已经是有其名而无其实了。这次表面上针对黎元洪的“大政变”最严重的后果即在事实上摧毁了国会的法统。1924 年 9 月，第二次直奉战争爆发，冯玉祥倒戈，曹锟被囚。此后，对民国政体要不要采用“委员会制”的形式发生过争论，但结果是归于将总统和总理合于一体的执政府制。1924 年 11 月，段祺瑞就任中华民国临时执政。11 月 30 日，司法总长章士钊下令由法庭检举贿选案，将其分最要、次要、重要三等，并派遣大批军警四处侦缉、搜捕贿选议员，此“实无形废止议会之手段也”②。在京议员人人自危，相率走避，议会人数不足，无法开会，功能自然停止。到 1926 年 8 月 15 日，国会议员被遣散，国会至此完全被消灭。

从以上叙述可知：在民初内阁制的实践中，大总统要么是最大的军阀头目，要么是受军阀控制的傀儡。如果是军阀头目占据其位，内阁则不只不能发挥其作用，有时甚至连形式都没有了。如果由几派军阀头目分掌权力，居大总统之位的军阀头目不得不授予另一军阀头目组阁之权，则不免发生“府院之争”这样的事情，最后以实力的大小来决定胜负。若大总

---

① 张国淦：《北洋述闻》，上海书店出版社 1998 年版，第 199 页。

② 顾敦鍒：《中国议会史》，木椟正心堂 1931 年版，第 407 页。

统是由几派军阀相持不下而暂时妥协来支持的傀儡，则只能苟且应付，看实力最大者的颜色行事。所以，总统与内阁的关系是靠实力来说话和解决问题的。但尽管大总统只是一位不负实际政治责任的虚尊人物，因他是国家的代表，因而其存废、命运仍具有极重要的影响。大总统的更动，总是伴随着政治动荡，有时甚至是严重的政变。

三 民初府院关系冲突之原因

从上面府院关系演变的几个阶段来看，府院关系常常表现为“府院之争”，“虚位”的总统常常与内阁发生冲突。总统不但牵制内阁，卷入政争漩涡，且与内阁争权，视内阁为其幕僚机构，使内阁的独立性大打折扣。事实上，二者之间的摩擦、斗争、冲突，一直伴随着整个民国初期的政治运行过程。府院之争表现出三种形式：第一，强势的总统和弱势的总理之间的冲突；第二，弱势的总统和强势的总理之间的冲突；第三，实力相当的总统和总理之间的冲突。府院之争的结果则取决于总统和内阁各自代表的政治势力的消长。袁世凯时期，由于袁世凯的过于强势，内阁完全被压服于总统的威权之下，而袁之后，总统是以虚击实，往往被玩弄于内阁强人的股掌之间。而当二者实力相当时，则以实碰实，依战争来决定胜负属于哪一边。“府院之争”的胜负不管属于谁，都标志着宪法并非权力冲突的最高规则，其后的实力特别是武力则是民初政局维持的另外一种规则。

现在的问题是，为何会持续发生“府院之争”？

从表面上看，“府院之争”是两个国家机构之间为争权而发生的矛盾冲突，是任何一个民主法制国家都不可避免的，不论从国家权力结构的角度或者是从利益集团关系的角度来说，都显得是一种必然的状态。但是发生在刚刚脱离有两千余年专制传统的、初建共和的民国，则不能不有其特殊原因。

首先是传统的帝王权力观、皇权思想的体现。谷钟秀分析说：“内阁制度，国务员对国会负责任，故国务员组织之国务院，当然为政治之总枢。总统无论有何种意思之表示，不经国务员之副署，不生效力，总统不能侵越国务员之权限。然，中国承数千年专制惯习，一般心理上之感想，是总统府之于国务员亦犹前清之皇上与军机大臣。且以雄才大略之总统，又岂能受法律上之束缚而自甘无为？于是国务员与总统府权限问题，当唐内阁初成，已惴忧，无以解决”，“未几，拒绝副署之事实果现，终以不顾副署，而总统之命令仍为有效”。王之祥案即是一例，“此例一开，内阁制度，根本上已失所凭依，国务员将永为无意识之负责任”[①]。对于府院关系，吴佩孚 1918 年给段总理的一封电报说出了当时的人们对府院关系的认识：“责任内阁系巩固国家之中枢，政令所由出。查民国约法，宣战媾和许大总统以特权，未闻以此种特权许内阁也。况内阁即昔日之宰辅。宰辅者，世运之隆替，国统之枢纽也。曰内阁，曰丞相，名殊意一。其责任，宰辅朝野上下之权衡，以辅左右出入之政也……掌天下安危、操邦国存亡，实责任在宰辅一人。元首不仁，则可驱为汤武，元首而仁，则可希乎尧舜。是世无不仁乱政之元首，而有不仁危国之宰辅也。……殊不知宰辅总百官之政，元首之口舌也。一旦喉关固闭，言路弗通，则国情无所达。”[②] 这段话似乎在指责内阁，而同情元首，是一种传统的思维观念，实为不明内阁制之精义也。

可以说，“府院之争”是围绕权力的斗争，它披上了民主法制的外衣，其实质并没有超越中国传统政治中的权力斗争本质，不过是历史上“君权”与“相权”斗争的延续，是皇权思想在共和时代的体现，双方力量存在着此消彼长的规律，即君通过不断改革宰相制度，分化削减其权力，同时不断加强中央集权；在维持政权运行的过程中，二者既相互依存又互相排斥。

其次是《临时约法》在制度设计上对二者权力划分不清。《临时约法》对行政、立法、司法三方面在制度上进行了分权和制约，但其主要目的是如何在总统和内阁之间划分行政权，即如何限制总统的权力。然而，在民初的政体结构中，如果国会较为强大有力，则内阁和总理将被引向对国会负责的方向，否则就要对总统负责。副署权的规定以及政府预算表决权的设置似乎表明《临时约法》的立法动机和目的是要建立

---

① 谷钟秀：《中华民国开国史》，台北文海出版社 1966 年版，第 108 页。

② 季啸风、沈有益：《中华民国史史料外编》（第一册），广西师范大学出版社 1997 年版，第 451—452 页。

一种责任内阁制。而事实上，民初围绕权力的争斗以及责任在总统和总理之间的转移，显示出这一体制既非内阁制，亦非总统制，实际上是责任不明的双重行政体制。这种体制导致总统和总理之间经常产生权力摩擦与冲突。既然称为责任内阁制，为何又赋予总统“总揽政务”等诸多权力？这就导致府院权责不清，权责不清造成“今日府院权限问题之难点实有大总统不负责任，而依法大总统又有总揽政务及种种职权，国务员更有负责任副署等规定。于是办理属于大总统之职权事项实际上究在总统府抑在国务院之问题遂而发生”[①]。这就导致府院之间的一再争执。

再次是宪政观念的缺乏。近代以来，“以政党纲领作为组成集团的原则，这不只是用以代替个人领导的一件新事物，甚至内阁向国会负责这种思想本身也是反常的东西，因为按照儒家传统内阁部长们同时还认为他们有效忠于国家元首的基本责任”[②]。不论实行总统制或内阁制，当时并未建立一个深入人心的宪政体制，民国的建立仅仅是树立了一个名不副实的“共和”的观念，而那些“共和”宪政观念十分缺乏的政客与军阀，在全新的政治领域当然是不知所措。这样的政治环境导致府院之争不断上演。同实行了几千年的专制文化相比，从西方引进的民主宪政观念实在是太弱小，以至于被淹没在专制文化的汪洋大海之中而无力求生。专制文化的丰厚和宪政观念的缺失导致这些舶来品发生变异甚至异化，走向其对立面，使中国的政治混乱不堪，甚至是引发流血和战争。宪政文化的培育，需要几代人的长期努力。

最后，政治人物的政治性格缺陷也是府院之争的一大动因。比如，段祺瑞素来刚愎自用，又自恃为北洋勋宿，从内心深处对黎元洪抱轻视态度，和黎绝少交往：“段祺瑞个性特强，对于政治，重在权而不在位，平素以舍我其谁自负。”[③]“段氏平昔性情戆直，对人对事，只要他主观认为不对，便无所顾忌。直言不讳，向来不采取阴谋暗杀手段。他是以儒、佛

---

① 《对于国务院权限节略研究》，1916年，张黎辉：《天津市历史博物馆馆藏北洋军阀史料·黎元洪卷》第10卷，天津古籍出版社1996年影印，第293—294页。

② ［美］费正清：《美国与中国》，世界知识出版社1999年版，第206页。

③ 张国淦：《北洋述闻》，上海书店出版社1998年版，第170页。

教的道德观念为分析事物的标准。”[①] 他作为一个典型的军人，朴素、勇敢，处事果断，作风强硬，对其心腹常常偏袒，不问是非，一惯迷信武力，不相信议会讨论对国家管理的作用。[②] 黎元洪则外柔、懦弱而内刚，虽不足威慑别人，却自有不屈的意志，他“没有坚定的信念或肯定的意见，但却有按自己的主意行事的性格”，因而他出任总统时，“摩擦不是以三角形式出现，而更多地是国会与内阁之间的斗争。事实上成了因内阁的态度而发生总统与国会的摩擦，或是因总统偏向国会而发生内阁与总统之间的摩擦”。[③] 而黎元洪“朴重端悫，……木僵少文，学欠涵养，故胸无城府，惟知巩固其魁柄，大言炎炎，有时羌无实际，……性格易于冲动。”[④] “二人性格、作风、思想迥异，对国内外事务的处理方法各执一端，不能协调一致”，因此府院之间不可能有亲密的关系，终因对德宣战而水火不容，直至决裂。[⑤] 到了冯、段执政时代，府院之间明争暗斗，至为剧烈。二人同为袁的继承人，同属北洋系，人们本殷切期望二人“同舟共济，造福国家”，但二人政治观点殊异，由朋友变为对手，时生龃龉，发生冲突，实不可理喻，二人均以袁继承人自命而相争，因素不融洽，由来已久，积不相能，且利害相反，实为利益之争，完全缺乏现代政治家的气度与素质。

通过从以上两个方面即内阁与国会的关系和内阁与总统的关系对民初内阁制的运行的论述，我们可以发现：民初内阁制存在严重的文本规定与政治实践的背离，内阁制显示出异化，直至走向自己的对立面。本来，近代内阁的出现，其目的是分权和限权，但是一旦引入中国，则异化成当权者集权的工具。这种情况说明，早已深入人们思想观念的一元政治仍在起作用，仍然约束着人们的思想和行为。一元政治要求最高决策权作为权力

① 邓汉祥：《我所了解的段祺瑞》，黔西南州文史资料委员会编：《黔西南州文史资料第七辑·邓汉祥文集》，内部发行，1988 年，第 64 页。

② 颜惠庆：《颜惠庆自传——一位民国元老的历史记忆》，吴建雍等译，商务印书馆 2003 年版，第 141 页。

③ 顾维钧：《顾维钧回忆录》第 1 册，中华书局 1983 年版，第 377 页。

④ 薛观澜：《黎元洪外史》，全国政协文史资料委员会等编：《民国大总统黎元洪》，中国文史出版社 1991 年版，第 44 页。

⑤ 颜惠庆：《颜惠庆自传——一位民国元老的历史记忆》，吴建雍等译，商务印书馆 2003 年版，第 141—142 页。

来源，其他权力派生于最高决策权，依从于最高决策权，对最高权力负责。在民国初期，最高决策权没有实现从君主向国民的有效转换，君主之后各种政治势力轮番成为控权集团。这样，虽然国体由君主制变成了共和制，但政权组织形式仍是人治主义模式。在民国的政治实践中，一元政治得到了延续，尽管表面上有宪法、法律和制度，但多被虚置，实际上起作用的仍然是传统的权力观念，尽管标榜宪政主义和责任内阁，实际上实行的是人治主义和权力支配。

第四章

民初内阁的更迭与内阁制的消亡

民初十数年间，内阁更迭犹如走马灯，今日成立，明日倒台；今日甲兼署，明天乙代理。更迭之速，寿命之短，不计可知。对此政治乱象，当时有言："而近今时局，军阀割据，南北哄争，政府命令，不出都门，当局惟知卖国自肥，竟进分利，视诸明末且尤甚矣。语曰：'国将不国'，其殆为今之政象，悲乎。"① 这样的政制乱象不能不引起人们对内阁制的思考：在西方运行几百年的政体，为什么会在中国出现这样的乱象？其命运如何？中国应该采取什么样的政体？这是当时的中国人应予回答的问题，也是当今中国人应予思考的课题。

第一节　民初内阁之更迭

一　民初内阁更迭概况

从内阁制确立到熊希龄内阁解散，这一时期实行的是责任内阁制。自熊希龄内阁解散后，所谓"责任内阁"就不存在了。随后袁世凯做起当皇帝的美梦来，但最终在全国人们的反对声浪中死去。在临终之前，袁世凯不得不恢复被其废弃的责任内阁制度，任命段祺瑞为内阁总理，但这并不能挽救其众叛亲离的下场。袁氏既倒，北洋时期没有一个类似于袁世凯那样的政治强人来统一行政系统，强人政治的垮台使中国进入了战乱频

① 谢彬：《民国政党史》，上海学术总会1926年版，第168页。

仍、政局动荡的时代，政府的更迭就像走马灯似的变换。各派军阀和政治势力为了各自的利益和目的，纷纷抬出《临时约法》，打着国会的旗号，扛着责任内阁的幌子，希望以之收拾人心和时局。

民初内阁更迭之频繁可谓令人眼花缭乱。当时有言："近时政象，何与有明崇祯亡国之时，同一辙耶。崇祯十七年间，更易宰相，多至五十余人。今自宣统三年迄今，为时亦仅十四稔，而内交更迭，已达三十七次"，[①]"较之崇祯殆尤过之"[②]。事实上也确实如此。在短短的十几年里，一共产生过7届5个大总统、1个临时执政、1个大元帅，共47届内阁，20多名国务总理。[③] 还有人统计，每届内阁平均任期三个半月，最短的颜惠庆内阁只有6天。[④]

钱实甫将民国初期（1912.3—1928.6）分为六个时期，即：《临时约法》时期、《新约法》时期、"法统恢复"时期、临时执政时期、摄政时期、军政府时期。在这六段时期内，真正实行责任内阁制的时间并不多，根据钱实甫的观点，只是在《临时约法》时期（1912年3月30日至1914年5月1日）、"新约法"时期（1914年5月1日至1916年6月29日）、"法统恢复"时期（1916年6月29日至1924年11月24日）、临时执政时期的后期（1925年12月26日至1926年4月20日）、摄政时期（1926年4月20日至1927年6月18日）是实行的内阁制。[⑤] 袁世凯称帝时期、曹锟被囚以后直到北伐军占领北京，没有了议会，内阁制实际上并不存在了，这期间的"内阁"已不属于内阁制中的范畴了。

二 民初内阁更迭的原因

一般来说，一个政治系统的稳定，它必须具有一个持久而且富有规范性的宪政规制，一个任期有限、更迭有序的政府组织，以及一个安定的社会环境。具有这三个条件的政治系统稳定性强；反之，稳定性则弱。可民

① 谢彬：《民国政党史》，上海学术总会1926年版，第168页。

② 陈宝泉序，载章熊《中华民国的内阁》，古城书社编译所1928年版。

③ 左言东：《中国政治制度史》（增订版），浙江古籍出版社1989年版，第452页。

④ 徐炳宪：《段祺瑞和民国初年的内阁》，台北传贤文化事业有限公司1984年版。

⑤ 钱实甫：《北洋政府时期的政治制度》（上），中华书局1984年版，第82—83页。

国初期并未具备这些条件。由于约法本身的缺失，施行者未给予相当的尊重，其规范性并不大。内阁的更迭与阁员的任期，亦无规律可循，内阁寿命平均只有三个多月，阁员的任期亦不以国会的信任为标准，总长与总理大率也非属同党，来去如走马灯，实无更迭规制可言。至于当时的环境，不论人民理念、文化传统、社会结构、经济体制等各层面，均不具备民主国家内阁制度的条件，勉强模仿，非驴非马，如此环境下的内阁制度，欲其有高度的稳定性，难如登山。[①] 更何况中国无以政见集合的政党，组阁之国务员政见不能一致，对国务会议可避不出席，“即总理亦无一定之权限，任以文吏则权绌，任以军人则权重，总统与总理亲善，则国务员皆能依法行使职权，府院不睦则事权落于秘书诸人掌握，往往频开会议而不能议决一事，总理能兼陆军或财政，则势力尤伟”[②]，等等。这些分析不能说没有道理，也不能说没有偏颇。拙著对民初内阁更迭之原因，试做如下分析。

（一）政党政治的不成熟与内阁的更迭

政党政治是议会政治的基础和表现，是国家通过政党行使国家政权的形式，它起源于英国，随后其他国家纷纷效仿，成为一种普遍的政治现象，其表现之一就是实行责任内阁制。责任内阁制使行政机关政策常常发生变更，处于不固定的状态，这是实行责任内阁制的各国所常见的现象。行政机关的政策既然由内阁操控，而内阁又随议会中多数议员的意志以进退，则行政机关的政策能否稳定，当然要看议会中有无一个稳定的过半数的政党的存在。如果议会中有这样一个过半数的政党的存在，则政局稳定；而政党林立使内阁稳定难以实现，也使责任内阁制常为世人所诟病。[③]

“内阁之更迭，在宪法政治之国，本寻常事”[④]，但在民国，内阁成为“政客之逐鹿场”，导致频繁更迭。纵有诸多因素，但不能不考虑不成熟

---

① 徐炳宪：《段祺瑞与民国初年的内阁》，台北传贤文化事业有限公司1984年版，第198—199页。

② 沃邱仲子：《民国十年官僚腐败史》，中华书局2007年版，第10页。

③ 王世杰、钱端升：《比较宪法》，中国政法大学出版社2004年版，第276页。

④ 戴天仇：《政党与民初政治》，中华书局2007年版，第207页。

的政党政治这一因素。

内阁制本为政党政治之体现，内阁应由胜选政党所组成，而民国内阁多非政党内阁，而为混合内阁或联合内阁，“按之通例，联合内阁，寿命不长”①。这样的内阁中，没有一个占绝对优势的政党，也始终没有形成议会地位高于并左右内阁的局面，而这些政党藐视法律、图扩私人权力，“它们绝大多数都具有传统的习性，入党不是为了情面，就是为了个人的利益，有些人难以拒绝从各个不同党政来的邀请，而有跨党的现象。它们缺乏定义清晰透彻的政纲，而结合这些有钱阶级的主要力量，个人关系较党纲的力量大得多”，“如水上浮萍，不能在民众间生根”，② “聚党徒，广生气，恃党援，行倾轧排挤之惯例”，人怀异志，缺乏政党政治之观念，③ 以至于“国务院无全体一致，志同道合，实行大政方针之精神”，“各部总长各有励精图治之心，而人自为战，互相掣肘，心意各别”。④“内阁之缺统一，则概由政见之不同”，“内阁之更迭，十九由于内阁之缺统一”。而且民国成立以来，“闹党争，挟党见，广钱通神，手枪从事，可谓极政治上之罪恶”⑤。这些政党缺乏共同的纲领，“一内阁中而政见之混杂至此，且两党之冲突又如彼”，在成为执政党时支持的政策，到成为在野党时又转而反对，再加上总统压制或操纵内阁，甚或出现府院之争，导致内阁不稳、解体而更迭，民初内阁“尝因党派之故使内阁之命运不长，致陷政局于危险之地”。⑥

1913 年 1 月，上海《时事新报》发表《内阁制与党争》一文，指出内阁制足以激励党争，党争激烈必陷政局于混乱。且在内阁制之下，“议员日日欲作国务员，则日日与内阁为难。一则曰不信任，再则曰不信任；一则曰弹劾，再则曰弹劾。而不信任与弹劾之案，将史不绝书。此亦内阁制一定结果也。……吾国果用内阁制，则数年中将日闻辞职、解散、不信任、弹劾之声，而内阁制将为激励党争之具。甲党组织内阁，乙党联合丙

① 罗志渊：《论责任内阁制在中国的发展》，《宪政思潮》（季刊）1972 年 1 月第 17 期。

② 彭怀恩：《民国初年的政党政治》，台北洞察出版社 1989 年版，第 59 页。

③ 谢彬：《民国政党史》，上海学术总会 1926 年版，第 6 页。

④ 陈旭麓编：《宋教仁集》，中华书局 1981 年版，第 405 页。

⑤ 毕厚：《责任内阁论》，《法政杂志》1913 年第 3 卷第 4 号。

⑥ 戴天仇：《政党与民初政治》，中华书局 2007 年版，第 207 页。

党以攻之；乙党组织内阁，甲党又联合丁党以攻之。内阁日日有辞职之危险，议会有日日解散之危险。每一问题起，即有剧烈之党争行乎其间。每一事实发现，即设法迁至党争之范围内。而党争之烈，乃足以亡国，此皆内阁制有以激励之也”①。本来内阁更迭为正常现象，但不成熟的政党政治使政局更为混乱，动荡起伏，使内阁如走马灯似地频繁更迭。

参议院对于陆征祥内阁的干预，表明政党政治的不成熟。唐绍仪去职以后，袁世凯公开地反对责任内阁、政党内阁，认为权力应集中于总统。② 1912 年 6 月 29 日，袁世凯向参议院提请任命陆征祥为内阁总理，参议院以 74 票对 10 票优势通过。到 7 月 18 日，陆征祥提出 6 阁员请参议院通过时，引发了一场震动全国的倒阁风潮。其原因，一是同盟会声明坚持政党内阁，不谋求加入陆征祥的混合内阁；二是统一共和党希望通过否决陆征祥的提名来显示本党的实力；三是参议员因对陆征祥的 6 阁员提名演讲断章取义的理解而对陆征祥大失所望，对 6 阁员的提名遭到否决，这导致陆征祥组阁失败而提出辞职。陆阁风波表明，参议院内部的各政党没有大局观念，仅从义气、一党私利出发，从而显示出民初的政党政治的不成熟。政党政治的不成熟，导致了内阁的不稳定。也表明这些“议员们实在太天真了，他们以为法律条文上规定的权力就是真实的权力，没有看到自己权力的真实来源，没有看到议员作为代表一旦违背了其支持力量，就会变得虚弱无力。议员们以为自己掌握神圣的立法权，可以自由行事，没有看到当时中国实际政治格局中他们的活动空间极为狭小，稍有动作，就会碰到坚硬的墙壁上。当他们像一群恶作剧成功的孩子在参议院欢呼鼓掌、安排新内阁时，竟然完全没有预料到他们将要得到的不是内阁权力的奖赏，而是来自全国声讨斥骂的怒潮和强权者的打击”③。在各方面的压力之下，很多参议员已经明显转变态度，加之袁世凯对各参议员的分化瓦解，参议院中改组内阁的想法已经显得行不通了。7 月 26 日，参议院对于提出的国务员再次举行投票，结果是勉强通过陆内阁。

曾为北洋外长的顾维钧分析说，总统、内阁、国会三权之间的不断冲

---

① 罗志渊：《论责任内阁制在中国的发展》，《宪政思潮》（季刊）1972 年 1 月第 17 期。

② 张永：《民国初年的进步党与议会政党政治》，北京大学出版社 2008 年版，第 62 页。

③ 同上书，第 64—68 页。

突而使民国政治局势变得大为复杂，其背后则是中国各政党（包括各地军阀）各派系之间的猜疑、敌对和各种阴谋活动，所有这些因素就是这个时期政治不稳定的原因。[①] 这也说明政党政治的不成熟导致政局频繁更迭。

（二）武人干政与内阁更迭

“在上了轨道的国家，政党的争权绝不使用武力，所以不致引起内战。军队是国家的，不是私人的。军队总服从政府，不问主政者属于哪一党派。”[②] 而在落后国家向近代政治转型过程中，武人干政是较为普遍的现象，民国初年也是如此。民初内阁在 15 年左右的时间内更迭近 50 次（任期最长的为 17 个月，最短的为 2 天），59 人次出任过政府首脑（总理、国务卿、执政），7 人次出任过国家元首或临时执政，创造了世界政治史上罕见的内阁更迭速度。“其中有一最大特点，为他国所无者，即内阁俱受军人之支配是也。溯自袁世凯当国以来，袁自身为军人且为北洋派首领，故得操纵一切，袁故后，继任各总统，力皆不如袁，同时各地军阀之势亦日增，再进而干预中央政事，更渐而操纵立法与行政，是军阀一身不啻太上议会及太上总统，而内阁亦以己身既因军阀之拥护始克成立，自不能不惟军阀之利害是视，不然朝失其欢心，夕即有解散之虞。……盖中枢无人又当军事时期，举凡百政，无不为军阀之命是从，所谓责任内阁者，仅对军阀负责而已，内阁不过徒存其名而实亡也。”[③] 这样的内阁被称之为“军用内阁”，被武人玩弄于“股掌”之上，[④] 内阁完全丧失了自己的独立性，完全以军阀的意志为转移，在当时被讥为“妾妇内阁”[⑤]。

近代以来，军队在中国政治中扮演着特别重要的角色，军权超越了自身应有的职能。但在民国初期民主政治的实践中，军人干政是司空见惯的事，政策由军事势力决定，枪杆为贯彻政治的武器，政治家不过是军人手中的玩物，内阁之更迭，多凭强藩悍将之主张，不出于国会，而置于法律

① 顾维钧：《顾维钧回忆录》第 1 册，中华书局 1983 年版，第 378 页。

② 蒋廷黻：《中国近代史》，岳麓书社 1987 年版，第 94 页。

③ 章熊：《中华民国的内阁》，古城书社编译所 1928 年版，第 71—72 页。

④ 杨荫杭：《军用内阁》，《申报》1921 年 9 月 23 日。

⑤ 墨：《妾妇内阁》，《申报》1921 年 9 月 21 日。

之外。[1] 内阁每次更迭，莫不直接间接受武力之支配，说不上什么政治理则了。[2]

袁世凯就是民国时期武人干政的始作俑者。依《临时约法》被选为临时大总统后，袁氏本应到南京就职，但他发动兵变，迫使临时参议院将临时政府迁往北京。唐绍仪任内阁总理后不久，袁世凯及其他武人对之进行多方干预，使其辞职。陆征祥内阁建立后，第一次向参议院提出内阁名单时，被同盟会和统一共和党否决。到第二次投票时，段祺瑞带领军警到达参议院，名曰“监督政党”，实为武人干政的表现，开创了议员在刺刀下生存的先例。1916 年张勋等地方军阀召开两次徐州会议，形成地方军阀结盟——督军团，以割据地方，对抗中央，干涉政权，内阁被称为“督军内阁”[3]。1917 年 6 月 12 日，段祺瑞利用武力威逼黎元洪总统下令解散国会。1918 年 3 月，段的第三次内阁，完全是段派军阀的枪杆子制造出来的。1919 年 9 月与 1920 年 8 月，靳云鹏的两次内阁，都是承曹锟、张作霖的支持而组成的。1921 年 12 月，梁士诒任内阁总理，也是出于张作霖的保荐。起初，华盛顿会议决定，允许中国海关在原税额征收进口税之外可以加征 2.5% 的附加税，国家财政增收，这就引起各系军阀垂涎欲滴，都企图控制内阁以达占有目的。投机钻营的政客纷纷游说张作霖，力争内阁席位。而此时内阁由直系把持。张作霖说服头脑简单的曹锟，同意改组内阁，由梁士诒出任内阁总理，12 月 24 日梁士诒被任命为总理。[4] 不久，梁士诒内阁名单经曹锟认可后公布，但这注定新内阁是短命的。因为内阁人选倾重奉系而薄于直系。不久，吴佩孚即领衔反对梁士诒，说他亲日误国，终使梁氏宝座不稳。[5] 1922 年直奉战后直系掌握北京政权，黎元洪在直系军阀恢复“法统”的幌子下，复总统之位。是年 8 月，黎命唐绍仪为内阁总理，唐慑于直系的武力，终不敢就职。其后王宠惠的“好人内阁”，唯吴佩孚之命是听，内阁变为直系幕僚机关，以大肆搜刮

---

① 谢彬：《民国政党史》，上海学术总会 1926 年版，第 168 页。

② 罗志渊：《论责任内阁制在中国的发展》，《宪政思潮》（季刊）1972 年 1 月第 17 期。

③ 鹤唳：《督军团与内阁制》，《戊午》1918 年第 1 期。

④ 颜惠庆：《颜惠庆自传》，商务印书馆 2003 年版，第 152 页。

⑤ 同上书，第 153 页。

民财、举借外债来“巴结”“孝敬”背后的军阀。[①] 迨1923年10月，曹锟就任贿选总统，内阁成为直系御用工具，一切军政大权均操于直系之手。自此以后，内阁制便荡然无存。譬如与内阁政治毫无干系的支撑门面的顾维钧内阁“当初靠着吴大帅的声势，宪政却靠着张少帅的维持”，“在张吴合作的时候，他还可以依违于‘两姑’之间，过着那装聋作哑的生活，不过现在两姑‘勃谿’了”，不止是勃谿了，甚至是开火了，顾氏只好占着位子，拿几千块钱供自己挥霍，而其阁员却成了缩头乌龟不敢出面了。“顾内阁倒了，继任的能比顾内阁好么？恐怕还是一蟹不如一蟹。”[②] 这不仅表明武人干政的影响，甚至连内阁制的影子都不见了。

民国初期之内阁更迭说明了这样一个事实或者规律：内阁权力大小随实力派军阀的更迭而变化。袁世凯在总统位时，内阁成为其手中的玩偶。当黎元洪在总统位时，段祺瑞为总理，总统则成为盖印的工具。在冯国璋任总统、段祺瑞为总理时，二者同以袁世凯继承人自居，发生激烈争锋，导致北洋分裂，国事日非。

民初武人干政具有新的特点，它“不同于旧式朝代衰亡后群雄争夺天命的格局；因为君主制已成陈迹，王朝不存在了，必须寻找政治统一的新基础……一个军阀必须号称代表人民，并在可能的情况下从议会取得合法地位”[③]。他们打着民主宪政的旗号，戴着法律的面具，[④] 以之作为专制统治的装饰品，用宪政体制的制度化和程序化进行合法性包装，内阁总理常因国会之喜怒而变动，而这些内阁总理往往为拥有大权、具有军阀身份的各省长官推荐而来。[⑤] 而国会、总统、总理及国务院都受军阀的操纵，“在共和体制之下，武力虽为军阀取得政权之必要手段，但政权的合法性却必需透过国会维护，是以当政的武人为取得合法的地位，不得不争取国会之支持与合作。由此观之，国会虽为武人手下的棋子，但作为民意的最高机构，肩负着法统的延续及制宪的神圣任务，国会亦实为民主共和之象

① 寿康：《好人内阁的成绩》，《孤军》1922年第1卷第3期。

② 《顾内阁山穷水尽》，《现代评论》1927年第5卷第118期。

③ ［美］费正清：《美国与中国》，世界知识出版社1999年版，第209页。

④ 郑学海：《段内阁辞职感言》，《约翰声》1917年第28卷第9期。

⑤ 章熊：《中华民国的内阁》，古城书社编译所1928年版，第76页。

征。在共和政体确立之后，国会代表法统的观念已在国人中渐渐树立，不容轻易摧毁，此乃国会在军阀时代屡遭解散，犹能恢复的原因"[①]。在军阀的干涉与操纵之下，民主共和的形式虽然还在，民主共和的精神已荡然无存。正因为依靠武力可以实现权力，可以取得甚至创建政权，所以形成了北洋政府时期国体与政体分离的奇特现象，即政体是民主共和，而国体则是军阀专制，两个本是对立的东西被包容到一个政治系统中。[②]

（三）《临时约法》的缺陷与内阁更迭

《临时约法》制定者在规划政体时"狃于三权分立之说"，未能妥善处理立法与行政之间的关系，设计了一个并不能依其初衷限制袁世凯，却足以引起立法与行政冲突的政治体制。《临时约法》最明显的特征就是赋予参议院以广泛的权力，可是，在利用立法权来制约行政权的时候，却没有注意到立法部门的权力也是应当受到制约的。其主要表现就是在"同意权"的设置上，《临时约法》第 33 条规定，临时大总统有任命文武官员的权力，"但任命国务员及外交大使、公使，须得参议院之同意"。这样的规定，将本来属于行政的人事权也就在某种程度上转移到了立法机关了。由于"因人立法"，参议院为限制袁世凯的权力，也就赋予了参议院同意权。而对于行政如何来制约立法则没有规定，这是不符合权力相互制衡的原则的。《临时约法》只有"同意权"而无"解散权"，这样规定的后果是导致权力的失衡，使内阁在组建后不久即发生更迭。约法之弊是民初政治乱象一大根源。当然，没有约法，更不能保证政治的良性运作和安定局面。

还有，《临时约法》在"统治权"的规定上也是有疑问的。近代以来，国家均以统制权（即以命令强制权力）而谋国家之统一。国家作为一个统一体，其统治权不可分之学说，成为宪政学说之一般原则。[③] 可是，《临时约法》在"总纲"里却规定："中华民国以参议院、临时大

---

① 管美蓉：《吴景濂与民初国会》，台北"中央国立图书馆"1995 年版，第 184 页。

② 刘伟：《中国近代政体发展史》，华中师范大学出版社 1998 年版，第 186 页。

③ 大冥：《对于宪法上争点之横议》，《震旦》1913 年第 1 期。

总统、国务员、法院行使其统治权。”对于此一条款，颇惹世人之怀疑。当时主张这种学说，无非以共和国民之一般心理，以缩小行政首脑大权扩张，民权为第一要义，参议院为国民代表，国民之主体即为国家之主体，故毅然主张以立法部行使国家统治权。但是立法机关虽为国家主体，却不能以之为行使统治权之主体。参议院误解行政首领之连带各部主体机关为统治权行使机关，规定参议院、临时大总统、国务员、法院有行使统治权之权力，是使政令歧出，主权四分，与统治权不可分之说相矛盾。这样，权力不统一，参议员、大总统、国务员、法院各行其是，交互连带行使其统治权，使责任无所归束，权限交相庞杂，不仅打破了国家作为一个统一体，而且也使参议员、大总统、国务员、法院相互争执，政权更迭。

第二节 民初内阁成员群体之分析

在分析民初内阁更迭原因之后，再对民初内阁成员之构成作一简要分析，一方面有助于了解内阁更迭情况，另一方面也有助于更深入探究内阁更迭之原因。

拙著根据相关资料，编制了民初内阁成员群体之基本信息图表，附于文后（见附录二），现根据附录二，对民初内阁成员群体作一分析和研究。

附录二所列内阁成员，前后出现的一共有 134 人。这些人当中，主要是内阁总理和总长，少数是以次长兼理、代理、署理总长的，这只是不完全统计。其中，有 59 人次出任过政府首脑（总理、国务卿、执政）。这些人不论其政治态度如何，也不论其后来的政治命运如何，在当时的中国都应该是精英，特别是政治上的精英。

一 民初内阁阁员群体之地域分布

根据附录二，制定出表 4—1，展示民初内阁阁员群体的地域分布。

表 4—1　　1912—1928 年间民初内阁阁员之地域分布

籍贯	人数	所占比例%	排名	籍贯	人数	所占比例%	排名
浙江	19	14.2	1	河南	3	2.22	11
广东	17	12.7	2	贵州	2	1.5	12
直隶	17	12.7	2	云南	2	1.5	12
安徽	13	9.7	4	四川	2	1.5	12
江苏	11	8.2	5	陕西	2	1.5	12
福建	11	8.2	5	山西	2	1.5	12
湖南	11	8.2	5	江西	1	0.7	17
山东	9	6.7	8	广西	1	0.7	17
湖北	6	4.4	9	吉林	1	0.7	17
奉天	4	2.9	10	总数	134		

从表 4—1 可看出，民初内阁阁员的组成，江南地区的人士较多，占了绝大多数，他们有得天独厚的优势，那里是沿海地带，而那里的人们是近水楼台先得月，得风气之先，新的思想、文化在那里传播，使那里的人们受其影响。特别是来自浙江、广东、江苏、福建、直隶、湖南的阁员有 99 名，几乎占了 134 名阁员的 73.9%；直隶作为“天子脚下”的“皇城根”，元、明、清以来一直作为都城，是政治中心，自然也是经济中心，仕人较其他地区为多；而粤、闽、浙、江这些沿海地带和鄂、湘、皖作为长江流域的核心地带，也是人才辈出的地方；而西部地区的阁员相比要少得多。这也表明了“随着江南地区的开发，中国的经济文化重心南移，江浙地区文风日盛，人才日多”的趋势。① 近代以来，西力东侵，欧风东渐，学校取代科举，新学取代旧学，传统士大夫纷纷退出历史舞台，代之而起的是受过西方教育的新型知识分子。在这样的历史大转型中，江南人才在全国独占鳌头的地位不仅没有削弱，反而增强了，尤其是粤闽苏浙等省地处东南沿海，在闭关自守的中国大门被打开后，最早和最直接受到欧风美雨的浸润，得风气之先，为新型人才的成长提供了良好的土壤。这也说明，近代以来，南方特别是沿海地区，尤其是广东成为革命的策源地，

① 朱君毅：《中国历代人物之地理分布》，《厦门大学学报》第 1 卷第 1 期，1931 年 12 月。

一大批社会和政治维新、革命的领导者出自南方。由于沿海沿江省份交通便利，适于商业往来和文化的传播，也容易接受外界思想的影响，故经济发达，民智开通，人才辈出。[①] 由于地域的原因，他们很快地接受了西方近代的新思想，赶上了时代的潮流。当新政权建立之时，他们生逢其时，把握了时代的脉搏，走上了崭新的政治舞台。这也表明南方阁员作为一个群体在民初内阁中或政治舞台上日趋显示出具有重要的地位和作用。

二 民初内阁阁员群体之社会构成

根据附录二，制定出表4—2，显示出民初内阁阁员群体之社会构成。

表4—2　　1912—1928年间民初内阁阁员群体之社会构成

社会来源	士绅	留学生	新士绅	军人	无功名者	总数
人数	38（+26）	47（+26）	26	11（+18）	12	134
比例	28.4%（48.3%）	35.1%（54.5%）	19.4%	8.2%（22%）	9.5%	

说明：士绅指获得传统功名之人；新士绅指获得传统功名后又留学之人，或留学后又取得传统功名之人；军人包括在国内军事院校求学者，不包括从国外军事院校归国人员；留学生纯为海外留学未获国内功名者；无功名者指未取得功名者，包括在国内新学求学者。

民初内阁成员由五部分构成，即士绅、留学生、新士绅、军人及无功名者。从这五部分的构成来看，士绅、留学生、新士绅构成了内阁阁员群体的绝大部分，达到82.8%，如果将军人中获得功名及留学者算在内，这个比例还要大。

从表4—2中，至少可以看出以下三个信息：

第一，在民初内阁阁员的学历结构中，拥有传统功名的议员越来越少，特别是在延续了几千年的科举制度被废除以后，传统士绅不再有后继者，但尽管如此，传统士绅的影响仍持续了较长的时间。民初内阁成员中，获得传统功名者还是占有较大份额的，达到28.4%，如果将新士绅

① 王奇生：《中国近代人物的地理分布》，《近代史研究》1996年第2期。

中获得功名者算在内，比例达到 48.2%，接近一半的比例。另外，如果将军人中获得功名者算在内，这个比例将会超过一半。这说明，传统知识分子所产生的重要影响及作用并未随着新政权的建立而消失。

功名是通过参加科举考试而获得的。科举考试是隋朝以来作为人才选拔和官员任用的重要标准。不可否认，科举制度在历史上曾培养了一大批传统知识分子，对国家治理、维护封建统治曾发挥过重要的积极作用，传统知识分子也将科举考试作为自己的治世途径，来实现自己的人生价值。直到清末，一大批士子通过科举升为仕人，走上了治理国家的仕途，实现了“学而优则仕”的价值目标。但科举制度也严重地窒碍了士人的思想和创造力，阻碍了中国科学技术的发展，其消极性日益暴露出来，以至于在清末新政中被废除。这就使传统士人失去了前途和目标。

第二，当科举被废、仕途被阻、入仕希望破灭之时，举办新学、留学海外又为他们铺就了一条新的仕途之路。民国建立恰逢其时，一大批新学之士和留学人员学成归国，纷纷走上建设新国家的岗位，甚至还有一大批走上重要岗位，成为政府首脑、内阁阁员，在建设新国家的过程中起到了重要作用。他们通过举办新学和留学海外实现了对接，成就了自己辉煌的人生。

早在 1908 年唐绍仪使团访美时，袁世凯就曾委托唐绍仪代为物色有为的留美青年，以便介绍他们回国担任公职。在使美期间，唐绍仪曾挑选 40 多位中国留美学生到华盛顿，进行了 10 多天的交流，向他们表示中国急需经过专门训练、接受过西方教育、具有新思想、新方法的人才。辛亥革命爆发以后，这批留美学生归国后，其中有许多被邀进入袁世凯政府工作。著名的外交家顾维钧便是其中一位，他当时尚未毕业，处于撰写博士论文阶段，即被邀请回国担任总统府的英文秘书。他在回忆录中说“一个年轻人刚刚从国外回来，便受到这样的殊遇，实在是令人感到荣耀的事”①。

其时，一批留学生看到国内政局新旧交替，认为这是从政良机，相继回到国内，而且大多都希望从事行政管理。由于民初留学生在身价等各方面均比国内学生具有优越感，所以在国内发生巨大影响力的基本上都是这

① 顾维钧：《顾维钧回忆录》（1），中华书局 1983 年版，第 297 页。

一批留学生。这批留学生从数量上来看，属供不应求，他们几乎普遍地都进入政界及实业界，在其中扮演着重要的角色，而大多也从此平步青云。

在大批留学生的观念中，传统的“读书做官”“学而优则仕”的思维惯性和价值观念并未改变，仍被不少读书人视为圭臬。“学生以得官为求学之目的，以求学为得官之手段。”① 科举制度被废除以后，受过新式教育的学生成为官员选拔的主要来源之一，每年留学生归国，总有一批青年知识分子不断地补充进官僚队伍。他们选择的专业大多为政法之类，入“文科者少，入理科者尤少，盖以法科为终南捷径也”②。这种倾向，其目的有的是为了在中国建立民主国家，实现宪政，但也不排除不少的人以此作为谋权的敲门砖。

在表4—2中我们看到，新兴的知识分子在民初内阁中占有重要的比例，纯粹的留学生所占比例为35.1%，如果将新士绅中留学生人数计算在内，其比例高达54.5%。从人数比例上看，留学生在民初内阁及民初政治民主化的过程中具有重要的作用。

近代中国的留学生可分为两类，一类是学社会科学的，一类是学自然科学的。这两类学生中，前者大部分走上了中国古代士人之“学而优则仕”的老路，他们选择政治、法律、社会学之类的专业，以为归国“入仕”之途径。像颜惠庆、顾维钧者大有人在。后者很少有走入仕途的，如詹天佑类，大多都在从事实务，像唐绍仪之类为数极少。这种现象适应了当时的客观情势。清末以来中国政治一直在追求宪政的道路上踆行。实现宪政需要一大批懂得西方宪政的人才，需要更多的懂得政治法律的人才。传统中国长期以来培养的浓厚的、并未消失的官本位的意识，正遇上了政权的更迭、时代的召唤。他们学成归国，正可大有作为。只不过是军阀当道，他们的理想、抱负得不到实现和施展，反而成为被这些当道军阀利用之鹰犬、爪牙，有的甚至助纣为虐。

留学生在中国的地位，经历了一个发展变化的过程。早期的留学生回国后，因久居“藩邦”，其心必异，其社会地位很低，科举仍被视为入仕正途，在传统功名士子面前，他们自觉低人一等，仍希望挤入“正途”

① 梁启超：《饮冰室合集·文集之二十九》，中华书局1984年版，第41页。

② 蔡元培：《就任北京大学校长之演说》，《蔡元培全集》卷三，中华书局1984年版，第5页。

的士大夫行列，早期的严复及后来的陈锦涛、陈箓、江庸、金邦平、罗文干、曾毓隽、颜惠庆、章宗祥、钟世铭、施肇基即是。他们在留学回国后，仍然多次参加科举考试，获得举人、进士等传统功名，挤入了传统士大夫的行列。他们的入仕，除了具有“留学”的经历外，更重要的是拥有了传统的“功名”。这样的既有留学经历、又有传统功名的人有 26 人，所占比例达 19%。其中，留学归国后，重新获得功名者有 10 人，比例占 7.4%。到清政府实行新政、废科举以后，留学生的地位突然飙升，掀起了一波又一波的留学热潮。留学生在中国的社会地位逐渐高起来，甚至自尊自负起来。

这些海外归来、具有新学思想的留学生，有的纵捭阖成了政客，有的拥兵自雄成为军阀，最终成为被利用的工具。根据顾维钧回忆，这些有留学背景的阁员“不参与他们之间的倾轧，超脱于各派斗争之上。这样各军事集团就能利用像汤尔和、王宠惠、罗文干、颜惠庆和我（顾维钧）自己这些文官。我们在人们的心目中，被以为是独立的。未直接卷入政治斗争，更没有参加旨在统治国家的军事斗争。北方军阀之所以利用我们，是因为我们没有统治中国的野心。我们也没有政治组织和军事力量。我们只是为了一个共同的目标，即中国的福利，以个人身份从事工作的，我们没有取得成效。因为这并不能阻止那些认为只有战争才能解决问题的军事集团”[①]。虽然我们不能讲近代中国的纷乱不能完全归罪于他们，但可以说他们对于近代中国国运的影响的确是不容低估的。

第三，在现代民主国家，武人不干政，在政治斗争中保持中立。可在民初内阁成员的构成中，军人（军阀）占有较为重要的比例，达到 8.2%，如果将在国外学习军事的归国人员算在内，比例将达到 22%。这样的比例尽管绝对值不算高，但其能量是很大的，常常干预甚至左右政局，严重违背民主宪政，以至于当时有人将民初内阁称为“军用内阁”，说“近数年北京之内阁，姑不论其阁中人物，其重要各部要皆带有营混之气息。……在今日北京则所谓内阁者，不过一种军用品，虽千变万化，仍在武人股掌之上。总理登台，必向曹、张疏通；总理下台又必向曹、张

① 顾维钧：《顾维钧回忆录》（1），中华书局 1983 年版，第 297 页。

告退”。[①] 军阀当道，内阁式微，内阁唯军阀之马首是瞻，缺乏独立性。

三 民初内阁成员群体中新旧官员之构成

旧派官员指曾在清末任职的人员，新派官员则指未在清末任职的人员。他们在阁员群体中各自的比例见表4—3。

表4—3　　1912—1928年民初内阁成员群体中新旧官员之构成

成员构成	旧派官员	新派官员
人数	118	26
比例	88.6%	19.4%

民国建立以后，国家政治除旧布新，首要的就是对传统的官僚系统实行改革。就在南京临时政府成立之初，同盟会领导人宋教仁即提出了“初组政府，须全用革命党，不用旧官僚”的原则。所谓革命党，大多为留日学生。据文献记载，在328名革命党人当中，就有285人留学日本。留日学生对辛亥革命做出了重要贡献，这也决定了他们在民国初期的政坛上据有重要地位。可是，到袁世凯当上民国总统之后，大量排斥革命党人，安插自己的亲信僚属，那些北洋旧将和晚清“旧人”摇身一变，和平过渡为民国权臣，对近代中国发展的方向产生了重要的影响。例如，在唐绍仪内阁的12名内阁阁员中，竟有10多人具有留学海外的经历，其中的唐绍仪、施肇基、段祺瑞、王宠惠、刘冠英等，皆属“北洋旧僚”，只有宋教仁、陈其美和蔡元培等属于革命党人。

不仅如此，“北京的官僚群，大多数为逊清的遗老”[②]，民国初年仍是旧势力占上风的时代。1912—1928年的民国初期，清末时执政的“旧人”[③] 如蔡廷干、段祺瑞、江庸、李经羲、梁敦彦、梁士诒、陆征祥、孙宝琦、孙洪伊、唐绍仪、伍廷芳、熊希龄、张国淦、赵秉钧、于宝轩类，

① 杨荫杭：《军用内阁》，《申报》1921年9月23日。

② 张朋园：《梁启超与民国政治》，上海三联书店2013年版，第1页。

③ 这些“旧人”也包括政府中的文职人员，是西方政府机构中的文官队伍。

民国成立对他们似乎没有什么影响，很顺利地成为民国机构中的人员，有的甚至成为执掌国家命脉的重要人物，“国家政治名流中最有权势的人，是前清的官员”[①]。从内阁成员的构成上来看，辛亥之后建立的民国政府呈现出“新瓶装旧酒”的特性。在内阁这一新瓶中，装的大多还是前清之旧官僚，和新派人物相比，这些人占有很大的比例。尽管《临时约法》规定国家主权属于人民，国会、总统、内阁法院行使国家权力，但是，“在新的政治体制中，原来占优势的社会名流，不会从占支配的地位被拆换下来，相反，旧统治阶级中当权人物又都出现了”[②]。从表4—3看出，民国政府中的人员，大多都是逊清遗老，在逊清任过职，为其效过力，其比例高达88.6%，而未在前清任职的新派官员只有19.4%。这些在民国政府任职的前清官员，多出生于19世纪60—80年代，大多受过为准备科举考试的正规教育，读的是儒家经典，或接受经典教育后，又接受新式教育，或出国留学。他们在政治上一般是采取保守主义的观点，对于宪政，他们是勉强接受或被迫接受。时间越往后，留学国外的人越多，他们逐渐倾向于抛弃中国的传统，照搬外国的思想和社会时尚，采取“中国无一是处，西方一切都值得仿效”的观点。[③] 不管怎么样，就是在民国成立多年以后，这些人多少都和清朝有过千丝万缕的联系，尽管有的人之后走上了反清的道路。这也说明，一个政权的建立，不可能立即脱离与前朝的联系。袁世凯为什么在当初不愿意离开北京到南京就职，除了他不愿到他控制不了的、不熟悉的环境外，主要在于北京旧都一切都在他的掌控之下，包括那些机构和人员。再就是，从清朝向民国过渡，沿用那些旧机构和旧人员，可以节省大量的“建国”成本。这对于刚刚建立的、在财政上毫无经济基础的、捉襟见肘的民国来说，是必要的和可行的。民国如果建都南京，将会遇到不可想象的经济和财政上的困难。

而民初内阁成员中未在清末职场就职者如陈其美、顾维钧、黄炎培、李书城、刘揆一、马君武、马叙伦、宋教仁、王宠惠、于右任、张耀曾、

① 费正清：《剑桥中华民国史》，中国社会科学出版社1993年版，第252页。

② 同上书，第203页。

③ 同上书，第252—253页。

章士钊者人数很少。官场中旧人太多，他们的思想仍以旧传统为范畴。[①]这不免将清朝官场的遗毒遗传下来。比如明清以来官场一直存在的潜规则"陋规"便是如此，还大有市场。"收受'回扣'及其他类似的报酬，是中国官吏与外国政府、外国银行、外国公司以及内国银行公司成立任何合同或协定时之一般习惯。"[②] 袁世凯、黎元洪及那些军阀不用说，唐绍仪、罗文干、章宗祥、王克敏、卢信等人都是家财万贯，其中一途便是利用职权，收取"陋规"，中饱私囊。[③] 官场上的投机钻营、强取豪夺、任人唯亲等都普遍存在。革命宣告了从帝制到民主共和的跨越，清末官员包括皇室人员并未因此而绝迹，反而遗留了下来，有时还翻起巨浪。有史料记载，1913 年 2 月 15 日是废清隆裕太后之"皇寿"日，这天袁世凯派总统府秘书长梁士诒持"国书"往贺，而清室居然也以"国书"作答。袁还命国务总理赵秉钧率全体国务员以外国使臣礼往贺，行三鞠躬礼。6 天之后的 2 月 21 日，隆裕太后去世，黎元洪副总统发去唁电，清室居然以"大清皇帝暨王公大臣"名义复黎唁电，袁世凯也黑纱缠臂以寄托哀思，并下令全国下半旗一天，文武官吏服丧 27 天，报丧的电均由国务员代发，文中均"大清"的字样。2 月 28 日，全体国务员又往致祭，行三鞠躬。3 月 19 日，在太和殿举行国民公祭大会，主祭总代表即为参议院议长吴景濂。到释服期，军界又举行全国陆军哀悼大清隆裕太后大会，领衔的是辛亥年领衔劝退的段祺瑞。对此，张勋在通电中称之为"国丧"，并说"大总统及政府诸公皆清朝二百余年来之臣子"。庆亲王奕劻的儿女亲家孙宝琦也向灵前行三鞠躬，结果被前清遗老梁鼎芬和劳乃宣奚落一顿。[④]

这样的人员构成和这些现象的存在给新生的政权添附了沉重的传统负担，对民国的新制度产生了严重的腐蚀作用，束缚了新生的民主政权。这可解释为民国反复出现帝制复辟的不可忽视的重要原因之一，也是导致民初内阁制度变异之重要原因。

但是，在民初内阁政治实践中有一种现象，犹如张朋园所说："早期

---

① 张朋园：《梁启超与民国政治》，上海三联书店 1913 年版，第 1 页。

② 雪：《金佛郎案》，《现代评论》1925 年第 1 卷第 2 期。

③ 段祺瑞是例外。张耀曾这位数次起落于司法总长职位的"不倒翁"，居然在离休后穷得叫苦连天。

④ 陶菊隐：《督军团传》，文海出版社 1978 年版，第 1—2 页。

的功名士绅其传统儒家背景并不完全阻碍民主政治的发展，反倒是新式教育下产生的精英，未必都是民主政治的斗士”，[①] 有的甚至成为专制集权的帮凶。这不能不引起我们的深思。

四　民初内阁成员群体社会关系之分析

民初内阁成员群体之社会关系可谓极为复杂。比如：有姻亲关系的，如唐绍仪与顾维钧、施肇基是翁婿关系；段祺瑞与吴光新、孙宝琦与颜惠庆是郎舅关系；张绍曾与吴佩孚、潘复与靳云鹏是儿女亲家；段祺瑞与许世英、吴佩孚与蔡成勋、潘复与靳云鹏是结拜兄弟关系；有同学关系的，如范源廉与曹汝霖是留日同学，张绍曾与蒋雁行是日本陆军士官学校第一期同学，贾德耀与吴光新是日本陆军士官学校第三期同学，梁启超与梁士诒是广州青云书院同学，靳云鹏与吴光新是北洋武备学堂同学，段祺瑞与王士珍是北洋武备学堂同学，王宠惠与王正廷是耶鲁大学校友。还有因地域结成的同乡关系，如贾德耀与吴光新是安徽合肥人、潘复与靳云鹏是山东济宁人、陆征祥与颜惠庆是江苏上海人。此外还有僚属关系的，如段祺瑞与吴光新、靳云鹏。

从上述可看出，民初内阁群体就是由各种各样的关系构成的一张关系网。这些关系在民国人员任用上，产生了巨大的作用。比如：张绍曾就是靠袁世凯的庇荫当上陆军大臣，民国成立后，袁世凯又委以重任，让他出任民国第一任绥远将军，镇抚边疆。吴佩孚与张绍曾是知己莫逆、拜把子兄弟、儿女亲家。这样积累崇高的资历和威望，再加上滦州兵变的影响，他又是亲保派，以后得以被黎元洪提名当上民国总理。

梁启超虽具有新思想，但在担任司法总长后，也有许多同学、亲友来向其求官，其师傅康有为也向其施压，要其安排同学职位，并特别指定要让草堂同门徐勤做广东省民政总长，推荐伍庄为广东省内务司长。梁启超不得不做一些安排。在此情况下，梁启超也逃脱不了官场任人唯亲的陋习。[②]

---

① 张朋园：《中国民主政治的困境》，吉林出版集团有限责任公司 2008 年版，第 215 页。

② 夏晓红：《梁启超：在政治与学术之间》，东方出版社 2014 年版，第 11、80 页。

顾维钧因受到唐绍仪的赏识，在美国读书时博士论文还未完成，便被唐推荐回国任总统府和国务院的英文秘书。在与唐绍仪的三女唐梅结婚后，即开始在外交部工作，30 岁不到便开始了职业外交生涯，后来还坐上了内阁总理的宝座。

施肇基也是因为年轻之时便被唐看中，目为佳士，期以远大，遂以其侄女嫁给他。施、唐既联姻娅，唐绍仪益善遇之，先后任英美使馆随员，后被保荐为直隶道员，与袁世凯集团建立了密切的联系。民国建立后，唐绍仪出任国务总理，于是便引施肇基任交通总长。

孙宝琦为内阁总理之时，因颜惠庆是其妹夫，遂邀颜出任外交总长，但前任外交总长顾维钧少年持重，深得曹锟信任，曹锟宁可放弃孙宝琦，也一定坚持要由顾执掌外部，孙宝琦只得将颜惠庆改任为农商总长。

段祺瑞是合肥人，与其家乡有政治活动能力的人很接近，合肥出身的子弟具有浓厚的地方主义色彩。段祺瑞为了在政治上处于有利地位，通过同为合肥人的王揖唐等人组织安福俱乐部，并通过安福俱乐部控制了 1918—1920 年的国会。1924 年 11 月，段祺瑞复出并就任中华民国临时执政，转年便特任其妻弟、同为合肥人的吴光新为陆军总长，毫无避嫌之意。

陆征祥与颜惠庆既是同乡关系又是朋友关系，颜惠庆是陆征祥的四大密友之一。1910 年，陆征祥从海牙回到北京，以清政府出使荷兰大臣的身份与荷兰驻华公使贝拉斯谈判两国互设领事的条约。颜作为外务部的代表亦参与此次谈判，并与陆一见如故。两人同乡，又都笃信基督，长期的国外生活使他们有很多共同的语言。1912 年陆在被任命为外交总长后，立即想到老乡颜惠庆正可倚重，并极力推荐，使颜惠庆得以顺利留任。1913 年春，颜又经陆的推荐，出任中国驻德、意、丹三国公使。1920 年 8 月，靳云鹏二次组阁之时，周自齐出任新内阁的财政总长，陆征祥被任命为外交总长，但陆因为身体健康原因，拒不到任，于是周自齐和陆征祥都向靳云鹏推荐颜惠庆，8 月 11 日颜惠庆受命署理外交总长。

再以段祺瑞与许世英为例。袁世凯镇压二次革命后，派熊希龄组阁，许世英辞去司法总长职，经张锡銮推荐任奉天民政长。这时段祺瑞有意结交同为安徽人的许世英，在出关前，特邀他至段府，结拜为盟兄弟。这次拜盟，对日后政治上的紧密结合，有着相当重要的作用。就是在袁世凯死后，段祺瑞执掌阁揆，随即引许世英掌内务。1924 年 11 月，段祺瑞出任临时执政，转年便任用许世英为国务总理。

还有，潘复与靳云鹏是结拜兄弟的关系，同时还掺杂了同乡、姻亲等关系。潘与靳同为山东济宁人，后来又结为儿女亲家。此外，还有一层更为特殊的关系，昔日靳母因家境困难，曾作过潘复的奶妈，从小抚育过潘复。1914 年靳云鹏加封泰武将军衔，督理山东军务，潘复乃登堂拜母，视靳云鹏的母亲为亲生母亲一般，出入靳家如同自家，与靳家兄弟结为异姓昆弟，从此两人在政治上的合作便日趋紧密。1919 年 11 月，靳云鹏受徐世昌之命组织内阁，推举潘复做财政次长，并步步登高，不久就担任了北京政府的代理财政总长。1920 年 8 月，靳云鹏在其亲家张作霖的推荐下，再度组阁，潘复仍为财政次长，并兼盐务署署长。而当潘复做了国务总理以后，便有了"一个妈妈，奶出两个总理的讹传"。

对民初内阁成员群体之间的社会关系，有西方学者分析说，北京政府的组成，实质上是派系在其中起作用，而每个派系又以一位特定的领袖人物为中心，由其吸收那些忠诚的追随者而组成。这些政治领袖在组成这些派系时，都特别注意那些在工作上能干、在政治上积极可靠、有前途的人。中国社会是由父子、君臣、夫妻、师生的关系网所构成，信任与自己有确定关系的人，比信任仅仅是相识的人要安全得多。即使是关系疏远，也有助于建立交往的稳定性。在中国，血亲或姻亲关系、同乡关系、同学关系、师生关系、金兰结义的兄弟关系构成一个关系网。①

民初，在民主制的新外壳下，传统社会的人际关系在政治生活中仍然起着举足轻重的作用。"以广泛的关系网为基础，杰出的政治领袖人物，在其身边集结一批精明、称职而忠诚的追随者，组成派系。在由共和宪法规定陌生的社会中，这些政治领袖们，越来越依赖其派系继续展开政治活动。"② 这样的社会关系是与现代民主政治严重不符的。现代民主政治要求任人唯贤、唯能，而传统专制政治、宗亲社会采取的是任人唯亲，讲究的是裙带关系，通过这种血缘、裙带关系来维系社会治理与统治，实际上是一种人治社会，这种制度是靠不住的。正因为这种严重的裙带关系，导

① 费正清：《剑桥中华民国史》，中国社会科学出版社 1993 年版，第 264—265 页。

② 同上书，第 265 页。

致民初民主政治难以为继，偏离了民治宪政的轨道，发生变异，衍生为军阀政治、官僚政治。

拙著对民初内阁成员群体之分析，有助于我们对内阁成员与民初内阁制度的关系的了解，包括内阁制度的引进、设置、执行、更迭及变异等。制度离不开人，人是制度的制定者和执行者；制度是人的影子，其执行状况受人的影响。民初内阁制度是当初人们的理想，但最终在实施的过程中被侵蚀，变异，直至走向失败，不能说与这些体制内的阁员们没有关系。

第三节　内阁制度的消亡与“党国体制”的确立

专制主义接过民主的旗号，像演戏一样，把民主的主要节目，如选举、制宪等都表演一番。这种假民主比对民主的镇压更加危险，它对民主制度的建设和发育有更为长远、更为巨大的危害。从清末到民国，民主的实践可谓一个接一个，也没有建立起真正的共和国，反而使中国的政治乌烟瘴气，民主成为专制主义的工具、旗号或点缀品。这种情况导致中国人对西方民主逐渐失望乃至绝望，内阁制在中国的命运最终归于失败直至消亡，有识之士纷纷另寻他途以求救国救民。

一　内阁制度的消亡与“党国体制”的确立

内阁制自移植到中国开始，命运多舛，多有不济。到20世纪20年代中期，段祺瑞任中华民国执政时，内阁制从实质到形式，都没有了。

从实践上来看，为防止袁世凯，《临时约法》规定了责任内阁制，但从一开始，内阁制就没有得到较好地执行。第一任内阁总理唐绍仪在袁世凯的干预下被迫辞职，此即不祥之兆，预示其将来命运。到赵秉钧内阁时，责任内阁和政党内阁制度已名存实亡，不再具有独立性，这样在经历了“混合内阁”—“超然内阁”—“政党内阁”—“纲要内阁”[①] 的过

① 熊内阁制定了一大批有关内政、外交、实业、军事的实施纲要，故称。

程，袁世凯当上正式大总统后不久，最终消灭了内阁，[①] 内阁制就寿终正寝了。[②] 袁薨黎继，恢复内阁制。到1924年11月，段祺瑞就任中华民国临时执政，下令章士钊查办贿选议员，取消法统，解散国会。[③] 到1926年8月15日，国会议员被遣散，国会至此完全消灭。应该说，内阁制作为制度，在实践上至此消灭。也有学者认为，内阁制一直延续到民国十六年即1927年或1928年，[④] 将张作霖军政府的崩溃、南京民国政府的建立作为内阁制消亡的标志，从形式上来讲，也未尝不可。

从制度上来看，《临时约法》确立了责任内阁制，袁世凯对此耿耿于怀，竭力破坏、践踏，以《袁记约法》取代《临时约法》，以总统制代替内阁制，中央权力按照一元总统制的模式运行，并使袁世凯走上帝制的黄泉不归路。但袁死后，内阁制又得到恢复。1917年6月12日，张勋复辟，黎元洪被迫下令解散国会。而“国会自二次恢复，以贿选之秽行，贻宪法之污点，深为当世所诟病”，“世界大多数国家所采用之代议制度，在中国已告失败”。[⑤] 为什么？因为：“这个十三年的国会，已经把国人对于议会制度的同情心，毁灭殆尽。”[⑥]

当时中国的知识精英对曾经顶礼膜拜的议会制度及其缺陷已有了较清醒的认识，失去了信心。如有人认为：“议会政治之在欧美，本为资本主义之残余物，而有不适时代要求之趋势。然在吾国，颇有谓产业革命之期今尚未至，而欲保持其物以为实现民主主义之手段者”，指出“吾国试行议会政治之成绩，实今后改造方针之借鉴”，并认为，议会政治在中国的失败，有外力压迫、制度不良的因素，但主要的还是内部的因素造成，如内部分裂，人浮于事；洪宪时代的政治会议、安福时期的新国会等都有负

① 徐矛：《中华民国政治制度史》，上海人民出版社1992年版，第53—54页。

② 罗孟浩：《论责任内阁制》，台北中华文化出版事业委员会1958年版，第219页。

③ 不管在《民国以来内阁之更迭》中认为民国内阁到段祺瑞就任民国临时执政，内阁制就没有了。《新青年》1940年第11期。

④ 张朴民认为内阁制一直延续到民国十六年国民政府在南京建立。见《北洋政府国务总理列传》，台湾商务印书馆股份有限公司1984年版，第6页。而费正清认为：“当国民政府的军队1928年6月8日，进入北京时，中国的议会民主实验结束了”。见《剑桥中华民国史》，中国社会科学出版社1994年版，第276页。

⑤ 谢振民：《中华民国立法史》，中国政法大学出版社2000年版，第177页。

⑥ 雪艇（王世杰）：《非常国会的消息》，《现代评论》第1卷第5期，1925年1月1日。

代表人民之名义，将立法机关视为不去不快之大敌。“现在，我国工商业虽未发达，而武人政客与投机商则已打通一气，而有并吞政治事业与经济事业之形势。此辈出其羡余，何难买收议会为己用？是将来议会政治而果能实现，其必至为资本利益之代表而于全体国民之幸福无与，又无可疑议也。”[①] 北京政变以后，曹锟总统被废，国会在事实上已不存在，南下的议员大多数在天津和上海领取南下费、豢养费，当时即有学者认为，“南北两方所用的款项同是收买议员的贿赂，南下议员和北附议员同为受贿议员”，“自然没有什么‘贿选’没有什么‘守正’的区别了”，“中国这种长期不倒的八百人，不但在时间上已经失去代表的本意，就是在实际上也离开代表的本意万里。他们只是权斗的‘食客’，只是势力的‘寄生虫’。他们不仅不能代表人民，而且还要代表军阀来陷害人民”，严格地说来，“中国人民久已无代表，非代表就是非议员。以非代表盘踞国会机关，更是不法的行为”。[②] 这些议员“只知利禄，不要人格。”[③] 梁启超也说：“国会价值被议员辱没透了，国人对于国会的信仰已经一落千丈”，国会只是聚着一群靠政治吃饭的挂上一个头衔的无业游民。[④] 在段祺瑞临时执政府（1924. 11. 25—1925. 12. 26）垮台以后，“所谓中枢政制势必另辟一个新局面”，“一任二三得胜军阀支吾揖让于其间”，但对此政治局面“吾国人民袖手观变”，“而人民漠然视之，丝毫不感痛痒焉”，此为“吾国政治体系虚伪已达极点之明证”，此时“人民在日常生活上已不感中央政府之需要”，“中国之现状，非形式主义之民治论所可救药”，无论是非常国会议员还是贿选议员，“尽为无聊妄人”；国会号称立法机关，“唯见与行政部门拳来脚去，眉来眼去，非相捣乱即为勾结，国民厌恶已非一日矣”，对西方的代议制度，不仅中国志士已表失望，就是欧美学者近来也常言代议制度在西方已有破产之趋势，为此在中国更有“琴弊更张、车弊易辙”之说。为了建立良好的中国政治，“今后论政之士”，诚“固宜别有深透之观察，形式主义之民治论固已此路不通”[⑤]。到 20 世纪 30 年

---

① 坚瓠：《议会政治之破产》，《东方杂志》1920 年第 18 卷第 23 期。
② 高一涵：《国会问题》，《现代评论》1924 年第 1 卷第 2 期。
③ 希贤：《两栖议员一览表》，《孤军》1922 年第 1 卷第 1 期。
④ 梁启超：《梁启超全集》，北京出版社 1999 年版，第 2983 页。
⑤ 布雷：《此后之中枢与国会》，《国闻周报》1926 年第 3 卷第 16 期。

代，更有人指出内阁制已经衰败，提出要改造它。[1] 孙中山也认为“现行代议制度，已成民权之弩末”[2]，已走到了历史的尽头，中国的“代议士，都变成了‘猪仔议员’，有钱就卖身，分赃贪利，为全国人民所不齿……大家对于这种政体，如果不去闻问，不想挽救，把国事都委托到一般‘猪仔议员’，让他们去乱作乱为，国家前途是危险的。所以外国人所希望的‘代议政体’，以为就是人类和国家的长治久安之计，那是不足信的”[3]。

而此时有识之士看到了中国政局之乱象：“世变仓皇，民情阢陧。一般猪仔议员、阴险政客，唯利是图，廉耻尽丧。环顾全局，弥觉可叹”，将民国比作兽国，将大总统、内阁总理等内阁阁员分别比为狮、猴等一般野兽。[4]

鉴于国内政局之乱象，也因为对代议制、内阁制失去了信心，孙中山等一派先进分子在经历了护法、护国运动的接连失败以后开始思索解决中国问题的根本途径，认为西方的责任内阁制类的议会制也不能解决中国的问题，必须另寻他途。俄国十月革命的成功给了孙中山巨大启示，他派蒋介石到俄国考察，知道了红军的组织和共产党的纪律，抛弃了《临时约法》的责任内阁制，转变观念，追求强力政府，提出了与总统制具有相同价值取向的“党国体制”。这是一种“以党治国”、一党专政的威权主义模式，“从兹中国将由法治递嬗于党治”，[5] 且“将党放在国上”。[6] 不久国民革命军北伐，推翻了北洋政权，建立国民政府。“国民党夺得政权之后，大搞威权主义，终止了民国以来的地方议会，议会的火种宣告熄灭。”[7] 到1928年8月，掌握国家政权的国民党召开二届五中全会，通过了《中国国民党训政纲领》，正式确立了“党国体制”，它决定，在训政时期由中国国民党全国代表大会代表国民大会领导国民行使政权，中国国

---

① 方亚雄：《议会制度的衰颓及其改造》，《国立中央大学半月刊》1930年第1卷第1期。

② 《中国国民党宣言》。

③ 《孙中山选集》下卷，中华书局1982年版，第721—722页。

④ 琴西佛隐：《百兽内阁表》，《红杂志》1923年第2卷第63期。

⑤ 谢振民：《中华民国立法史》，中国政法大学出版社2000年版，第177页。

⑥ 李剑农：《中国近百年政治史》，武汉大学出版社2006年版，第472页。

⑦ 沈晓敏：《处常与求变：清末民初的浙江谘议局和省议会》，三联书店2005年版，第384页。

民党全国代表大会闭会时将选举、罢免、创制、复决四项政权托付给中国国民党中央委员会执行之，其实质就是由国民党包办全国政权和治权。1931 年 5 月，国民会议召开，通过了《中华民国训政时期约法》，用根本法的形式肯定了“党国体制”，其第 30 条规定：“训政时期，由中国国民党全国代表大会代表国民大会行使中央统治权。”“此项约法经国民大会通过之后，则理论上党治原则已经国民正式接受；民党政权在训政时期可以益形巩固矣。”[①] 至此可说，《中华民国训政时期约法》才使责任内阁制从制度上消亡。

尽管 1946 年宪法草案曾拟定，中央政制采取内阁制，但后来又将立法院提出不信任案权及总统解散立法院权删去，“全部精神为之一变，已失去内阁制之本质”[②]。这表明，在 20 世纪 30 年代以后，中国还有人想在中国实行内阁制，这只不过是一种回光返照而已，其消亡的命运已不可逆转。

南方的以孙中山为代表的国民党的革命实践，其权力运作方式无论是“大元帅制”“军政府制”，还是“党国体制”，和北洋政府的体制如出一辙，可谓殊途同归。从宪政的角度来看，“党国体制”是中国宪法文化的一次更新，是个人集权向集团集权的转变。说到底，它是对共和体制的倒退，是对传统权力运行模式的回归，是一种集权体制。

二 “党国体制”确立的原因

党国体制就是政党凌驾于国家政治生活的上位，公共行政是党务的副产品，党权高于一切，在党国体制下，就人治与法治的关系而言，人治高于法治，法治是人治的附属物，政党直接领导行政，两者完全融于一体，没有联系的中介。它在意识形态上强调“党在国上”的理念，党就是国，甚至大于国。党国一体的政治体制是西方民主政体的变种，也就是“民主集权制”，即：党的权力主要集中于各级党组织而不是个人，由党员选出的各级代表大会是各级党部的最高权力机关，由代表大会选出的各级执

① 陈茹玄：《中国宪法史》，台北文海出版社 1987 年版，第 192 页。

② 同上书，第 275 页。

行委员会是执行机关，采取合议制的议事原则，防止集权于个人。[①]

国民党一大闭幕后，几乎完全采取苏俄布尔什维克党之组织，其最高权力机关为全国代表大会，实为中央执行委员会。1925 年 7 月 1 日，国民政府成立，颁布《中华民国国民政府组织法》，规定国民政府受中国国民党指导与监督，负责全国政务。国民政府之组织，采取一权制，所有立法、行政、司法、考试、监察各权，并非独立行使，亦未分设机关。全国统一后，“中国国民党厉行党治，因之中华民国立法权，亦大多由党行使，并未成立立法机关。中央执行委员会，为国民党全国代表大会闭会期间之最高权力机关，凡关于国家根本组织之法，及最重要之法……均为该会所通过。政治委员会或政治会议，为国民党特设之最高政治指导机关……以国民政府既行一权主义，则关于政治之指导，似无分于行政与立法，故实际上议决之法律甚多。……党治初期之法律，故大多数由中央执行委员会，与政治会议或政治委员会制定；但国民政府间亦草拟法规……至十七年二月二十二日，中央政治会议第 129 次会议决议，一切法律概须由政治会议议决，凡经政治会议议决之法律，概称某法。国民政府及其所属机关仅得制定关于实施法律之规则，此规则谓之条例”。“中央执行委员会亦于十七年三月一日，第 119 次会议通过《中央政治会议暂行条例》5 条，其第三条有‘法律问题经中央政治会议议决’之规定。从兹立法有一定之程序，而中央政治会议，亦俨然为党治下行使立法职权之机关。”[②]民国十七年 8 月国民党举行二届五中全会，十七年 10 月遵照第五次全体会议决议案，召开第 172 次常会，制定和通过了作为训政时期根本法的《训政纲领》和《国民政府组织法》。《训政纲领》规定，在训政时期，由中国国民党全国代表大会代表国民大会，领导国民行使政权，国民党全国代表大会闭会时将政权付托给中国国民党中央执行委员会执行。《国民政府组织法》规定国民政府行使治权，以五院组织之。关于国民政府之职权，虽然实行的是五权制，似仍为一权主义。因为国民政府之公布法律、发布命令，必经国务会议议决，是五院职权内之事项，仍须经国务会

① 谢振民：《中华民国立法史》，中国政法大学出版社 2000 年版，第 199 页。

② 同上书，第 210—212 页。

议为最终之决定，由此看出显然不是五权分立主义。[①]“此等组织，似不能表现民治精神，有类于党之御用机关。”[②]实际上“政权”“治权”均集中于国民党及其中央机关，党治的结果是导致个人独裁。

那么，为什么要采取“党国体制”？这是一个较为复杂的问题。

党国体制实际上是一种集权体制，其观念渊源于深层的集权主义政治观念之中。从秦始皇以来的历朝历代无不实行这种集权主义政治，这种惯性一直沿袭下来，就使民初实行的内阁制也体现出集权的色彩。这是深层次的原因。

而直接的原因在于，前已述及的人们对源于西方的代议制、内阁制失去了信心，因为它实施了十多年不见成效，反而使中国政治乱象频出，解决不了中国的问题。更由于“第一次世界大战以及西方自由派人士在凡尔赛和会上表现出对待中国人的那种不公正，似乎使中国人明显地看到了西方文明的缺陷，致使国民党偏离了孙中山早期更为开通的理想。……许多中国人都明显地感到更直接地过渡到完全的民主，做起来是有实际困难的。这些困难使得放弃自由主义的理想更能为人接受，至少在短期内是如此”[③]。

二次革命以前，孙中山对英、美政党政治是极力推崇的，并把它作为中国效法的对象，对宋教仁的组建国民党、组建责任内阁是大力支持的，但结果让孙中山痛心不已，于是孙中山决定重组革命党。1914 年 6 月，孙中山组建中华革命党，宣布在宪法颁布前一切军国庶政悉归中华革命党党员完全负责。

1914—1918 年发生的欧战是世界历史的一个承上启下的转捩段落，中国人从此开始反思以前对固有文明的一概排斥是否正确，同时也开始把目光投向新的选择。而苏俄革命的成功给了孙中山很大的影响，并从中得到启发，他决心学习苏俄的建党及“党治”的模式。“国民党在 1927 年掌权时，是按照孙中山 1925 年去世前不久所设计的政治纲领行事的。这个纲领主张依照苏联模式建立一党制下的‘民主集权制’。因此，国民党

① 谢振民：《中华民国立法史》，中国政法大学出版社 2000 年版，第 273 页。

② 同上书，第 219 页。

③ ［美］吉尔伯特·罗兹曼：《中国的现代化》，江苏人民出版社 2005 年版，第 239 页。

的民国……是从西方民主的宪政共和体转变到理想上的更为统一得多的国家政体，只在表面上是民主的，要到将来“训政”时期结束之后才建立完全的宪政民主。”[①]

正如刘伟教授所说：“民国初年的民主进程，走过了一条从移植议会民主制度转向通过国民党一党集权走向宪政的道路。……（直至）国民党用一党操纵的‘代表制’取代了代议制，民国时期的政治发展实际走上了从集权到极权的道路。”[②]“党国体制”的确立使责任内阁制被彻底解构，又使中国传统的一元主义政治文化被赋予了新的含义，即从个人集权转向集体集权，基于皇帝个人的一元主义政治文化更新为集权政党的一元主义。

---

① ［美］吉尔伯特·罗兹曼：《中国的现代化》，江苏人民出版社2005年版，第239页。

② 刘伟：《民初知识分子对议会政治的反思与建构》，《史学月刊》2005年第1期。

第五章

民初内阁制度之评析

中国的责任内阁制是中国近代以来探索救亡图存道路的产物，是中国政治近代化的结果。政治近代化就是民主化，这是近代以来的大势所趋，而民初的政治近代化则选择了内阁制。作为舶来品，内阁制在中国的实践及其命运，引起了人们广泛的思考。

第一节　民初内阁制的合法性及其缺陷

一　民初内阁制度的合法性

何为“合法性”？所谓“合法性”即是一种信念，它认为某个决策系统是正确的、正当的，并在道义上服从该系统之决策。任何决策系统的合法性不仅取决于该系统满足社会公正需求的有效性，而且取决于该系统的决策规则与社会公众价值信仰的一致性。而政治上的“合法性”就是符合多数人的意志，表现为“议会的代表观念为其合法性提供了有力的理论依据”。近代以来，议会是法定代表的机关，一般是通过选举产生的，是公共利益的决策场，是共同体意愿的体现。议员为着公共福利或者国家利益，非为着自己的利益参与到国家政治生活中，议会因其成员代表了社会不同的群体和等级，被认为代表着社会共同体的政治权威，正因为如此，议会才具有合法性。议会代表了全体人民的意愿，得到议会的同意就被视为得到了整个共同体的同意，议会的意志就是整个国家的意志。[①] 根据近代以来确立的民主观念，"主权在民"，国家的权力属于人民，人民即是主权者，国民全体或国家是权力的主体，是权力的最高所有者。[②] 议会是选举产生的行使国家立法权的机关，体现了民主，民主是合法性的基础。

要体现合法性，议会就必须囊括国内所有强大的政治势力的代表，由这些代表在议会通过讨价还价而形成反映各个势力共同利益的决议或法律。如果有一种或几种强大的势力被排斥在议会之外，则议会的法令对于这些没有参加协议的势力就没有约束力。由于这些势力的抵制，议会的决议或通过的法律就会成为废纸，议会制度也就无法正常运行，其合法性也就没有了。民国初期的第一届国会尽管一再受到北洋派的打击，但一直享有公认的合法性。因为各个政党都承认竞选的结果，而此前的公开的、合法的竞选方式也得到了各个政党的接受和采用，国会选举是一次合法的选举。而此后的国会却因为并未真实反映当时的力量格局而成为非法。

合法性问题早在民国成立之初就出现了。就《临时约法》的制定机关来说，其产生缺乏民主的形式。因为南京参议院只能代表多数省份，而未能代表全国，该院的代表只是各省都督派遣的代表，而非国民所选举。[③] 因为无论各省都督代表会议还是临时参议院，均由独立各省都督所派代表组成，[④] 并非民选代表机关，《临时约法》与《组织大纲》一样均由缺乏民主性的机关制成。[⑤] 更为重要的是，南京临时参议院从组成人员上看，并未能接纳各个阶层的代表。南京临时参议院的参议员有40多名，其中，资产阶级革命派约有30人，占总数3/4以上，立宪派不到10人，即不到总数的1/4。因此，由革命党人为主体的参议院所通过的《临时约法》固然在内容上可能具有一定的先进性，但却非社会

① 张睿丽：《议会政治与近代中国政治变迁》，中国社会科学出版社2009年版，第38—39页。

② 王世杰、钱端升：《比较宪法》，中国政法大学出版社2004年版，第53页。

③ 同上书，第371页。

④ 《中华民国临时政府组织大纲》第八条规定："参议院以各省都督府所派之参议员组织之"，第九条规定："参议员每省以三人为限，其遣派方法，由各省都督府自定之"。

⑤ 罗志渊：《论责任内阁制在中国的发展》，《宪政思潮》（季刊）1972年1月第17期。

各阶层的共同讨论和妥协的结果。[①] 故其制定机关本身的代表性、合法性是令人质疑的。

尽管如此，《临时约法》在民国初期没有被怀疑过，一直被奉为国家的根本大法而成为法统，成为判断合法与非法的根本标准。谢振民认为，宪法未制定实施以前，《临时约法》“效力与宪法等，惟其制定机关，为南京参议院；参议员由各省都督派遣，并非由国民选举，虽足以代表多数省份，究未能代表全国，殊有违背民主主义之精神。但就事实言，当时参议院虽非国民代表机关，实可代表一切革命势力。该约法经过合法审议程序，无威胁利诱情事，得全体议员表示同意，一致可决，故其效力权威，在吾国其他诸宪法之上”[②]。王世杰也认为：在中华民国前20年的政治史上，“临时约法所获得的权威仍然在一切其他宪法之上，这却有其他原因。一则南京参议院在形式上虽然不是一个国民代表机关，事实上却确确实实可以代表当时的一切势力。临时约法最终通过该院的时候，曾经议员全体一致同意。二则威胁利诱之事虽然迭见于后来的国会及其他制宪机关，南京参议院的工作，则幸无此类情事损其威信”[③]。因此，《临时约法》成为国民党之圭臬、民国之法统，与之相违者均为非法。

既然《临时约法》乃国民党之圭臬、民国之法统，那么约法所规定之内阁制当然具有合法性，此即为民初内阁制合法性的来源。根据《临时约法》，国务员职在辅佐大总统，但以总统名义，推行内阁之政策，须负政治上之实际责任（第44条），“国务员对临时大总统提出法律案，公布法律，及发布命令时，须副署之”（第45条），且“国务员及其委员得于参议院出席及发言”（第46条），以说明其政策。反之，如“国务员受参议院弹劾后大总统应免其职；但得交参议院复议一次”。据此，国家政体实行责任内阁制，内阁是国家最高政治决策机关，也是最高行政统帅机关，为国家行政权力之中枢。内阁行使各种职权的组织被称为国务院，元首处于无实权的虚位，由内阁代替元首对国会负实际的政治责任。这是《临时约法》对内阁制的规定，是内阁制之法律渊源，也是内阁制之本

---

① 音正权：《〈中华民国临时约法〉的主要缺陷》，《政法论坛》2000年第6期。

② 谢振民：《中华民国立法史》，中国政法大学出版社2000年版，第305页。

③ 王世杰、钱端升：《比较宪法》，中国政法大学出版社2004年版，第372页。

义。由于内阁具有合法性，所以，内阁一旦组成，即作为正统的合法性来源，就成为民国政府的最高行政机构，掌握着中央财力的分配权和各省省长、地方督军、巡阅使的任命权，于是成了军阀竞相角逐的对象，他们利用内阁的“合法性”来为自己谋取私利，成为被利用的工具。相互的争夺导致了内阁的不稳定，合法性也就被打破。

二　民初内阁制度的缺陷

作为一种国家政治体制，西方文化中的责任内阁制主要体现在国家的两个组织机构——议会与内阁的制衡关系上。法国学者狄冀说：责任内阁制“主要取决于国家两个组织机构——国会和政府的平等，取决于他们在国家生活中的紧密合作，取决于他们为了互相约束而对对方施加的影响。这种两个组织机构的合作和必须实施的相互影响由国家机器中最主要的部件——部长会议或各部或内阁来确保”①。

内阁制作为一种政体，是相对于总统制而言的，也称为议会内阁制，它是指内阁由在议会选举中获多数席位的政党组成、由多数党领袖任内阁总理并对议会负责的政治体制，所以又称为责任内阁制。其特征在于以内阁代替元首对议会负实际的政治责任。因为由内阁负责，所以元首发表之公文书，必须经国务总理及阁员副署，始生效力，副署即为负责的表示，没有副署则无从负责，所以副署视为内阁制的灵魂。② 革命党人当初设置内阁制的本义就是制约元首的权力，“期望在将来战斗制胜的工具，就只有临时约法上的责任内阁制”③，以保卫民国的胜利果实。尽管这种设置符合内阁制的规则，但显示出一种“因人立法”的政治实用主义、工具主义的价值取向。

民初责任内阁制存在以下几个方面的缺陷：

（1）在内阁制度中，元首虚位，“统而不治”，不负实际责任，国会中多数党领袖担任内阁总理并组阁，掌握实权，代元首向议会负实际的政

① ［法］狄冀：《宪法学教程》，王文利等译，辽海出版社 1999 年版，第 158—159 页。

② 罗孟浩：《论责任内阁制》，台北中华文化出版事业委员会 1958 年版，第 218 页。

③ 李剑农：《中国近百年政治史》，武汉大学出版社 2003 年版，第 372 页。

治责任，元首公布法令须得国务员的副署。根据民元约法、十二年宪法及元年国务院官制，国务总理在法律上享有下列各种特权：充任国务会议议长；对外代表国务院；得以中止各部总长命令，使其提交国务会议；及元首一切命令必须经其副署。约法规定了副署制度，这是内阁制度的灵魂和核心，但又赋予总统相当的权力，如总揽政务、公布法律、统帅全国军队、任命文武职员等方面的大权，只不过其权力的行使需要国务员的副署。

由于总统、内阁权责规定不完善，约法的规定也有含混与矛盾之处，必会导致双方的矛盾和冲突，双方遵行的不是约法而是实力，谁具有实力，谁在权力运行的过程中就处于优势，呈现出此消彼长的变化规律。最初，习惯于在清廷执掌实权的袁世凯到了当上民国大总统的时候，本来以为可以享受皇上的待遇，没想到，既要受到约法的约束，又要受到内阁控制，甚是不习惯，于是，不甘寂寞的元首就发生了与内阁争权的局面，以至于内阁成为总统的秘书机构，总理成为总统的秘书。内阁本应该是分权的方式和工具，结果却成为总统专制集权的走狗和帮凶。当内阁替袁氏解散国会、除去复辟的所有障碍时，落得兔死狗烹的结局。到帝制失败，国会重开，又回归内阁制时，北京政府以黎元洪来做总统，以段祺瑞为总理，局面发生颠倒性的变化。段祺瑞是北洋实力派的代表，控制各省督军，自然不会听任总统府的摆布，以“责任内阁”的名义，要集大权于一己，将自己主导的国务院变为真正的权力中心，总统成为盖印的工具。此后，府院关系均如此随着各派实力的变化而变化，其演变是传统一元权力结构的结果，导致约法及其内阁制的工具化，直至异化、沦落为确立专制与集权的“合法”工具。

（2）责任内阁制既然规定由国务员代元首对国会负责任，则元首任命国务总理自应事先取得国会的同意，且多由国会多数党领袖出而组阁，元首之任命只是法律上的程序。因此，英法的责任内阁制均以内阁总理取得国会信任为条件。其他国务员，全由总理择人而任，不必取得国会的同意。《临时约法》沿袭《组织大纲》的规定，将对总理及各总长之任命，需要参议院的同意，此乃同意权之规定。从立法者的目的来讲，欲以此来防止总统的专权，善良政府随而出现，这是没有问题的。然而，事实上，不仅不能以此求得善良政府，反而常以同意权问题引出政府与国会的暗潮。如陆征祥组阁时六阁员的同意权问题引起政府中的波澜。既然施行内阁制，则必须顾及其精神。既赋予诸多权力，又对其权力予以限制，这必然导致政权的不稳定。而当时制宪者只想到如何防止总统的专擅，采用了与内阁制背异的制度，此实为不恰当。其实，防止专擅的方法很多，如弹劾、否决法律、否决预算、不信任投票等，任一都可制裁政府。而仅恃同意权，又能在多大程度上制裁政府呢？总之，任命总理，固应得到国会的同意，以表审慎，而其他国务员也须国会的同意，则没有必要了，无形中增加了政府内部之危机。

（3）在采行总统制的国家，立法、行政两权，有着严格的划分，如美国的总统独负行政责任，总统为顾全行政方面顺利计，为防止国会的专横，遂设立了“复议制度”。可是，在采用责任内阁制的《临时约法》中的第 23 条规定：“临时大总统对于参议院议决事件，如否认时，得于咨达后十日内，声明理由，咨院复议，但参议院对于复议事件如有到会参议员三分之二以上仍执前议时，仍照第 22 条办理（即公布施行）。”由此可知规定了责任内阁制的《临时约法》也规定了大总统的“复议权”，这实在是违背责任内阁制的。盖在责任内阁制下，总统的一切命令经阁员的副署，而内阁政策即为国会多数党的政策，阁员亦即国会内多数党的领袖。一切重要法案多由内阁提出，国会与内阁的政策常趋于一致。总统欲否认国会通过的议决案，而求领导国会的内阁之同意以行之，这怎么可能呢？

（4）《临时约法》在政体上规定的是责任内阁制，所以设有总统和国务总理之职位。但《临时约法》又仿照美国制度设有副总统一职。如采美国的总统制，则无须国务总理，如采法国的责任内阁制，则不必设副总统，而《临时约法》兼而有之，这实在是画蛇添足，使民国之政体有点不伦不类，究竟是总统制还是内阁制？且对副总统的职权并没有加以规定，只不过是在大总统因故去职、不能视事时，代行大总统的职权。唯其如是，故在总统民选的国家，选举颇费时日，诚宜设置副座以备急时之需。《临时约法》规定大总统由参议院选举，若遇总统出缺，立时即可选举新总统，无须长期备代的副座。

（5）《临时约法》欠缺内阁制度的两大基石：不信任投票权和解散权。从内阁与国会的关系来看，两者紧密结合，不相分离，立法与行政合而为一，行政对立法负责。国务员俱须为议员且得出席院会并参加表决，得以政府名义提出法律案于议会，预算案必须由政府提出，国务总理及国务员必须得下院多数赞助。内阁及首相由议会选举产生，首相由下院大选中获胜的多数党领袖担任并对议会负责。但民元约法中，议会较为独特，权力过重，缚束政府太甚，尽集主权于国会，大大削弱了总统暨内阁的权力（即国务员之任命亦须经国会之承认），且阁员不得兼为议员，结果使内阁与国会沟通协调不够，反而冲突不断。在内阁对议会负责的问题上，民元约法规定亦不十分明了，其第 14 条所云"国务员辅佐大总统负其责任"一语，词义不免带有几分含糊。①

同时，根据议会内阁制，内阁与议会相互监督、相互对抗、相互制约，内阁必须得到议会多数的信任才能成立，内阁如得不到议会多数的信任，议会（下院）便可否决内阁所提的法律案或预算案或投不信任票促使内阁倒台，此即不信任投票权或倒阁权。为了防止议会滥用不信任投票权或倒阁权，采用责任内阁制的国家，大都设有解散议会权以为对抗。但解散议会权的设置，目的在给予行政机关一个诉诸选民的机会，一方面直接求得内阁与议会间意见的一致，另一方面间接求得内阁与选民间意见的一致。所以，当行政机关与议会多数政见相反、得不到议会多数信任时，虽可行使解散议会权以解散议会，但解散议会后，行政机关不仅要及时举行新议会的选举，而且还要得到新议会多数的信任。否则，内阁不能继续任职而是要总辞职。② 解散权与不信任权具有相互对应的、相互制衡的作用，使行政、立法二权不致出轨、各走极端。代表民意的国会，行使统治权的内阁，如彼此的构想和行为不一致，最好将这不一致的主张和做法，诉诸全国人民，由全国人民来做出裁决。因此，解散国会，是探求民意之所向，为内阁制中表现民意政治最自然最可靠的方式，否则，内阁制即缺乏活力。内阁制是由多数党组织政府，多数党靠众议院中多数议席以维持政权。多数议席的维持，有赖于政党领袖的善为领导，而解散权的作用也很重要。因为解散一次国会，议员多一次竞选的劳累（苦头），自不愿作叛党之念。内阁有解散国会之权，则有促进党属议员团结的意识，而长保国会中议席的多数。所以，解散权具有巩固政府的作用。

---

① 王世杰、钱端升：《比较宪法》，中国政法大学出版社 2004 年版，第 7 页注［1］。

② 同上书，第 303—304 页。

但可惜的是，《临时约法》没有规定拱卫内阁制度的两大基石——不信任投票权和解散权。没有规定不信任权，致使国会将弹劾权与不信任权相混同，国会以弹劾权为利器，滥用弹劾权，有的议员以弹劾权为娱乐品，终日弹劾总理、总长，国会、内阁矛盾不断。《临时约法》第 19 条第 12 款规定："参议院对于国务员认为失职或违法时，得以总员四分三以上之出席，出席员三分二以上之可决弹劾之。"这里，弹劾为法律行为，弹劾之后要进行审判，以确定法律上的责任。而依第 47 条的规定："国务员受参议院弹劾后，临时大总统应免其职。但得交参议院覆议一次"，则对国务员进行弹劾以后，并不进行审判，大总统即应免其职，这就将弹劾权视如不信任投票权了。《临时约法》既然采用内阁制，而又不规定解散权，其后果是内阁和国会的权力不对等，二者不能相互制约，只有国会权力独大，内阁处处受国会的掣肘。正式国会成立后，国民党议员利用其在众议院的优势动辄弹劾阁员，尤其是运用否决权极力反对袁世凯几乎所有的内政外交政策。袁世凯最终借二次革命驱逐国民党议员，解散国会，修改约法。国人此时多将关注聚焦袁氏帝制，认为是袁氏复辟阻挠了《临时约法》的正常运作，而没有认识到《临时约法》的不可操作性。帝制覆亡，国会恢复，但仍处处掣肘，政体缺陷充分暴露，国会弹劾、倒阁政潮不断。当时有舆论评论道："国会内阁仍以短兵相见，神圣之议员似以弹劾阁员及他大员为无上消遣。……复活之国会，绝对不能望其成一严重之立法机关，各议员惟长于破坏而已。……以今日之国会，无论何派组织内阁，不能望其以诚相见。"[①] 只能进一步激化矛盾，引发不断的政潮。

无国会解散权，内阁和议会矛盾凸显，没有任何的调停和缓冲；国会权力膨胀，又很可能会成为众矢之的，造成更大的政局动荡。这被梁启超认为是约法最大的缺陷："临时约法，一方面既不许有解散权，一方面又无不信任投票之规定，而弹劾权之行使又极艰。是使政府与国会，徒互相掣肘，而莫可谁何。立法之拙，莫过于是。"[②] 梁氏特别指出，不规定总统解散权，政府和国会相持，会产生两个极端，"则悍者将如袁氏之激而

---

① 《北洋军阀史料·黎元洪卷》第 11 卷，天津古籍出版社 1996 年版，第 1139—1140 页。

② 梁启超：《中华民国宪法草案》，《宪法新闻》1913 年 8 月第 18 期。

横决；黠者则舞文以遁于法外”[①]，最终徒致约法无任何效力。令人尴尬的是，国会在十余年间三遭武力解散，当然就被斥为非法了。法律的途径没有了，只有走上武力解决的非法之路。

《临时约法》的制定者与国会的议员在政治上是幼稚与不成熟的，他们为了限制袁世凯的专制集权而“因人立法”，完全忽视了立法机关与行政机关之间的制约与平衡关系，致使民国初期的政治制度漏洞百出。再加上民国时代，各级官府均为旧官僚投机分子霸占，各级议事机构里的议员多为各地豪强，道德低下、人格堕落、醉心名利、趋炎附势、佞媚谄伪、贪污腐化而胡作非为，他们是“民之仇、非民之友”，那些议员“强词夺理，来恫吓政府，利用他们久经训练的捣乱手段，破坏和平，以达他们的维持饭碗，借端索诈的目的罢了——这些议员惯于把政变看作他们发财的机会，舞文弄法，淆乱是非，拿法统问题当做敲诈的利器，卖身的媒介”，他们利用“法统问题”把中国政治闹得乌烟瘴气，不见天日，搞得一团糟，国会成为演那强盗分赃不匀的武剧的场所。[②] 这时的民主只是“财主地棍土豪”的民主，没有道德感的民主，对于人民而言，又增加了一批压迫者而已。结果是虚置的议会和议员丧失民心，成为议决脱离人民意志的机关，不得不落下被解散的命运，国家权力沦于军阀控制之中。

导致这种局面的原因在于权力集中。一是表现为以军阀为后盾的行政权独大；二是民意得不到国会的同意，国会与民意分离，主权者与议会分立。

第二节 民初内阁制之变异

一 民初内阁制变异之表现

中国的内阁制是制度移植的产物。由于对内阁制度并没有真正地理

① 梁启超：《与报馆记者谈话二》，1916 年 8 月 16 日，《饮冰室合集·专集之三十三》第 8 册，第 138 页。

② 光一：《国会当然消灭》，《现代评论》1925 年第 1 卷第 2 期。

解，没有考虑是否适合中国国情，这样，责任内阁制及其相伴的一些宪法观念本来是作为强国之策而引入中国的，导致了制度移植鲜明的工具性色彩，没有呈现出与其原生环境一致的状态，反倒加剧了中国政治文化的一元化倾向，传统政治文化在责任内阁制、议会制等宪政文化的名义下得到延续。而责任内阁制也成为各种政治势力实现中央集权而加以利用的理由。这就导致责任内阁制在实践的过程中，发生了诸多变异，直至出现在近代中国政治舞台上最后消亡的历史命运。

（1）元首与内阁争权。内阁制是指由内阁总揽国家权力、由议会产生并对议会负责的政治体制。元首一般是虚位的，只是国家的一个象征，对外代表国家，没有什么实权，其地位是超然的，不参与政争，不偏袒政党中的任何一方。而在民初的内阁政治中，总统不仅参与、卷入政争，而且与内阁争权，大揽其权，将内阁视为古代的阁部。袁世凯、黎元洪、冯国璋、徐世昌、曹锟莫不如此，致使民初的内阁制有名无实，不能真正建立名副其实的内阁制。究其原因，在于元首将自己仍然看作是曾经的皇帝，仍然想手握各种大权，民主的观念并未对这些人产生影响。而他们仍然具有强烈的、唯我独尊的权力意识、家天下的观念，是一元主义的集权的帝王思想在潜移默化地起作用。

（2）国会压迫内阁。在内阁制国家，国会拥有质询权、弹劾权及不信任投票权，以之监督、问责内阁。为抗衡国会，内阁相应地也拥有国会解散权，以使政治体系顺利运行。在民元约法里规定了国会的质询权、弹劾权及法案议决权等权力，但民元约法以及相关法律并没有规定内阁具有英法等国家的内阁拥有的对抗国会的国会解散权。约法明确规定，中华民国参议院作为国民之代表和临时大总统、国务员、法院一起共同行使其统治权，且国会有权否决内阁的法案，有权质询阁员，使之去职，而内阁却没有对抗的武器，只有俯首听命，任由国会摆布，使内阁在同国会的较量中甘拜下风，这是民初法制的缺失。尤其是内阁要对参、众两院负责，若两院意见不一致，则内阁就会陷入进退两难的困境。而事实上，民初国会权重，议员嚣张，难怪袁世凯都说国会专权。1912 年 7 月，内阁总理陆征祥提出六名阁员，被参议院一律否决，表示对陆内阁的不信任。1917 年 5 月，众议院搁置段内阁的对德宣战案，表示对段内阁的不信任。段内阁却无权解散国会，而段内阁也只好倒台。1919 年 12 月，靳云鹏内阁所提教育、农商两总长均被安福国会否决，至靳云鹏内阁瓦解，该两总长也未产生。相反，为对付国会，袁、段只好采用武力，这当然亦属非法，却也是不得已而为之。而国会压迫行政，使内阁无法运行。国会专制，亦非好事。国会专制的事情，可能只是在民国时期才有，那些刚从旧制度下走过来的议员，“矫枉过正”，利用从西方学来的监督机制，大行“民主权力”，力图使内阁成为国会的附属，已走向了民主的反面。

根据内阁制精神，内阁与议会是一体化的，因为内阁由在议会中占多数议席的政党或几个政党联合组成，首相为多数党领袖。但在民初的政治实践中，并非如此。议会及其议员总想利用自己的权力压制内阁，实行议会专制，压迫内阁；而以军阀为背景的内阁或控制内阁的军阀则没有合法的武器，只有利用非法武器来对付议会。但在民初的内阁与议会的关系演变过程中，内阁总是处于优势地位的。

（3）内阁制度是建立在健全的政党制度基础之上的，而民初既无健全的政党制度，内阁又非政党内阁，总理亦非多数党领袖，从而导致内阁的寿命短暂。健全的政党制度一般由两党轮流执政，一党在朝理政，一党在野监督。而下议院多数党的领袖出而组阁是内阁制国家的通例。我国民初内阁制犹如法国，除 1913 年国民党在国会中占绝对多数议席外，自国民党解散后，国会中并无明显的多数党，而内阁总理也不是由国会中多数党党魁充任，乃是由总统喜爱且为各方实力派拥护的人组阁，如唐绍仪、熊希龄；或是由总统提任功绩卓著而有实力者担任总理，如 1916 年《临时约法》恢复后，黎元洪任命段祺瑞为总理；或由军阀保荐出而组阁者，如靳云鹏三任阁揆、梁士诒出任总理于 1921 年组成的梁士诒内阁就是一个混合内阁。该内阁中鲍贵卿、齐耀珊是属于奉系，高凌霨属于直系，颜惠庆、王宠惠属于英美派而接近直系，张弧属于亲日派的新交通系，叶恭绰属于旧交通系，李鼎新和黄炎培则无所属。这是一个直奉两系和旧交通系的混合内阁，而交通系的新旧两派则由分而合。1922 年，曹吴击败奉张，直系独霸北京政府权，嗣后历任总理无不由此道而出。阁员亦非属于同一政党，而是由总理东延西揽，或派系势力推荐，东拼西凑，组成混合内阁。此种复杂分子组成的混合内阁本身就困难重重，何况还有国会、总统、派系等外力的压迫，致其寿命短促。

（4）既然为责任内阁制，其惯例是，各阁员对本部所职，各负其责，对政制问题之涉及全体者，全体阁员连带负责，牵一发而动全身。内阁倒台，新任内阁成员一般要集体大换血，内阁总理要重新组阁，新内阁成员基本没有上一届遗留下来的。而民初内阁更迭极其频繁，但多不是全体辞职，往往只是对一些阁员或总理的更换，新阁中往往不仅有前阁成员，而且有时前阁基本留任或是原班人马，以这种方式完成某种权力上的重新分配与均衡，以更妥帖地代表当权军阀的利益。赵秉钧内阁成立后，在组阁时，"阁员一仍陆阁之旧"[①]，在孙宝琦内阁为顾维钧代理内阁取代时，"内阁成员全部留任，没有更动"[②]，到顾维钧重任内阁总理时，其内阁阁员"人选也是朝三暮四颠倒的几个旧人，依然是'群儿自相贵耳'的局面"[③]，基本沿用杜锡珪代理内阁时的阁员。其他内阁也基本如此。

不仅如此，从内阁更迭列表中可以看出，从唐绍仪内阁到潘复内阁，那些阁员基本上都是一些旧面孔。不仅内阁总理反复有旧人复任，而那些阁员更是赶场似的一再留在"官位上"。

（5）民初的内阁制中，内阁会议与国务会议不分，阁员亦不兼任议员。实行内阁制的国家，内阁与国务院不论在组织上还是在职权上都是不同的，内阁阁员与国务院国务员也是有区别的。内阁是国务院的核心机构，国务院则包括国务员的全体，即是全体部长及政务次长的集体名称。入阁的国务员才是内阁阁员，如英国，国务员有七八十人，入阁的少则五六人，多则二十余人，所以内阁阁员都是国务员，而国务员不一定都是阁员。阁员开会被称为内阁会议，国务员开会则称为国务会议。内阁会议的任务是决定政策，国务会议的职掌在执行政策。所以两种会议是不同的。在民国初年，这两种会议却是不分的。根据《临时约法》第 43 条的规定，国务院由国务员组成，国务员则包括国务总理及各部总长，根据《国务院官制》第 9 条规定，国务员开会是国务会议，国务会议的职掌在决定国家政策。这样，国务会议就取代了英法等国的内阁会议，或者说两会合而为一，所以，在民初，内阁会议与国务会议是不分的。在英法，习惯上都是议员兼任阁员。阁员兼任议员，其以议员的身份出席会议，陈述

---

① 张国淦：《北洋述闻》，上海书店出版社 1998 年版，第 130 页。

② 顾维钧：《顾维钧回忆录》第 1 册，中华书局 1983 年版，第 271 页。

③ 《顾内阁居然复活》，《现代评论》1927 年第 5 卷第 111 期。

内阁的政策，辩护内阁的法案，沟通内阁与议会双方的意见，使政策与法案容易得到议会的通过，使政治运作顺利。而民初内阁阁员不兼任国会议员，议员入阁者，须辞去议员职务，如1916年旧约法旧国会恢复后，段祺瑞内阁阁员孙洪伊、张耀曾、谷钟秀，均为国会议员入阁者，后任总长后，即辞去议员职务。此种阁员不兼任的做法，其弊端在于内阁与国会之间缺少沟通协调的角色，使内阁与国会因意见缺少交流而产生隔阂，使政策决定、政策运作产生障碍，这样常常导致内阁与国会之间发生意见不一致的情况，冲突也常常发生。[①]

（6）内阁制满足了政治斗争的需要，成为当权者手中的一个工具。内阁制度在清末民初的出现，是中国政治现代化的体现，是近代中国有识之士探索救亡图存的道路的结果。但是，西方的内阁制度被介绍到中国来，其目的是为了救亡图存，希望通过建立西方民主政治制度来“挽救败亡的命运”[②]，把建立民主宪政当作挽救民族危亡的手段，并没有从社会历史发展的角度来认识它。[③] 不管是资产阶级改良派，还是资产阶级革命派，都主张向西方学习，探索用西方的民主宪政来挽救中国。由于对西方的议会政治、宪政文化缺乏真正的深入理解，或者说是有意地进行“误读”，又不注意结合中国的实际，没考虑是否适合中国的国情，而是照搬照用，这就导致了本来作为分权体制的内阁制在中国近代民主政治的实践中，带有鲜明的工具性的特点。

在清末立宪运动中，立宪派认为开国会，建立责任内阁，可以于国事有所补救，[④]“设立责任内阁以固邦本”[⑤]，设置“责任内阁者，今日救时之先务”[⑥]，说“今中国非实施宪政，决不足以振危亡”，不实施宪政中国

① 徐炳宪：《段祺瑞与民国初年的内阁》，台北传贤文化事业有限公司1984年版，第192—198页。

② 张朋园：《中国民主政治的困境》，吉林出版集团有限责任公司2008年版，第49页。

③ 谢俊美：《政治制度与近代中国》（增补本），上海人民出版社1990年版，第360页。

④ 张謇：《请速开国会建设责任内阁以图补救意见书》，《张季子九录》卷三，台北文海出版社1983年版，第158页。

⑤ 《吉林巡抚陈昭常奏请设立责任内阁折》，《国风报》1910年第1卷第1期。

⑥ 长兴：《粤督滇督请立责任内阁折书后》，《国风报》，1910年第15期。

"不足以图存"[①]，"非立宪无以自强"。[②] 他们以为通过温和的改革，开国会，建立责任内阁，就可以达到救国的目的，方可对外以示团结，对内既可以免外国瓜分之祸，又可以消弭内乱革命。民国成立以后，这种工具主义的色彩依然存在。《临时约法》本身是工具主义的产物，它变总统制为内阁制，以约束袁世凯，体现其工具主义的价值选择。这种做法为后来北洋集团玩弄法统所效仿，经由"袁记约法""贿选宪法"之承续先例，民国"法统"糜烂不堪。各派军阀以民主宪政、责任内阁为幌子，[③] 绑架国会，控制内阁，以实现其一己私利，所谓宪法、国会、内阁成了贿选、工具、集权的代名词，国人的宪法信仰被侵蚀殆尽。正式国会成立后，其主要任务是起草永久性宪法，而这个宪法被赋予了实用主义的功效，是统治者要求承认其合法性的根据，其角逐政权是合法的。"每个大军阀都在国会、内阁和政治报刊中扶持派系盟友和追随者，可能的话，还在总理与总统之间建立良好的关系，目的在于取得正式委任，使之在地方的统治取得合法性。"[④] 对于军阀们来说，只要控制并影响北京政府，就能使军阀遂其所愿，就会使其成为民国政府官僚机构的组成部分，而控制政府的关键在于控制内阁，要控制内阁必须掌握任命内阁官员的权力。[⑤] 正如时人所云："民国内阁之更迭，多凭强藩悍将之主张，而不出于国会。"[⑥] 内阁本应该是分权的方式和工具，结果却成为当权者专制集权的走狗和帮凶，导致内阁制发生变异，直至异化成自己的对立面，成为为专制复辟服务的工具。袁世凯帝制准备完成之时，也就是内阁的寿命终止之日。到帝制失败，国会重开，回归内阁制之时，局面发生颠倒性的变化。到黎元洪任总统时，并非国会多数党领袖、北洋实力派的代表段祺瑞担任总理，他以"责任内阁"之名集大权于一己，将自己主导的国务院变为真正的权力中心，而总统转而成为自己"活动的盖印工具"。

---

① 《国会请愿代表孙洪伊等上资政院书》，《国风报》1911 年第 26 期。

② 《六月十五日阁议内阁总理大臣演说词》，《法政杂志》1911 年第 1 卷第 1 期。

③ 坚瓠：《国会南迁》，《东方杂志》1923 年第 20 卷第 10 期。

④ 费正清：《剑桥中华民国史》，中国社会科学出版社 1993 年版，第 259 页。

⑤ Lucian W. Pye, *Warlord Politics: Conflict and Coalition in the Modernization of Republican China*, New York: Praeger Publishers, 1971, p. 132.

⑥ 谢彬：《民国政党史》，上海学术总会 1926 年版，第 168 页。

还有，一些国会议员本身也不自是，他们把国会选举当作谋取私利的工具。“民国初年——甚至后来亦然——国会议员的大多数，不论其作为参议院还是众议院议员，都把他们的地位和特权当作政治武器”，“他们在大多数的情况下是为了政治的或个人的利益而使用这些武器；他们并不理解赋予国会这些权力是一个有秩序的立宪政府的必要部分。国会议员们的这种以宪法特权作为政治武器的倾向，使得国会的信誉扫地”①，导致了民众对议员、对立宪政府的厌恶，称他们为“猪仔议员”②。在曹锟贿选成功、吴景濂被迫出京以后，国会与议员在北京当局的眼中，乃成了无用而可厌的东西了，处于鸟尽弓藏的地位，但这些议员诸公，忽南忽北，餍险既多，经验已深，对此自身切要问题，岂肯俯首听现政府的处置而不作最后的奋斗？于是“从死灰中拨出一副选问题，以求要结有力疆吏，自延寿命”，“副座一席，在大选未成时，用以许张作霖，诱卢永祥，原是筹备大选诸人一种有用的工具。……议员诸公得了这一种工具，对内阁则表示已与有力武人发生关系，可以要索岁费，对疆吏则有物为饵，不怕他不入吾彀中，而根本上则可以作续命汤，开生财之道”③。这种情况一方面表明议员受贿舞弊，素质不高、品德低下；另一方面也表明议会选举成为议员谋求私利的一种工具。

不仅内阁、总统、议会如此，就连宪政这样的为当时人们追求的政治目标也都成为当权者用以为其专制、利益服务的工具。国会成为各种政治派别争夺权力的角斗场。总统、内阁、国会表面上都打着民主、宪政的旗帜，民主、宪政成为军阀和政治家在必要时祭用的幌幡。凡此种种，都与内阁制的精神背道而驰，直至异化、沦落为专制与集权的“合法性”御用工具。

二　内阁制变异之原因

“使西方世界得以完全充分地利用了那些能够导致文明发展的东西，

① 顾维钧：《顾维钧回忆录》第1册，中华书局1983年版，第370页。

② 蒋梦麟：《西潮·新潮》，岳麓书社2000年版，第139页。

③ 朔一：《副选运动与国会寿命问题》，《东方杂志》1924年第21卷第4期。

并不必然地成为非西方世界发展的动力。”[①] 在西方行之有效的内阁制，在中国似乎并没有发生什么效用，甚至成为消灭自身合法性的因素。在近代中国的历史上，严格意义上的责任内阁从来没有在中央政府中得到任何体现，主张责任内阁的任何观念也都遭到当时社会各种理由的排斥。20世纪20年代初，虽然多数人认识到民主潮流的必然性，然民主立宪政府的运作又极其复杂。对此，很多议员和阁员也未能深切领会。

“内阁制度创始于英，及于今，几风靡地上”[②]，对世界政治产生了重大影响，许多国家都采用了内阁制，法国也曾如此。但法国的内阁制和英国相比，发生了诸多变异。比如：元首有部分实权、总统主导重大决策及军事外交等对外事务、总统由人民直接选举产生、政府阁员不得同时兼任国会议员，等等。对于“源于英伦而衍及欧洲大陆的议会政体并没有像在英国那样在大陆上得到贯彻”的现象，一百多年前的美国学者甄内斯特（Gneist）认为“大陆上的议会政府相比之下之所以不那么成功，是因为建筑在欧洲大陆基础之上的是一个英国的上层建筑”，“所以有此情况，是因为向大陆介绍英国体制的是一些法国学者……他们只懂得英国王权和英国议会的关系，而不懂得议会制度赖以建立的基础即英国的行政体制却一无所知”。[③] 美国学者加纳（James Willford Carner）曾对此进行过分析：首先，法国的内阁制不是法国本土产生的制度，猝然移植于历史传统、政治习惯、精神倾向都迥然异于英国的法国，法国的土壤不适于英制的自然生长。其次，法国仿行英制，但未完全依照英制以行事，如1814年的宪法明言君主不负责任而应由国务员负责，也无关于副署的规定；再则，法国未具备英国使内阁制圆满运行的两党制。此外，法国所规定的虚位元首制、国会解散制等，均与英制不同。这几种原因使法国内阁制难以圆满运行，而导致法国政局极不安定。[④]

甄内斯特和加纳对欧陆及法国内阁制的评论，同样也可用于说明民初的内阁制之所以不能健全发展的原因。自内阁制移植到中国以来发生的诸

---

① ［英］哈耶克：《自由秩序原理》，邓正来译，三联书店1997年版，第3页。

② 无名：《内阁制度论》，《民国汇报》1913年第3期。

③ ［美］F. J. 古德诺：《政治与行政》，华夏出版社1987年版，第4页。

④ 加纳：《内阁制在法国》，《美国政治科学评论》1914年第8卷第3期。《宪政思潮》1972年第17期，第25页。

多变异，甚至比欧陆及法国更糟。现在要思考的问题是：在英国运行了几百年并成为习惯法的内阁制“胡乃一入本帮，非橘而枳”?[①] 会发生变异甚至走向其反面？这是值得深思的。

第一，制度是一个国家在特定环境的产物，特定的环境产生、培育特定的制度，在其他国家运用良好的制度移植到异国未必能发挥同样的功效。而当环境发生变化时，该制度也会发生变化，甚至是发生变异。内阁制度是英国特殊的经济、文化、宗教、社会条件下的结果。长期处于闭锁状态的中国知识分子没有认识到西方议会政治制度是资本主义经济发展到一定程度后的产物，认识不到一种不同的政治制度的文化背景，尤其是认识不到一种制度与该社会的其他因素之间的相互依存与制约的关系。他们没有想到，离开了原来环境的政治制度，如果移植到中国来，会生出一个令人难以置信的怪胎。

对此现象，古代“晏子使楚”的故事似能较好地予以解释。《晏子春秋》云：“橘生淮南则为橘，橘生淮北则为枳。叶徒相识，其实味不同。所以然者何？水土异也。”[②] 以此来观察中国近代的政治制度，何尝不是如此呢？民国有位学者毛以亨就认为内阁制移植应与本国国情相符，他说：“橘逾淮则为枳，被发文身之化不能行诸上国，因地异也。法之立也，必因地而制宜，法之变也，务随时势为递嬗；袭入颦笑固非是，墨守成法亦不可，此匪特于寻常法律然也，即于宪法亦宜如此。”中国传统社会宗法色彩浓厚，与西方有很大不同，不一定要完全模仿，“国与国之民俗气质，初不一致，环境历史亦不相属，递嬗之道，遂因而互异，孰谓法制之立独能强同乎哉”，“今日家族主义已被打破，民与国之关系日密，国事日就繁重，代议之制实应适时之需要，但代议分子应依何种标准，始可使其为人民谋幸福；代议机关宜如何组织，始可收议事之效而期立法行政间之联络，此则不能不洞观吾国旧日习惯，合诸世界潮流，以为现制改革之标准耳”。“政制之立，先求其合乎国情，再求其顺乎世界趋势。”[③] 内阁制度是从西方移植过来的舶来品，与中国传统风俗习惯和政治文化环

---

① 章士钊：《论代议制何以不适于中国》，《申报》1923 年 4 月 18、19 日。

② 《晏子春秋·内篇杂下》。

③ 毛以亨：《代议制革新议》，《东方杂志》1924 年第 21 卷第 23 号。

境不合，故在中国发生变异。议会内阁制要在中国本土上扎根，必须具备诸多前提条件，包括经济、政治、社会、思想、文化、风俗习惯、政党制度等条件。而当时的中国并不具备这些条件，人为地将其移植到一个新的环境中，不是失败就是变异。

第二，近代中国对西方的内阁制度、议会制度乃至民主制度缺乏正确的认识，把引进的西方民主制度作为救亡图存的工具。议会内阁制在中国的实践不是建立在广泛的群众基础之上，也不是建立在中国民族资本主义经济发展的基础上，而是从西方强制移植过来的，普通民众对其还处于一种比较浅层次的了解，也没有达到深度的认同，对于这种政治形态的意义了解也不是很多，认为西方国家之所以进步，是因为实行了议会政治，只要建立立宪政体，实行议会政治，中国便可富强，便可以保国安民，这样就简单地把实行议会政治看成救国良策和最佳选择。在这种急功近利心理的驱使下，近代中国民主政治走入了误区。正是这种功利性认识，导致近代中国走了一条与西方完全不同的议会政治发展道路，与西方成熟议会政治的运演逻辑完全相左。也正是这种功利性认识，使人们将议会政治的重点和关注点，都放在了制定宪法及各项制度的建立上，却较少考虑宪法及相关制度在中国文化氛围中的可行性以及如何保障宪法和规章制度能够得以顺利实施。这导致民国初期政争不断而立宪不止，这就使宪法规定的内阁制完全沦为独裁者的工具，这也正是近代中国议会政治的最大悲剧和最主要的教训。

第三，传统中国素来缺乏资产阶级民主政治传统，有的是数千年流传下来的专制文化。中国政治自汤、禹以后，形成以拥有无限权力的国家元首为全国首脑的中央集权国家，皇帝君临一切而居于万民之上，人民没有民主政治的实践，中国也没有民主政治传统。自秦以来，皇帝身居宝座，统治一切，不仅拥有无限的政治权力，甚至对其治下全体百姓的生命财产也具有绝对权力，人民很难有任何表达其意志的机会。[①] 即使那些受过西方教育的归国留学生也避免不了传统观念的影响。1910 年，清廷举行留学生殿试，竟然有身着朝服的留学生的官帽上还缝有假辫子的奇特可笑的

---

① 顾维钧：《顾维钧回忆录》(1)，中华书局 1983 年版，第 366 页。

现象。[①] 民国成立以后，袁世凯、张勋复辟帝制不说，很多人都摆脱不了传统的影响。就是清朝被推翻以后多年，一些在民国继续做官的前清“王公大臣”仍不忘对清的“恩情”，就连孙中山、黎元洪、吴景濂等各类官员亦是如此。[②] 这说明长期的封建传统仍然对人们有着很深厚的影响。传统的文化观念使人们习惯于惯性思维，即使是民国建立了，只不过是旗帜颜色的改变而已。在民主宪政的文化环境没有培育起来之前或不具备之时，议会内阁制之类的民主制度要在中国生存发展是不可能的。

由于“人民以习专制久，茫然不知共和为何事，内阁、议会为何物。岂独蚩蚩者氓如是，即身居枢要者亦何莫不然？”当袁世凯在王之祥事件上违宪时，国人竟默然置之，反而指责唐氏贸然辞职有欠持重。民元国务总理陆征祥在出席参议院报告施政方针时，竟大谈请客、做生日、开菜单等，而没有一句话涉及政治，以致参议院全院哗然。所贻笑较陆征祥尤为甚者，则是海军总长刘冠雄。正式国会于 1913 年成立，汤化龙被选为众议院议长，刘冠雄前往祝贺，汤化龙请其就座，可刘冠雄连称不敢，汤化龙说：“君为客，礼应尔，何谦让为？”刘蹑嚅良久，才回答说：“总统须由国会选出，议长乃国会领袖，位与总统埒，我系总统僚属，议长即我长官，如何敢分庭抗礼？”汤再三解释，刘终固辞，汤不得已乃任其反客为主，略坐而去。阁员“认议长为长官，真闻所未闻，如此愚暗无常识，乃令其参列政地，国事尚可问呼？”[③] 诸多事例表明，内阁制所需要的观念或特殊条件在中国几乎都不存在，在这样的氛围下，民主宪政何以确立、运行？何以培养健全的民主宪政风范？

1912 年 1 月 6 日，时为清民政部大臣赵秉钧曾说：“共和形式的政府至少在现阶段不适合。我们没有这样一个强有力的人物作为总统来领导全国的事业，而且人民没有任何政治经验，他们的政治思想水平也非常低下。如果中国盲目地被共和制的华丽理论所迷惑，而不加考虑地采用它，其自然的结局是寡头政治的专制政府以及领袖之间的摩擦，并导致中华帝国的崩溃。这就是袁世凯虽然剥夺清朝易如反掌，但仍然主张立宪君主制

① 颜惠庆：《颜惠庆自传》，商务印书馆 2003 年版，第 87 页。
② 陶菊隐：《督军团传》，台北文海出版社 1978 年版，第 1—3 页。
③ 刘以芬：《民国政史拾遗》，上海书店出版社 1998 年版，第 3 页。

保留名义上的国家元首的原因。”[①] 民国成立后，宋教仁也说过：“今民国虽成立，然破坏未极，人心上之旧习未能乘势革除，譬犹疮毒犹存，遽投以生肌之药，必不能痊愈也。”[②] 因此，在革除旧习上要下功夫。而梁启超也说：“共和之根柢，实在国民，苟国民程度不适于共和，则政府与政党，亦何所丽以建设者？”“我国民非习于躬亲政治，而国民程度之牖进，非一朝一夕可致。”“我国政界前途之希望，惟视政党内阁之能否成立，然政党内阁，其最键之后援，实在国民，非有健全之国民，安得有健全政党？非有健全之政党，安得有健全政党内阁？然则为国家计，为政党计，舍训练国民何以哉？此真政客之伟大责任也。”[③] 梁启超提出要牖进国民程度，即是对国民进行政治启蒙，让他们关心政治，热心政治。政治家的责任之一是“牖进政治”，梁氏说其方法是：（1）输进国民政治常识。如何谓共和、国家之性质、作用、国民与国家的关系、国民的责任、共和政府之形态、与专制政府的区别、世界大势、我国现时所处的地位等，通过“强聒国民”以使国民“浸淫领会”。（2）引起国民的政治兴味。梁氏说，国民对于国家建设事业“若索然意尽”，“人人不知己身与政治现象有尔许关系，故兴味无从发生”，引起国民的政治兴味的方法，“非深解政党作用者，不能道其窍也”。（3）激励人民政治道德。他认为共和国所恃以维系者在道德。[④] 当时之舆论也认为：“吾民之无共和程度，无可讳言。”如何解决这种现状？“中学以上学校必须鼓舞学生政治兴味，养成学生自治自由之力。俟其毕业而献身于国家社会，或可挽回风气。”[⑤]

第四，资产阶级势力的弱小使内阁制难以正常运行。辛亥革命后的中国社会还缺乏民主政治的阶级基础。议会政治、责任内阁，都是中国资产阶级奋斗的目标。但在民初的中国社会中，开展议会政治的阶级基础非常薄弱，中国的资产阶级没有足够的政治、经济、军事实力独立缔造民主制度，并把这个政权牢牢地控制在自己手中，把握政治的发展方向。近代中

---

① ［澳］骆惠敏：《清末民初政情内幕——〈泰晤士报〉驻北京记者、袁世凯政治顾问莫理循书信集》（上），知识出版社 1986 年版，第 808 页。

② 陈旭麓编：《宋教仁集》，中华书局 1981 年版，第 446 页。

③ 梁启超：《中国立国大方针》，《庸言》1913 年第 4 号。

④ 同上。

⑤ 《国民程度》，《约翰声》1918 年第 29 卷第 3 期。

国的资产阶级不仅人数少，而且大多由官僚、商人、地主转化而来，在政治上也不同程度地依附于原来所属的阶级和阶层，没有形成一个独立的统一的政治力量。无论是在中央政府里还是在地方政府里，乃至各级议会中，资产阶级都不占优势，相反，旧的传统势力仍然很强大。而掌握实际政治权力的是实力派军阀以及充当其鹰犬的把持地方各级议会和州县政权的官僚地主士绅。这些军阀以武力作为政治资本，实行武力政治，以战争夺得政权，奉行以强权和实力作为政治游戏的最高规则，但他们在表面上又不否定宪法的最高性及宪政体制的权威性，以民主宪政的牌子维护自己政权的合法性。这样，内阁制在武力的刀光剑影下便丧失其英灵了。[①]

第五，民国初期，各派政治势力都没有真正为国家谋利益的主义和思想，导致内阁制发生变异。以前辛亥议和所以能成功，在于全国各派都有一个以“推倒清廷”为中心的主义和思想，只要能推翻清廷，就是让出总统的位置也在所不惜。而此后再也找不出一个中心思想来，各派军阀、各个政党都是为了自己的一己私利，没有想到国家和人民。北方的段派，为当时最失人望的，北方的新国会（安福国会）也为一般舆论所不满，南方的旧国会也未见得为一般舆论所拥护。此时的南北两方都为军阀政客的地盘欲、权力欲弄得四分五裂，把国家的公共利益问题都丢在九霄云外去了，[②] 没有为国家谋统一的诚心，都是为了保固各人自己的地盘势力计。由于各方相互斗争，以至于诉诸武力，发生战争，议会制、内阁制哪里有生存的环境？它不仅没有成为实现的政治目标，反而成为斗争的工具，怎能不发生变异呢？

第六，民初缺乏健全的政党政治。政党政治是近代政治的一个大趋势，要实行政党政治，就要成立政党。在民初，曾似乎具有政党政治的可能性。以同盟会为基础、联合其他一些党派成立的国民党和以立宪派为基础、联合其他党派成立的进步党，纵横捭阖，形成对峙竞争势态。进步党拉拢清末立宪保皇派，依附于袁世凯政府及其所代表的北洋军阀和官僚集团，对抗国民党；国民党处于与袁世凯政府及其所代表的北洋军阀和官僚集团的对抗之中。双方自清末以来形成的对抗势态，即使是在南北议和以

① 罗志渊：《论责任内阁制在中国的发展》，《宪政思潮》（季刊）1972 年 1 月第 17 期。

② 李剑农：《中国近百年政治史》，武汉大学出版社 2006 年版，第 408 页。

后也未能化解，且积怨日深。国民党求诉于选民，而政府及进步党都不相信选民，以官僚和军人为靠山，相互对抗，但国民党始终处于下风，无以获得成功。这种竞争性的政党政治在中国根本就没有生存土壤。一旦在中国实行竞争性政党政治，带来的将是宋教仁的悲剧、孙中山的二次革命、军阀之间的混战。

近代中国缺乏健全的政党政治，表现有四：一是政党内部缺乏共同的政治信仰，以至于各政党组织松散，极不稳定。二是缺乏对异党的宽容精神。国会中的国民党和进步党为了各自的利益，互不兼容，打压对方，相互拆台。三是缺乏广泛的社会基础。同盟会及国民党作为国会中的激进派，其主要成员多属海归派，与中国的资产阶级缺乏联系，他们往往脱离中国的实际，其政治纲领也不能反映本阶级的根本利益。四是各政党组织松散，流动性大，民初政党政治曾经历过国民党和进步党两大党对峙的短暂局面，旋即党派之间不断地分化、合组，相互对峙。议员党派混乱，党派成为一些人政治投机的工具，“政客们为了争权夺利而不顾节操已成为当时的风气”①。

在民初的国会，虽然国会中有政党对峙格局，但总的来看，并无健全的政党政治。比如，民初的民社党，是参与武昌首义的文学社与共进会的部分人士，于1912年1月20日，以湖北人为中心、以拥护黎元洪为首领而成立的一个小政团。这个小政团，其主要干部多为参与或领导武昌起义的同盟会人物，如孙武、张振武、张伯烈、刘成禺等。他们之所以脱离同盟会，别立民社党，是因为南京临时政府成立时，在人事安排上，没有给予武昌首义功臣应得的官职，以致他们对同盟会不满，造成武汉与南京失和，其目的就是要与同盟会的人相抵抗。还有，在南京临时参议院时期，刚组建的统一党以反对同盟会为己任，有党员三万余人。其在当时仅次于南京临时政府中的同盟会，具有相当的势力，临时政府中的九位总长，该党就占三位。其后，统一党为扩大党势，又与民社等几个小政团合组为共和党以反对同盟会。之所以要反对同盟会，不是因为政见上的不同，而是党派领袖间的个人恩怨、政坛上的权力角逐。由于统一党以反同盟会为职

① 顾维钧：《顾维钧回忆录》第1册，中华书局1983年版，第254页。

志，结果为反同盟会的袁世凯所利用，成为袁氏的党羽。[①] 再如，正式国会成立后，进步党为了削弱议会中国民党的势力，达到由进步党议员控制国会的目的，他们支持、纵容袁世凯取消国民党籍议员的资格，以至于造成国会没法正常运作。洪宪帝制失败以后，黎元洪任大总统，宣布恢复国会，开始既定的制宪历程。在制宪过程中，国民党议员和研究系议员围绕宪法内容展开了激烈的辩论，甚至发生严重的冲突，竟至发生议员在议会打架斗殴的事件。双方以不出席会议来相互拆台，致使部分议案被无限期搁置，而最终无法完成制宪。在对德宣战问题上，国民党籍议员以没有实力的黎元洪为后盾，不顾国家利益，意气用事，反对段祺瑞政府参战，以为反对参战就能防止段祺瑞加强自身势力，就能防止政府在关税、庚子赔款、政治借款等方面获利。又如，安福国会成立后，为筹办国会选举时，安福系操纵一切，实行贿选，结果是安福系大获胜利，成为皖系工具。由于丧失民心，引起各方反感而被解散。

对于政党政治的乱象，国民党领袖宋教仁曾忧心忡忡地发问道："举国喁喁忘治，皆欲求所以建设新国家之术，为问国中，运用政治之中心势力果何在呼？前识之士，皇然忧时，援引徒众，杂糅庞合，树帜立垒，号曰政党者亦众矣，然为问适于为运用政治之中心势力者谁乎？纵曰庶几将有近似者焉，然又为问能合于共和立宪国之原则，不以类似他种国家之他种中心势力杂乎其间，而无愧为共和立宪运用政治中心势力者谁乎？质而言之，中国虽号为共和立宪，而实无有强健而良善之政党焉。"[②]

政党本是一定阶级和利益集团的代表，为政党政治之主体。但这一主体不从国家利益出发，不从大局出发，而是从一己私利出发，也不遵循政党政治的游戏规则，使民国初期政党政治发生畸形变化，使民主政治、议会内阁政治偏离了正确轨道，逐步走向专制集权的道路。不仅使自己成为权力斗争的工具和走狗，也使其活动舞台——议会、政党政治的体现——责任内阁制发生变异，异化成北洋派专制集权的工具。

正因为资本主义发展不充分，封建专制主义的根基没有被铲除，缺乏相应的建立资产阶级民主共和国的政治经济基础，尽管一些先进人物努力

① 张睿丽：《议会政治与近代中国政治变迁》，中国社会科学出版社 2009 年版，第 292 页。

② 陈旭麓编：《宋教仁集》，中华书局 1981 年版，第 748 页。

学习，为建立资产阶级民主政治而奋斗努力，然而，他们的方案不能不受中国自身社会文化条件的限制而发生变异，他们的努力不能不陷于失败。可以说，民初内阁制的变异，是因为没有足够的社会基础、经济基础和思想基础，这些方面的缺乏，任何新制度的尝试都只能以失败而告终。

第三节　民初内阁制对中国近代政治之价值

内阁制在中国的命运不济，蹒跚崎岖，极尽坎坷，结果是落得了一个消亡，失败的命运。但尽管如此，它还是在中国的政治发展史上，划出了一道耀眼的光芒。尽管内阁制、议会制、两党政治在中国的实践失败了，但相对于中国传统的封建专制制度，它是历史的巨大进步，有着巨大的进步意义，是政治文明发展的重要成果，有利于“革除社会专制思想”“养成政党习惯”“引起人们的政治兴味”。[①] 新制度的养成，非一日之功，不可一蹴而就，要经过不懈的努力。如果没有辛亥以来的几代人的民主实践，中国怎能有今日之民主政治？

一　推动了中国民主、宪政运动的进展

鸦片战争以后，西方的民主共和思想不断传播到中国，清末立宪思想的传播和“内阁”政府的建立对民主共和思想的传播也是起到了推动作用的。辛亥革命的发生和共和体制的建立，改变了中国政治发展的走向，使中国政治朝着民主宪政的方向发展。议会内阁制作为民初宪政运动的一次重要实践，促进了国民眼界的开阔，激发国民参政的热情，使民主共和思想进一步传播，使民主共和思想进一步深入人心。

民国初期确立的内阁制是中国民主制度的一次重要实践，带来了中国政治理念和政治体制的进步，催生了一些新思想、新观念、新体制，具有除旧布新的意义，为中国打下了一定的民主政治的基础。从孙中山的三民主义理论，到《临时约法》确立的三权分立的政体，再到南京临时政府

---

① 《国民党主张国会内阁之理由》，《国民杂志》第1号，1913年4月。

各方面颁布的一系列法规法令，形成了一套较为完整的民主政治理念、原则和制度。尽管辛亥革命的果实被窃取，虽然内阁制度在实践的过程中发生了变异，“民主”“宪政”成为被利用的幌子，“民国”成为一个空招牌，但毕竟“中华民国”的国号未曾改变，此后的任何当权者在控制中央政府以后，为了证明自己政权的合法性，都要弄出一个宪法或宪法性的文件来，都要在形式上保留三权分立的政权机构，这就使中国的民主力量在某种程度上可以通过这种民主形式来发展中国的民主政治。

民初内阁制的实践也是一次深刻的思想解放运动。辛亥革命虽然赶跑了皇帝，推翻了帝制，但人们的旧观念、旧思想并未因此而清除。内阁制的实践逐步打破了人们一元集权政治的价值观和政治思想，极大地推动了民主观念在近代中国的传播，使民主思想逐步确立。过去那些身份卑微、地位低下甚至可以任意生杀予夺的愚顽、草民成了国家的主人，成为国家主权的享有者，“中华民国之主权属于全体国民”（《临时约法》第 2 条）。从此，民主政治为国人所公认，任何复辟帝制的幻想都将遭到人们的唾弃和反对，而民主的潮流越来越呈现出不可阻挡之势。

民国初期以议会内阁制为主要内容和形式的民主政治实践是对中国固有传统政治的一项史无前例的突破与创新，它使中国的传统君主专制政治开始了民主政治的转向。民初议会内阁制的发展演变促进了中国政治近代化，促进了近代中国民主宪政的发展。议会内阁制在此时的中国政治舞台上经历了短暂的辉煌，为中国的宪政带来了一片曙光，也为中国人取法西方民主政治以扫除落后、实现国富民强带来了希望。此后，中国走上了艰难的宪政之路，国家的权力有了划分和约束、监督，人们的权利在宪法上得到了规定与保障，国家和政党在法律的范围内活动，等等，无不显示出宪政的希望。

二　促进了政党政治在中国的发展

政党政治是指政党执掌或参与国家政权的行使，并在国家的政治生活中处于中心地位的一种政治现象，是民主政治、内阁政治的重要基础和表现。政党政治是近代政治的主流，这不仅是对传统政治中所谓朋党政治的刷新和抛弃，更是中国政治走向民主、走进现代化的重要表征，[①] 完全超越了中国“君子不党”的政治传统。

民国成立，建立共和，实行议会内阁制。党禁开放，出现政党林立的局面，竟而涌现大小数百个政党，[②] 开始了政党政治在民初的新局面。为了适应议会内阁制的发展，各政党为了在国会选举中占有多数席位，这些政党不断分化、瓦解、组合，形成少数几个较有实力的大党。1912 年底，北京临时参议院出现了国民党、共和党、统一党、民主党分庭抗礼的局面。1913 年 4 月 8 日，正式国会成立后，共和、统一、民主三党合并为进步党，在国会中形成了激进的国民党与保守的进步党的竞争局面，这表明民初政治已具有两党政治的雏形，实类似西方民主国家国会中的两党政治体系，而且还真有点像模像样。可是不久，议会里的唇枪舌剑被战场上的枪炮声所掩盖，“武斗”代替“文斗”而成为解决政治纷争的方式，渐渐露出的议会政治、政党政治的曙光又被黑暗所笼罩。

在政党政治的进程中，尽管出现过宋案之类的挫折，但它并不意味着政党政治的完全失败，只是对国民党来讲，它放弃了议会斗争的道路，又走上武装斗争的暴力革命的老路。而议会内阁政治、政党政治仍在中国近代政治发展的道路上跌跌撞撞地挣扎前行。

议会内阁制的实践，促进了政党政治的勃兴和一定程度的发展，对中国近现代政治的走向产生了深远的影响。政党政治的发展促使中国的政党开始真正与中国社会大众取得实质上的联系，促进了民主政治思想的发展。从此，中国的政治家开始懂得通过政党来取得社会的支持和拥护。“虽然民初政党与中国社会的关系还远远没有达到政治上的良性互动的标准，但是，它在中国政治文明的发展史上毕竟迈出了最艰难的一步”[③]，从而加快了中国民主政治的发展。

政党政治的发展还促进了政治参与的扩大，重要的表现就是全国性议会选举和各省议会选举的相继展开。再就是政治参与度的扩大，选民的范

---

① 张睿丽：《议会政治与近代中国政治变迁》，中国社会科学出版社 2009 年版，第 68—69 页。

② 张玉法：《民国初年的政党》，岳麓书社 2004 年版，第 32 页。

③ 杨绪盟：《移植与异化：民国初年中国政党政治研究》，人民出版社 2005 年版，第 205 页。

围不仅范围广，包括工业和金融资本家、绅商、教育及新闻业者、小业主、中小官僚、农村地主、富农、大量的新兴市民，而且选民人数急剧增长。由于选举条件放宽，民初选民人数急剧增长，平均每省150万人，比例超过当时中国总人口的10%。第二届国会选举的选民比例进一步提高，达到总人口数的15%，奉天省奉天府及江苏省江宁县两地的投票率甚至分别达到了60%和70%。更难得的是，“随着议会选举政治的逐渐扩大，在政治参与层面上的暴力事件减少。传统中国的政治史，政权竞争总是通过暴力流血的方式进行，政权的交替经常造成巨大的灾难，而民国初年实行议会制共和国，国会是国家最高权力机关，以国会为中枢，并由国会所主导，开启了以非暴力选举方式进行的政治权力角逐。从野蛮到文明、从暴力到和平交替是政治进步的主要标志，国会选举使中国有史以来的非暴力的政权竞争得以实现”①。尽管在民主政治运行过程中曾经出现了贿选事件、武人干政现象，但这都是从传统社会向现代社会转型过程中出现的阵痛现象。

当然，民初内阁制的影响是多方面的，也是深刻的。在肯定民初内阁制在中国近代政治发展史上的价值的时候，我们不得不思考这样的问题：在西方作为分权机制的内阁制，为什么移植到中国就发生变异，成为专制集权的工具呢？在西方运行得非常好的制度，到中国来就不能有效实行，反而被同化呢？民国成立后建立了类似西方的三权分立的政府，行政、立法、司法也各有所归，但内阁制的精神完全被侵蚀，内阁制的实践和宪法的文本表达完全背离，以三权分立、责任内阁体制为目的的责任内阁制度根本没有体现，反而发生变异，成为集权主义的工具。掩卷沉思，我们不能不说，中国几千年的集权主义的传统政治文化太深厚了，同化力太强了，将异域文化同化为本土文化。这就使我们想到，在进行制度移植、体制设计之时需要充分认识和立足于国情，要考虑到传统文化因素的影响。民初责任内阁制实践之所以失败，最主要原因是脱离实际、脱离中国国情。革命党人在共和肇基之际，将总统制改为内阁制，考虑了中国的国情？实为脱离实际、不顾中国国情之举。近代中国实施宪政，走宪政道路

---

① 张睿丽：《议会政治与近代中国政治变迁》，中国社会科学出版社2009年版，第67—69页。

无疑是必然选择，但对当时的中国而言，经由集权—分权的途径是可为之举，但当时中国的各种政治势力却曲解、篡改了这种路径。革命党人不顾现实改中央政治以求揽权，而凭借实力控制政权的袁世凯及军阀武夫们揽权后并非为了实现分权基础上的宪政，而是滑向了个人集权、个人独裁。“南橘北枳”的故事对我们太具有教育意义了。因此，我们希望中国的政治制度立足国情，借鉴古今中外的优良制度，制定良法，实现善治。

附　　录

附录一　民初内阁更迭简表

（一）袁世凯时代（1912 年 3 月 13 日—1916 年 4 月 23 日）

（1）唐绍仪内阁　1912 年 3 月 13 日—6 月 29 日

（2）陆征祥内阁　1912 年 6 月 29 日—9 月 25 日

（3）赵秉钧内阁　1912 年 9 月 25 日—1913 年 7 月 19 日

（4）段祺瑞临时内阁　1913 年 7 月 19 日—7 月 31 日

（5）熊希龄内阁　1913 年 7 月 31 日—1914 年 2 月 12 日

（6）孙宝琦临时内阁　1914 年 2 月 12 日—5 月 1 日

（7）徐世昌内阁　1914 年 5 月 1 日—1916 年 4 月 22 日

（8）段祺瑞内阁　1916 年 4 月 22 日—6 月 29 日

（二）黎元洪继任时代（1916 年 6 月 29 日—1917 年 7 月 17 日）

（9）段祺瑞内阁　1916 年 6 月 29 日—1917 年 5 月 23 日

（10）伍廷芳临时内阁　1917 年 5 月 23 日—5 月 28 日

（11）李经羲内阁　1917 年 5 月 28 日—7 月 2 日

（12）段祺瑞内阁　1917 年 7 月 2 日—11 月 22 日

（三）冯国璋继任时代（1917 年 7 月 17 日—1918 年 10 月 10 日）

（13）汪大燮临时内阁　1917 年 11 月 22 日—11 月 30 日

（14）王士珍临时内阁　1917 年 12 月 1 日—1918 年 3 月 23 日

（15）段祺瑞内阁　1918 年 3 月 23 日—10 月 10 日

（四）徐世昌时代（1918 **年** 10 **月** 10 **日**—1922 **年** 6 **月** 11 **日**）

（16）钱能训临时内阁　1918 年 10 月 10 日—12 月 12 日

（17）钱能训内阁　1918 年 12 月 12 日—1919 年 6 月 13 日

（18）龚心湛临时内阁　1919 年 6 月 13 日—9 月 24 日

（19）靳云鹏临时内阁　1919 年 9 月 24 日—11 月 5 日

（20）靳云鹏内阁　1919 年 11 月 5 日—1920 年 5 月 14 日

（21）萨镇冰临时内阁　1920 年 5 月 14 日—8 月 9 日

（22）靳云鹏第二次内阁　1920 年 8 月 9 日—1921 年 5 月 14 日

（23）靳云鹏第三次内阁　1921 年 5 月 14 日—12 月 18 日

（24）颜惠庆临时内阁　1921 年 12 月 18 日—12 月 24 日

（25）梁士诒内阁　1921 年 12 月 24 日—1922 年 1 月 25 日

（26）颜惠庆临时内阁　1922 年 1 月 25 日—4 月 8 日

（27）周自齐临时内阁　1922 年 4 月 8 日—6 月 11 日

（五）黎元洪复任时代（1922 **年** 6 **月** 11 **日**—1923 **年** 10 **月** 12 **日**）

（28）颜惠庆临时内阁　1922 年 6 月 11 日—8 月 5 日

（29）唐绍仪临时内阁　1922 年 8 月 5 日—9 月 19 日

（30）王宠惠内阁　1922 年 9 月 19 日—11 月 29 日

（31）汪大燮内阁　1922 年 11 月 29 日—12 月 11 日

（32）王正廷临时内阁　1922 年 12 月 11 日—1923 年 1 月 4 日

（33）张绍曾内阁　1923 年 1 月 4 日—6 月 13 日

（34）高凌霨摄政内阁　1923 年 6 月 13 日—10 月 12 日

（六）曹锟时代（1923 **年** 10 **月** 12 **日**—1924 **年** 11 **月** 24 **日**）

（35）高凌霨代理内阁　1923 年 10 月 12 日—1924 年 1 月 12 日

（36）孙宝琦内阁　1924 年 1 月 12 日—7 月 2 日

（37）顾维钧代理内阁　1924 年 7 月 2 日—9 月 14 日

（38）颜惠庆内阁　1924 年 9 月 14 日—10 月 31 日

（39）黄郛代理并摄政内阁　1924 年 10 月 31 日—11 月 24 日

（七）段祺瑞执政时代（1924 年 11 月 24 日—1926 年 5 月 13 日）

（40）段祺瑞执政　1924 年 11 月 24 日—1925 年 12 月 26 日

（41）许世英内阁　1925 年 12 月 26 日—1926 年 2 月 15 日

（42）贾德耀内阁　1926 年 2 月 15 日—4 月 20 日

（43）胡惟德临时内阁　1926 年 4 月 20 日—5 月 13 日

（八）摄政时代（1926 年 5 月 13 日—1927 年 6 月 18 日）

（44）颜惠庆内阁　1926 年 5 月 13 日—6 月 22 日

（45）杜锡珪代理内阁　1926 年 6 月 22 日—10 月 1 日

（46）顾维钧代理内阁　1926 年 10 月 1 日—1927 年 6 月 18 日

（九）军政府时代（1927 年 6 月 18 日—1928 年 6 月 3 日）

（47）潘复内阁　1927 年 6 月 18 日—1928 年 6 月 3 日

说明：此表依据以下资料：刘寿林：《民国职官年表》；谢彬：《民国政党史》附录；章熊：《中华民国的内阁》；闻黎明：《北京政府历届内阁更迭简表》；不管：《民国以来内阁之更迭》等。因民初内阁更迭频繁，收录成员一般为第一次正式任命者，少数为代、署者。要说明的是，这些“内阁”并非都是责任内阁，只是为了时间的连续性而将之罗列进来。

附录二　民初内阁成员群体基本信息简表

姓名	籍贯	生卒年代	出生背景	学历	经历或职位	党派
鲍贵卿	奉天海城	1867—1934	家庭贫寒 辍学务农 投身行伍	北洋武备学堂 工程科	清末将领 陆军总长	
蔡成勋	直隶天津	1871—1946	行伍出身	北洋武备学堂	清末将领 陆军总长	
蔡廷干	广东香山	1861—1935	父为工程 技术人员	留美幼童天津 大沽水雷学堂	清末将领 外交总长	

续表

姓名	籍贯	生卒年代	出生背景	学历	经历或职位	党派
蔡元培	浙江绍兴	1868—1940	经商	光绪进士	翰林院庶吉士编修、教育总长	同盟会 国民党
曹汝霖	江苏上海	1877—1966	书香之家	幼年私塾，汉阳铁路学堂读书，东京帝国大学	清商部、外务部任职 交通总长 外交总长 财政总长	新交通系
陈锦涛	广东南海	1870—1939		香港皇仁书院、美国哥伦比亚大学、耶鲁大学、法政进士	任职大清银行、度支部、统计局、印铸局、币制改良委员会 财政总长	
陈箓	福建闽侯	1877—1939		福州船政学堂、武昌自强学堂毕业、法国巴黎大学法科、法科进士	清朝法部、外务部任职 代外交总长	
陈其美	浙江湖州	1877—1916	青帮代表	日本警监学校	工商总长	同盟会 国民党
陈振先	广东新会	1876—1938		美国加利福尼亚大学	翰林院编修、农事试验场监督、高等农学堂教习、农林总长 教育总长 新国会参议员	
程璧光	广东香山	1861—1918	农民家庭、父在美洲经商	福州船政学堂	清末海军将领 海军总长	

续表

姓名	籍贯	生卒年代	出生背景	学历	经历或职位	党派
程　克	河南开封	1878—1936		河南大学堂、东京帝国大学法学	参议院议员 司法总长 内务总长	同盟会
董　康	江苏武进	1867—1947		光绪进士 留学日本	清刑部、修律馆任职 司法总长 财政总长	
董鸿祎	浙江仁和	1878—1916		光绪举人 留学早稻田大学政治科	短时任清学部候补主事 代教育总长	
杜锡珪	福建闽侯	1874—1933	家庭贫穷	江南水师学堂毕业	清末海军将领 海军总长 总理	
段祺瑞	安徽合肥	1865—1936	祖父办团练，后衰落、从军	北洋武备学堂毕业、留学德国学军事	清末将领 总理 陆军总长 执政	
段芝贵	安徽合肥	1869—1925	幼为李鸿章侍童	北洋武备学堂毕业 日本士官学校	清末将领 陆军总长	
范源濂	湖南湘阴	1875—1927	书香门第	长沙时务学堂毕业 东京弘文学院、法政大学	任清学部主事 内务总长 教育总长	共和党 研究系
傅增湘	四川江安	1872—1950	文人家庭	光绪进士	翰林院庶吉士 教育总长	
傅岳棻	湖北江夏	1878—1951		光绪举人	清学部司长 教育总长	

续表

姓名	籍贯	生卒年代	出生背景	学历	经历或职位	党派
高恩洪	山东蓬莱	1875—1943	农民	上海电气测量学校学习、英国津普大学肄业	历任参赞、交通部秘书、邮传部办事员、交通总长	
高凌霨	直隶天津	1868—1943		光绪举人	清湖北提学使兼布政使、内务总长、财政总长、农商总长、总理	
龚心湛	安徽合肥	1871—1943		清监生 金陵同文馆肄业 后留学日本、英国	广东知府兼按察使、云南提法使、财政总长、总理、内务总长、交通总长	
顾维钧	江苏嘉定	1888—1985	父为牧师	美国哥伦比亚大学国际法	外交总长 总理 财政总长	
谷钟秀	直隶定县	1874—1949		京师大学堂肄业 日本早稻田大学	清末小吏 农商总长 众议院议员	政学会
何丰林	山东平阴	1873—1935	军阀出身	北洋武备学堂	清末军人 军事总长	
胡仁源	浙江吴兴	1883—1942	从事教育	进士、京师大学堂、日本仙台第二高等学校、英国待尔莫大学	京师大学堂教员，工科、文科学长，教育总长	
胡惟德	浙江吴兴	1863—1933	贫寒之家 从事外交	上海广方言馆肄业、又入京师同文馆	清外交参赞、外务大臣、税务大臣、总理、外交总长	

续表

姓名	籍贯	生卒年代	出生背景	学历	经历或职位	党派
黄郛	浙江绍兴	1880—1936		日本东京振武学校	清军谘府、军事官报局任职 教育总长、总理 交通总长	同盟会
黄炎培	江苏川沙	1878—1965	父母早亡，随外祖父蒙受传统教育	光绪举人	辛亥前兴办教育、反清、教育总长	同盟会
贾德耀	安徽合肥	1880—1940	军人出身	北京武备学堂、日本士官学校第三期步兵科	清末将领 陆军总长 总理	
江庸	福建长汀	1878—1960	士绅 从事法律工作	日本成城学校、早稻田大学、再获法科举人	清直隶法律馆法科教习、北洋政法学堂教习、修订法律馆纂修、法律馆协修、大理院推事 司法总长	
江天铎	广东广州	1878—1940		日本早稻田大学	任清政部则例局纂修、京师高等警察学堂教习、众议院议员 代农商总长	
蒋雁行	直隶阜城	1875—1941	军事人员	北洋武备学堂幼年班、日本成城学校、日本士官学校	清江苏江北督练公署参议兼陆军协统 江北都督、江淮检察使 陆军总长	

续表

姓名	籍贯	生卒年代	出生背景	学历	经历或职位	党派
金邦平	安徽黟县	1881—?		日本早稻田大学、进士	任翰林院检讨、直隶总督袁世凯文案、北洋常备军督练处参议、资政院秘书长、农商总长	
靳云鹏	山东邹县	1877—1951	农家子弟 青年从军	北洋武备学堂	清末军人 山东都督 总理、陆军总长	
寇　遐	陕西蒲城	1884—1953		西安师范学堂	早年投身反清 司法总长 农商总长	同盟会
李鼎新	福建闽侯	1862—1930		福州船政学堂、英国格林威治皇家海军学院	清末将领 海军总长	
李根源	云南腾越 祖籍山东益都	1879—1965		日本士官学校步兵科	农商总长 总理	同盟会 政学系
李经羲	安徽合肥	1859—1925	李鸿章之侄	光绪优贡	湖南盐粮道、按察使、福建布政使、云南布政使 云贵总督、 总理财政总长	进步党
李盛铎	江西德化	1859—1934	官僚家庭 书香门第	光绪进士	授翰林修编、国史馆协修、驻日公使、山西布政使、署山西巡抚 农商总长 参议院议员 议长	

续表

姓名	籍贯	生卒年代	出生背景	学历	经历或职位	党派
李书城	湖北潜江	1882—1965	私塾门第	秀才、日本振武学社、日本陆军士官学校	反清活动 陆军总长	同盟会
李思浩	浙江慈溪	1882—1968	商贾之家	京师大学堂、举人	在清盐政、税务机构、度支部任职 财政总长	安福系
李士伟	直隶永平	1883—1927		日本早稻田大学政治经济科	任清北洋师范学堂监督、山西井陉矿务局总办、财政总长	
梁敦彦	广东顺德	1857—1924	行医、经商	留美幼童 美国耶鲁大学学法律、参与张勋复辟	汉阳海关道、天津海关道、外务部尚书、外务部大臣 交通总长	
梁启超	广东新会	1873—1929	半耕半读 家境清贫	光绪举人	维新活动 获赏六品衔，办理译书局事务 司法总长 财政总长	立宪派 进步党 研究系
梁如浩	广东香山	1861—1941		留美幼童，美国史梯芬工学院	清末任职 外交总长	国民党
梁士诒	广东三水	1869—1933		光绪进士	清翰林院编修 清邮传部大臣 财政总长 总理	旧交通系

续表

姓名	籍贯	生卒年代	出生背景	学历	经历或职位	党派
林长民	福建闽侯	1876—1925	放弃举业 接受西学	日本早稻田大学	私立法政专门学校校长、从事立宪活动、福建谘议局书记长、众议院议员 司法总长	进步党 研究系
林建章	福建闽侯	1872—1940		南京江南水师学堂	清末海军将领 海军总长	
凌文渊	江苏泰县	1876—1944	丹青诗书之家	两江师范学堂	江苏谘议院议员，参与立宪活动 代财政总长 参议院议员 众议院议员	进步党 交通系
刘　哲	吉林永吉	1880—1954	世代农耕	京师大学堂文科毕业、留学日本	任吉林省议会议员、议长、吉林政法专门学校校长 教育总长 参议院议员	
刘恩源	直隶河间	1873—？		天津武备 学堂毕业 德国留学	清陆军部参议 财政总长	
刘冠雄	福建闽侯	1861—1927	家境贫寒	福州船政学堂学习 留英海军	清末海军将领 海军总长 交通总长 教育总长	
刘揆一	湖南湘潭	1878—1950	幼读私塾	岳麓书院 日本弘文学院 速成师范班	从事反清 工商总长 国会议员	同盟会

续表

姓名	籍贯	生卒年代	出生背景	学历	经历或职位	党派
刘尚清	奉天铁岭	1868—1946	务农 私塾启蒙	奉天法政学堂毕业	清东三省度支部任科长 农商总长	
龙建章	广东顺德	1872—?		光绪进士、京师大学堂学习	清末官员 邮传局长 交通总长	
卢　信	广东顺德	1872—1933		早年赴日本和美国学法律	参议院参议员 农商总长 司法总长	同盟会
陆　锦	直隶天津	1879—1946	清末民初军阀	北洋武备学堂 日本陆军士官学校炮兵科	清北洋军官 陆军总长	
陆征祥	江苏上海	1871—1949	基督教家庭	广方言馆、 同文馆	清末外交官 总理 外交总长	天主教本笃会修士、神父
罗文干	广东番禺	1888—1941	富商家庭 笃沐传统文化	英国牛津大学、法科进士	清广东审判厅长 财政总长 大理院院长 司法总长 外交总长	
马邻翼	湖南邵阳	1865—1938	伊斯兰教世家传统文化和宗教文化的熏陶	举人 日本弘文学院	清学部主事、宪政筹备处筹备员、 教育总长 代理总理	同盟会
马君武	广西桂林 祖籍湖北	1881—1940	父为幕僚 早亡	广西体用学堂 京都帝国大学、柏林大学博士	参议院议员 司法总长 教育总长	同盟会 国民党
马叙伦	浙江杭县	1885—1970	书香世家	杭州养正书塾，受传统教育	教育总长	同盟会

续表

姓名	籍贯	生卒年代	出生背景	学历	经历或职位	党派
潘　复	山东济宁	1883—1936	累世为官 名门望族 父为进士	光绪举人	早年入幕 财政总长 总理 交通总长	
彭允彝	湖南湘潭	1878—1943		日本警监学校、早稻田大学毕业	众议院议员 教育总长	同盟会 国民党 政学系
齐耀珊（齐燮元）	山东昌邑	1865—1954		光绪进士	任清湖北宜昌知府，湖北荆宜道、汉黄德道、提学使内务总长 农商总长 教育总长	
钱能训	浙江嘉善	1869—1924	幼承家教 博览群书 贯通经艺	光绪进士	清翰林院编修、广西学政、刑部主事、山西巡抚 内务总长	
屈映光	浙江临海	1881—1973	20世纪20年代后皈依佛门	杭州赤城公学	内务总长	
权　量	湖北江夏	1875—？		东京高等商业学校	清末政府任职、署交通总长	公民党
任可澄	贵州普定	1878—1945	科举仕宦家庭	光绪举人 饱学之士	清内阁中书 教育总长	
萨镇冰	福建闽侯	1859—1952	萨氏家族 家境清贫	福建船政学堂毕业、英国格林威治皇家海军学院	清末海军统制 海军总长 代总理	
沈瑞霖	浙江吴兴	1874—？		光绪举人	清末外交官 外交总长 内务总长	

续表

姓名	籍贯	生卒年代	出生背景	学历	经历或职位	党派
施肇基	浙江钱塘	1877—1958		上海圣约翰书院学习肄业、美国康奈尔大学硕士、法科进士	清末外交人员 交通总长 外交总长	
宋教仁	湖南桃源	1882—1913		秀才、武昌文华书院、 日本法政大学	反清革命 法制院院长 农林总长	同盟会 国民党
孙宝琦	浙江杭县	1867—1931	以父荫户部主事	幼好经世之学	清末外交官 总理 外交总长	
孙丹林	山东登州	1886—1971		山东高等学堂学习	清末官员 内务总长	同盟会
孙洪伊	直隶天津	1870—1936	富商之家 饱学之士 早年入袁 世凯幕	秀才	清直隶谘议局议长 众议院议员 教育总长 内务总长	同盟会 进步党 国民党
谭延闿	湖南茶陵	1879—1930	官宦之家 师从王闿运	进士、翰林院编修	清湖南谘议局议长、民国湖南督军、内务总长	国民党
汤尔和	浙江杭县	1878—1940		杭州中学堂读师范、日本成城学校、日本帝国大学博士	清浙谘议局谘议 教育总长 内务总长 财政总长	

续表

姓名	籍贯	生卒年代	出生背景	学历	经历或职位	党派
汤化龙	湖北蕲水	1874—1918	立宪派人士	光绪进士 日本法政大学	鄂咨议局议长 民政总长 众院议长 教育总长 内务总长	进步党 研究系
唐绍仪	广东香山	1862—1938	茶商家庭	留美幼童 美国哥伦比亚大学	清末官员 总理 交通总长 外交总长	同盟会员
田应璜	山西大同	1866—1927		光绪举人	清末官员 参院议员 署内务总长	
田文烈	湖北汉阳	1853—1924	父为鄂省游幕、武官出身、入袁世凯幕	北洋武备学堂毕业 清廪贡生	清末官员 农商总长 内务总长 交通总长	
汪大燮	浙江杭县	1859—1929		举人	清末官员 教育总长 外交总长 交通总长 总理 财政总长	进步党 研究系
王宠惠	广东广州	1881—1958	新教牧师	北洋大学法律系、留学日本、耶鲁博士	外交总长 司法总长 教育总长 总理	同盟会
王克敏	浙江杭县	1879—1945	家境败落 捐候补道	光绪举人	清度支部、外务部任职、直督幕 财政总长	

续表

姓名	籍贯	生卒年代	出生背景	学历	经历或职位	党派
王九龄	云南云龙	1880—1951	家贫务农	云南高等学堂、日本法政大学	反清革命 教育总长	同盟会
王乃斌	辽宁新民	1870—1945		秀才	清末官员 农商总长	
王正廷	浙江奉化	1862—1961	基督教牧师家庭	北洋大学法科、密西根大学、耶鲁大学法科毕业	清末地方任职 参议院议员 副议长 外交总长 代总理 兼财政总长	同盟会 国民党
王士珍	直隶正定	1861—1930	家庭衰败 自幼从军	北洋武备学堂	清陆军大臣 陆军总长 总理	
王揖唐	安徽合肥	1877—1948	军阀出身	进士、东京振武学校	清兵部主事 内务总长	进步党 安福系
王荫泰	山西临汾	1886—1947		东京官立第一高等学校、柏林大学法科	外交总长 司法总长	
王永江	奉天金州	1871—1927	早年经营中药店	贡生	清末奉天任职 内务总长	
王文豹	湖南长沙	1873—?		清附生 留学日本	代司法总长	
王治馨	山东莱阳	1868—1914		清末副贡	清知州、道员 代内务总长	
吴光新	安徽合肥	1875—1939	段祺瑞妻弟 军阀出身	日本陆军士官学校、陆军大学	清末将领 陆军总长	

续表

姓名	籍贯	生卒年代	出生背景	学历	经历或职位	党派
吴毓麟	直隶天津	1871—1944	家境破落	北洋水师学堂、德国浮尔底造船厂	清末军人 交通总长	
伍廷芳	广东新会	1842—1922	南洋华侨商人家庭	香港圣保罗书院、英国林肯法律学院博士、大律师	清外交官、修律大臣、会办商务大臣、外务部右侍郎、刑部右侍郎 总理 外交总长	
熊希龄	湖南凤凰	1870—1937	军人家庭	光绪进士	清外交官、地方官、总理、财政总长	共和党
向瑞琨	湖南长沙			时务学堂、日本明治大学	代理工商总长	
徐　谦	安徽歙县	1872—1940	书香世家	光绪进士入翰林院	清翰林院编修、法部参事、京师地方审判厅厅长、京师高等审判厅检察长 司法总长	国民党 基督教徒
徐世昌	直隶天津	1855—1939	世代为官后世衰败项城谋士、盟友	光绪进士授翰林院庶吉士、编修	清钦差大臣 邮传部尚书 国务卿 总统	
许世英	安徽建德	1873—1964	富裕地主家庭	拔贡出身	清末任职 司法总长 内务总长 交通总长 总理	

续表

姓名	籍贯	生卒年代	出生背景	学历	经历或职位	党派
颜惠庆	江苏上海	1877—1950	传教士	上海同文馆毕业 费吉利亚大学、译科进士、翰林院编修	清末外交官 外交总长 总理 农商总长 内务总长	
严　修	直隶天津	1860—1929	世业盐商 传统教育 饱读经籍	光绪进士翰林院庶吉士、翰林院编修	清末任职 贵州学政 学部侍郎 教育总长	
阎泽溥	直隶天津	1879—1932		清末监生留学英国	清末奉天任职 财政总长	
杨庶堪	四川巴县	1881—1942	商人家庭 四川革命派领袖	秀才、后习新学	反清活动 农商总长 司法总长	同盟会 国民党
杨文凯	河北永清	1883—1965	军阀出身	秀才 日本陆军士官学校	农商总长	
姚震	安徽贵池	1885—1935		光绪举人、日本早稻田大学法科	清大理院推事 法制院院长 司法总长	
叶恭绰	广东番禺	1881—1968		清贡生、京师大学堂	清末铁路官员 交通总长	旧交通系
易培基	湖南长沙	1880—1937	父为武官	湖北方言学堂、留学日本	教育总长	同盟会 国民党
于右任	陕西三原	1879—1964	家庭穷苦 立志反清救国	清举人 留学日本	反清活动 内务总长	同盟会
于宝轩	江苏江都	1875—?	父为四川地方官	清朝监生 留学日本	清末任职 内务总长 参议院议员	

续表

姓名	籍贯	生卒年代	出生背景	学历	经历或职位	党派
袁乃宽	河南正阳	1868—1946	袁世凯的族侄、管家		清天津知县、拱卫军军需总长 农商总长	
张　弧	浙江萧山	1875—1938		光绪举人	清末地方任职 财政总长	统一党 新交通系
张　謇	江苏南通	1853—1926	家世寒微 农人之家 苦读私塾	光绪进士	清江苏谘议局议长 农商总长	统一党 共和党 进步党
张国淦	湖北蒲圻	1876—1959	父为清末小吏	光绪举人	清末任职 总统府秘书长 国务院秘书长 教育总长 农商总长 司法总长 内务总长	研究系
张景惠	奉天台安	1871—1959	早年投奔张作霖、军阀	奉天讲武堂 保定军官学校毕业	清末军人 陆军总长 实业总长	
张绍曾	直隶大城	1879—1928	农家子弟 军人出身 项城重用 加入北洋	北洋武备学堂、日本士官学校炮兵科	清末军中任职 陆军总长 总理	同盟会
张士钰	直隶武清	？—1922		北洋武备学堂毕业	清末任职 代陆军总长	
张耀曾	云南大理	1885—1938	书香世家	京师大学堂、东京帝国大学法学毕业	众议院议员 司法总长	同盟会 国民党 政学系
张一麐	江苏吴县	1867—1943	入袁幕	光绪举人 后取经济特科	清末任职 教育总长	

续表

姓名	籍贯	生卒年代	出生背景	学历	经历或职位	党派
张英华	河北衡水	1886 —?		北洋大学毕业、曼彻斯特大学、维多利亚大学	署财政总长	
张志潭	直隶丰润	1884—1946		光绪举人	清末任职 内务总长 交通总长	
章宗祥	浙江吴兴	1879—1962		秀才、日本东京帝国大学、赐进士	清末任职 大理院院长 司法总长 农商总长	
章士钊	湖南长沙	1881—1973	父为里正、业中医、幼读私塾	南京陆师学堂、英国爱丁堡大学、苏格兰大学	反清活动 司法总长 教育总长	
赵秉钧	河南临汝	1859—1914	幼时家境贫寒、作过书童	考秀才未中	清末官吏 总理 内务总长 财政总长	国民党
郑　谦	江苏溧水	1876—1929		日本法政大学毕业	内务总长	
钟世铭	直隶天津	1879—1965		北洋大学堂毕业、赐举人、哈佛大学博士、赐进士、点翰林	清翰林院编修 代财政总长	
周自齐	山东单县	1871—1923	官绅世家	同文馆、美国哥伦比亚大学	清末官员 交通总长 财政总长 总理 教育总长	旧交通系

续表

姓名	籍贯	生卒年代	出生背景	学历	经历或职位	党派
周学熙	安徽建德	1865—1947	官宦之家	光绪举人	清天津道、兴办实业 财政总长 农工总长	
朱启钤	贵州紫江	1872—1964	幼孤家贫	光绪举人	任清北京警察总监、东三省蒙务局督办 交通总长 代总理 内务总长	
朱　深	直隶永清	1879—1943		清廪生 东京帝国大学	清地方检察长 司法总长 内务总长 总检察长	安福系
曾毓隽	福建闽侯	1865—1963		福州船政学堂、出国留学 光绪举人	清末知县、知府、道员 交通总长	安福系

说明：①上表人物资料主要来源于徐友春的《民国人物大辞典》、刘寿林等的《民国职官年表》、李新等的《民国人物传》、不管的《民国以来内阁之更迭》、闻黎明的《北京政府历届内阁更迭简表》以及其他一些学者的人物传记资料编制。

②表中人物，有的不属于实质上的实行内阁制度时期的内阁人物，但人数极少，如徐世昌，他不是内阁总理而是称为国务卿。又如，段祺瑞，他既做过内阁总理，又做过国务卿，还做过执政，对该群体研究的影响不大，故亦列入。再者，非内阁制时期的内阁成员，往往与内阁制时期内阁成员重合，即内阁总理更换了，其他成员未更换或保留下来，或在其他内阁里任职，亦不影响对该群体的研究。

③表中空白处，属资料欠缺。

参考文献

一　经典著作

《马克思恩格斯选集》，人民出版社 1972 年版。

《毛泽东选集》，人民出版社 1991 年版。

二　近代报刊

《北洋政府公报》

《寸心》

《东方杂志》

《独立周报》

《法律评论》

《法律周刊》

《法政浅说报》

《法政杂志》

《复兴岗学报》

《红杂志》

《汇报》

《进步》

《民报》

《民立报》

《孤军》

《国风报》
《国立中央大学半月刊》
《国民汇报》
《民国月刊》
《国民杂志》
《国民日报》
《国闻周报》
《南京临时政府公报》
《内阁官报》
《申报》
《时报》
《戊午》
《现代评论》
《宪政月刊》
《宪政浅说报》
《宪政思潮》
《新青年杂志》
《学海》
《言治》
《庸言》
《约翰声》
《震旦》
《政治官报》
《政府公报》
《正谊杂志》
《中华民国国民政府公报》
《中华新报》

三　史料

刘锦藻：《清朝续文献通考》，浙江古籍出版社 1988 年版。

朱寿朋：《光绪朝东华录》，中华书局 1958 年版。
上海经世文编社：《民国经世文编》，北京图书馆出版社 2006 年版。
赵尔巽：《清史稿》，中华书局 1977 年版。
谢彬：《民国政党史》，上海学术总会 1926 年版。
萨师炯：《清代内阁制度》，商务印书馆 1943 年版。
陈之迈：《中国政府资料》，商务印书馆 1944 年版。
董霖：《中国政府》，商务印书馆 1945 年版。
陈之迈：《中国政府》，商务印书馆 1946 年版。
谢瀛洲：《中国政府大纲》，会文堂新记书局 1946 年版。
李俊：《中国宰相制度》，商务印书馆 1947 年版。
周异斌、罗志渊：《中国宪政发展史》，大东书局 1947 年版。
中国史学会：《辛亥革命》，上海人民出版社 1957 年版。
张国淦：《辛亥革命史料》，上海龙门联合书局 1958 年版。
蔡寄鸥：《鄂州血史》，龙门联合书局 1958 年版。
刘寿林：《辛亥以后十七年职官年表》，中华书局 1966 年版。
黄远生：《黄远生遗著》，台北文海出版社 1978 年影印本。
陶菊隐：《督军团传》，台北文海出版社 1978 年版。
中国第一历史档案馆：《清末筹备立宪档案史料》，中华书局 1979 年版。
陈旭麓编：《宋教仁集》，中华书局 1981 年版。
胡汉民：《胡汉民自传》，《近代史资料》1981 年第 2 期，中国社会科学出版社 1981 年版。
杜春和：《北洋军阀史料选编》（上、下），中国社会科学出版社 1981 年版。
汤志钧：《康有为政论集》，中华书局 1981 年版。
孙中山：《孙中山全集》，中华书局 1981 年版。
丁文江、赵丰田：《梁启超年谱长编》，上海人民出版社 1983 年版。
顾维钧：《顾维钧回忆录》第 1 册，中华书局 1983 年版。
朱宗震、杨光辉：《民初政争与二次革命》，上海人民出版社 1983 年版。
荣孟源：《近代稗海》（1—7），四川人民出版社 1985—1988 年版。
［澳］骆惠敏：《清末民初政情内幕——〈泰晤士报〉驻北京记者、袁世凯政治顾问莫理循书信集》，知识出版社 1986 年版。

李景铭：《一个北洋政府官员的生活实录》，《近代史资料》总67号，中国社会科学出版社1987年版。
章伯锋、李宗一：《北洋军阀》，武汉出版社1989年版。
全国政协文史和学习委员会：《文史资料精选》，中国文史出版社1990年版。
陈锡祺：《孙中山年谱长编》，中华书局1991年版。
来新夏：《北洋军阀》（1—5），上海人民出版社1993年版。
全国政协文史资料委员会：《民国大总统黎元洪》，中国文史出版社1991年版。
中国第二历史档案馆：《中华民国史档案史料汇编》（第三辑），江苏古籍出版社1994年版。
蔡元培：《蔡元培全集》卷三，中华书局1996年版。
景芝：《张绍曾来往函札》，《近代史资料》总87号，中国社会科学出版社1996年版。
季啸风、沈有益：《中华民国史史料外编》（第1册），广西师范大学出版社1997年版。
刘以芬：《民国政史拾遗》，上海书店1998年版。
陶菊隐：《政海遗闻》，上海书店1998年版。
张国淦：《北洋述闻》，上海书店1998年版。
熊希龄：《熊希龄先生遗稿》，上海书店出版社1998年版。
梁启超：《梁启超全集》，北京出版社1999年版。
章士钊：《章士钊全集》（1），文汇出版社2000年版。
谢正民：《中华民国立法史》，中国政法大学出版社2000年版。
张国淦：《张国淦文集》，北京燕山出版社2000年版。
颜惠庆：《颜惠庆回忆录——一位民国元老的历史记忆》，商务印书馆2003年版。
杨琥：《宪政救国之梦：张耀曾先生文存》，法律出版社2004年版。
夏新华、胡旭晨：《近代中国宪政历程：史料荟萃》，中国政法大学出版社2004年版。
唐德刚：《袁氏当国》，广西师范大学出版社2004年版。
刘楚湘：《癸亥政变记略》，中华书局2007年版。

南海胤子：《安福祸国记》，中华书局 2007 年版。
温世霖：《段氏卖国记》，中华书局 2007 年版。
沃邱仲子：《民国十年·官僚腐败史》，中华书局 2007 年版。
许指严：《新华秘记》，中华书局 2007 年版。
戴天仇：《政党与民初政治》，中华书局 2007 年版。
正群社：《北京官僚罪恶史》，中华书局 2007 年版。
中国第二历史档案馆：《北洋政府档案》，中国档案出版社 2010 年版。
张国淦：《张国淦自述》，人民日报出版社 2011 年版。

四 著作

吴宗慈：《中华民国宪法史》，东方时报馆 1924 年版。
高一涵：《中国内阁制度的沿革》，商务印书馆 1928 年版。
章熊：《中华民国的内阁》，古城书社编译所 1928 年版。
顾敦鍒：《中国议会史》，苏州木椟正心堂，1931 年版。
杨幼炯：《近代中国立法史》，商务印书馆 1936 年版。
平心：《中国民主宪政运动史》，进化书局 1937 年版。
黄公觉：《中国制宪史》，商务印书馆 1937 年版。
钱端升：《民国政治史》，商务印书馆 1945 年版。
钱端升：《中国政府与中国政治》，商务印书馆 1945 年版。
罗孟浩：《论责任内阁制》，台北中华文化出版事业委员会 1958 年版。
沈云龙：《黎元洪评传》，台北中央研究院近代史研究所 1963 年版。
[法] 孟德斯鸠：《论法的精神》，商务印书馆 1963 年版。
[英] 洛克：《政府论》，商务印书馆 1964 年版。
谷钟秀：《中华民国开国史》，台湾文海出版社 1966 年版。
罗志渊：《近代中国法制演变研究》，台北中正书局 1976 年版。
邹文海：《比较宪法》，台北三民书局股份有限公司 1977 年版。
沈云龙：《黎元洪评传》，台北文海出版社 1978 年版。
李宗一：《袁世凯传》，中华书局 1980 年版。
吴晗：《明史简述》，中华书局 1980 年版。
章开沅：《辛亥革命史》，人民出版社 1981 年版。

王亚南：《中国官僚政治研究》，中国社会科学出版社 1981 年版。
[英] 密尔：《代议制政府》，商务印书馆 1982 年版。
[加] 陈志让：《军绅政治》，湖北人民出版社 1983 年版。
陶菊隐：《北洋军阀统治时期史话》，三联书店 1983 年版。
来新夏：《北洋军阀史稿》，湖北人民出版社 1983 年版。
荆知仁：《中国立宪史》，台北联经出版事业有限公司 1984 年版。
赫赤、谭健：《日本政治概况》，中国社会科学出版社 1984 年版。
陈旭麓：《近代史思辨录》，广东人民出版社 1984 年版。
钱实甫：《北洋政府时期的政治制度》（上、下册），中华书局 1984 年版。
徐炳宪：《段祺瑞和民国初年的内阁》，台北传贤文化事业有限公司 1984 年版。
曹伯一：《中华民国政治发展史》，近代中国出版社 1985 年版。
张朴民：《北洋政府内阁总理列传》，台北商务印书馆 1985 年版。
龚祥瑞：《比较宪法与行政法》，法律出版社 1985 年版。
刘厚生：《张謇传记》，上海书店 1985 年版。
秦孝仪：《中华民国政治发展史》，台北现代中国出版社 1986 年版。
张玉法：《民国初年的内阁》，《中国现代史论集》（四），台北联经出版事业有限公司 1986 年版。
张玉法：《民国初年的国会》，书目文献出版社 1987 年版。
张晋藩、王超：《中国政治制度史》，中国政法大学出版社 1987 年版。
陈炫如：《中国议会史》，台北文海出版社 1987 年版。
王沪宁：《比较政治分析》，上海人民出版社 1987 年版。
蒋碧坤：《中国近代宪法宪政史略》，法律出版社 1988 年版。
何华辉：《比较宪法学》，武汉大学出版社 1988 年版。
[美] 恩伯：《文化的变异》，辽宁人民出版社 1988 年版。
[美] 亨廷顿：《变化社会中的政治秩序》，三联书店 1989 年版。
吴经熊、黄公觉：《中国制宪史》，上海书店 1989 年版。
彭怀恩：《民国初年的政党政治》，台北洞察出版社 1989 年版。
浦兴祖：《当代中国政治制度》，复旦大学出版社 1999 年版。
王其榘：《明代内阁制度史》，中华书局 1989 年版。
[美] 亨利·埃尔曼：《比较法律文化》，三联书店 1990 年版。

［美］齐锡生：《中国的军阀政治（1916—1928）》，中国人民大学出版社1991年版。
许纪霖：《智者的尊严——知识分子与近代文化》，学林出版社1991年版。
袁继成：《中华民国政治制度史》，湖北人民出版社1991年版。
张国福：《民国宪法史》，华文出版社1991年版。
徐矛：《中华民国政治制度史》，上海人民出版社1992年版。
杨祖功：《西方政治制度比较》，世界知识出版社1992年版。
［法］托克维尔：《旧制度与大革命》，商务印书馆1992年版。
［美］费正清等：《东西文明：传统与变革》，天津人民出版社1992年版。
陈旭麓：《近代中国社会的新陈代谢》，上海人民出版社1992年版。
侯宜杰：《二十世纪初中国政治改革风潮》，人民出版社1993年版。
洪波：《法国政治制度变迁》，中国社会科学出版社1993年版。
［美］费正清：《剑桥中国晚清史》，中国社会科学出版社1993年版。
［美］费正清：《剑桥中华民国史》，中国社会科学出版社1994年版。
程汉大：《英国政治制度史》，中国社会科学出版社1995年版。
谢俊美：《政治制度与近代中国》（增补本），上海人民出版社1995年版。
管美容：《吴景濂与民初国会》，台北国立中央图书馆1995年版。
余英时：《中国思想传统的现代诠释》，江苏人民出版社1995年版。
白钢：《中国政治制度通史》，人民出版社1996年版。
刘景泉：《北京民国政府的议会政治》，天津古籍出版社1996年版。
王人博：《宪政文化与近代中国》，法律出版社1997年版。
［英］维尔：《宪政与分权》，三联书店1997年版。
萧功秦：《危机中的变革》，上海三联书店1997年版。
殷啸虎：《近代中国宪政史》，上海人民出版社1997年版。
施雪华：《当代各国政治体制——英国》，兰州大学出版社1998年版。
［法］狄冀：《宪法学教程》，辽海出版社1999年版。
［美］费正清：《美国与中国》，世界知识出版社1999年版。
颜照祥：《英国政治制度史》，人民出版社1999年版。
周良宵：《皇帝与皇权》，中国古籍出版社1999年版。
张晋藩：《中国法制通史》（第九卷），法律出版社1999年版。

蒋梦麟：《西潮·新潮》，岳麓书社 2000 年版。
郭剑林：《北洋政府简史》（上、下），天津古籍出版社 2000 年版。
钱穆：《中国历代政治得失》，三联书店 2001 年版。
王健：《西法东渐——外国人与中国法的近代改革》，中国政法大学出版社 2001 年版。
熊月之：《中国近代民主思想史》，上海社会科学出版社 2002 年版。
徐祥民：《政体学说史》，北京大学出版社 2002 年版。
徐祥民：《中国宪法史》，青岛海洋大学出版社 2002 年版。
季卫东：《宪政新论》，北京大学出版社 2002 年版。
张朋园：《知识分子与近代中国的现代化》，百花洲文艺出版社 2002 年版。
张学仁、陈宁生：《二十世纪之中国宪政》，武汉大学出版社 2002 年版。
王人博：《中国近代的宪政思潮》，法律出版社 2003 年版。
王人博：《宪政的中国之道》，山东人民出版社 2003 年版。
耿云志：《西方民主在近代中国》，中国青年出版社 2003 年版。
［英］李德·布勒德：《英国宪政史谭》，中国政法大学出版社 2003 年版。
邓丽兰：《域外观念与本土政制变迁》，中国人民大学出版社 2003 年版。
［英］比几斯渴脱：《英国议会史》，中国政法大学出版社 2003 年版。
李学智：《民国初年的法制思潮与法制建设》，中国社会科学出版社 2004 年版。
高旺：《晚清中国的政治转型——以清末宪政改革为中心》，中国社会科学出版社 2004 年版。
张玉法：《民国初年的政党》，岳麓书社 2004 年版。
王世杰：《比较宪法》，中国政法大学出版社 2004 年版。
王兆刚：《国民党训政体制研究》，中国社会科学出版社 2004 年版。
吴宗国：《中国古代政治制度研究》，北京大学出版社 2004 年版。
汪进元：《良宪论》，山东人民出版社 2005 年版。
李建新、李锦顺：《近代中国的议会与宪政》，甘肃人民出版社 2005 年版。
曹沛霖：《比较政治制度》，高等教育出版社 2005 年版。
曹文振：《比较政治制度》，中国海洋大学出版社 2005 年版。

[德] 卡尔施米特：《宪法学说》，上海人民出版社 2005 年版。
程舒伟：《议会政治与近代中国》，商务印书馆 2005 年版。
章开沅、严昌洪：《辛亥革命与中国政治发展》，华中师范大学出版社 2005 年版。
杨绪盟：《移植与异化：民国初年的政党政治研究》，人民出版社 2005 年版。
张君劢：《宪政之道》，清华大学出版社 2006 年版。
李剑农：《中国近百年政治史》，武汉大学出版社 2006 年版。
何勤华：《外国法制史》（第四版），法制出版社 2006 年版。
朱光磊：《现代政府理论》，高等教育出版社 2006 年版。
国风：《中国古代的权力结构》，山西人民出版社 2006 年版。
施雪华：《政治现代化比较研究》，武汉大学出版社 2006 年版。
王开玺：《晚清政治新论》，商务印书馆 2006 年版。
许纪霖、陈达凯：《中国现代化史：1800—1949》（第一卷），学林出版社 2006 年版。
薛恒：《民国议会制度研究》，中国社会科学出版社 2008 年版。
严泉：《失败的遗产：中华首届国会制宪》，广西师范大学出版社 2007 年版。
白蕉：《袁世凯与中华民国》，中华书局 2007 年版。
夏新华：《近代中国宪法与宪政研究》，中国法制出版社 2007 年版。
张朋园：《中国民主政治的困境》，吉林出版集团有限责任公司 2008 年版。
王绍光：《民主四讲》，三联书店 2008 年版。
张永：《民国初年的进步党与议会政党政治》，北京大学出版社 2008 年版。
[英] 戴雪：《英宪精义》，中国法制出版社 2009 年版。
[美] 汉密尔顿等：《联邦党人文集》，商务印书馆 2009 年版。
张睿丽：《议会政治与近代中国政治变迁》，中国社会科学出版社 2009 年版。
刘伟：《近代中国的社会转型与制度变迁》，湖北人民出版社 2010 年版。
王德志：《民国宪政思潮研究》，中国政法大学出版社 2010 年版。

张浩：《中国近现代制度史》，北京师范大学出版社 2010 年版。

张玉法：《张玉法自选集》，中国社会科学出版社 2011 年版。

熊秋良：《移植与嬗变：民国北京政府时期国会选举制度研究》，江苏人民出版社 2011 年版。

周叶中、江国华：《从工具选择到价值认同——民国立宪评论》，武汉大学出版社 2010 年版。

周叶中、江国华：《博弈与选择——晚晴预备立宪评论》，武汉大学出版社 2010 年版。

高放：《清末立宪史》，华文出版社 2012 年版。

张朋园：《梁启超与民国政治》，上海三联书店 2013 年版。

五　报刊论文

朱君毅：《中国历代人物之地理分布》，《厦门大学学报》第 1 卷第 1 期，1931 年 12 月。

邱远猷：《辛亥革命时期清廷的"责任内阁"与权力之争》，《求是学刊》1981 年第 3 期。

张国福：《关于〈中华民国临时约法〉的起草日期和主稿人问题》，《北京大学学报》1984 年第 1 期。

郭剑林：《北洋军阀时期的内阁制度》，《历史教学》1986 年第 7 期。

杨昌宴：《北洋军阀统治时期内阁的演变》，《湘潭大学学报》1987 年第 4 期。

[美] 阿兰·沃森：《法律移植论》，《比较法研究》1989 年第 1 期。

何善川：《试论民初"总统制"到"内阁制"的转变》，《徐州师范学院学报》1992 年第 2 期。

李书源：《"超然内阁"风波与民初党争》，《学术交流》1992 年第 2 期。

田澍：《明代内阁的政治功能及其转化》，《西北师大学报》1994 年第 1 期。

姚琦：《唐绍仪内阁述评》，《贵州大学学报》1995 年第 1 期。

谢伟：《论民初议会政治失败原因》，《江海学刊》1995 年第 4 期。

王奇生：《中国近代人物的地理分布》，《近代史研究》1996 年第 2 期。

江心力：《明朝内阁官僚群体形成因素析论》，《史学集刊》1996 年第 3 期。
郭际明：《明朝内阁制度浅析》，《甘肃教育学院学报》1997 年第 1 期。
张学继：《有贺长雄、古德诺与民国初年宪政体制的演变》，《档案与史学》1997 年第 8 期。
杨天宏：《论〈临时约法〉对民国政体的设计与规划》，《近代史研究》1998 年第 1 期。
张星久：《中国君主专制政体下的君权与相权冲突问题》，《求索》1998 年第 2 期。
周建林：《宋教仁“政党内阁”思想述评》，《四川大学学报》1998 年第 3 期。
何善川：《论袁世凯内阁与清末国家政体近代化》，《徐州师范大学学报》1998 年第 12 期。
陈晓枫：《〈中华民国临时约法〉的文化透视》，《武汉大学学报》1999 年第 6 期。
张国庆：《集权与分权的悖论及其公共政策的价值选择》，《天津行政学院学报》2000 年第 1 期。
朱勇：《论民国初期议会政治失败原因》，《中国法学》2000 年第 3 期。
袁伟时：《政治策略与民初宪政的历史经验》，《战略与管理》2000 年第 6 期。
音正权：《〈中华民国临时约法〉的主要缺陷》，《政法论坛》2000 年第 6 期。
谢俊美：《关于民初总统制与责任内阁制问题平议》，丁日初：《近代中国》（第 10 辑），上海人民出版社 2000 年版。
杨天宏：《走向衰亡的民初国会》，《四川大学学报》2001 年第 2 期。
刘笃才：《关于清末宪政的几个问题》，《中国法学》2002 年第 1 期。
彭毓花：《〈中华民国临时约法〉的宪法原则》，《云南民族学院学报》2002 年第 3 期。
刘笃才：《〈临时约法〉“因人立法”说辨正》，《法学研究》2002 年第 5 期。
归东：《试评〈临时约法〉的历史地位及其影响》，《贵州社会科学》

2003 年第 3 期。
经先静:《内阁、国会与实力派军阀——20 世纪 20 年代罗文干案始末》,《史学月刊》2004 年第 4 期。
何兆吉:《明代内阁相权的一点质疑》,《大连民族学院学报》2004 年第 7 期。
张朋园:《议会思想之进入中国》,《华东师范大学学报》2004 年第 11 期。
李媛:《法律移植中的本土化问题》,《中国特色社会主义研究》2004 年第 3 期。
侯强:《曹锟贿选宪法及其评价》,《重庆教育学院学报》2005 年第 1 期。
刘伟:《民初知识分子对议会政治的反思与建构》,《史学月刊》2005 年第 1 期。
陈晓枫、许驰:《论中国军阀政治的传统文化根源》,《法学评论》2005 年 6 期。
张永:《国会解散与进步党的分裂瓦解》,《安徽史学》2005 年第 6 期。
张学继:《古德诺与民初宪政问题研究》,《近代史研究》2005 年第 2 期。
余育国:《民国初年的四次选举》,《文史精华》2005 年第 11 期。
张学继:《再论〈临时约法〉的“因人立法”问题——兼与刘笃才教授商榷》,《社会科学评论》2006 年第 3 期。
罗志田:《对共和体制的失望:梁济之死》,《近代史研究》2006 年第 5 期。
吴建军:《明代内阁与中央政权体制演变的互动关系》,《郑州大学学报》2006 年第 5 期。
季鹏:《立宪运动及立宪派与民初议会制的建立》,《社会科学辑刊》2006 年第 6 期。
孙继辉:《从行政权的归属看袁世凯在民初对政治的整合》,《唐山师范学院学报》2006 年第 11 期。
郝建平:《英国议会制度的变迁》,《人大研究》2006 年第 11 期。
张晓兰:《从代议民主制到行政集权民主制》,《湖北行政学院学报》2007 年第 3 期。
范福潮:《〈临时约法〉为什么会成为废纸》,《南方周末》2007 年 8 月

2 日。

张淑娟：《徐世昌与1916年内阁风潮的解决》，《史学月刊》2007年第4期。

袁伟时：《民初宪政挫败与启蒙》，《经济观察报》2007年10月22日。

周柏林：《从政党角度看内阁制在民初受挫》，《成都大学学报》2007年第1期。

汪朝光：《北京政治的常态和异态》，《近代史研究》2007年第3期。

陈晓枫、毕玉玲：《更新与沉淀——〈钦定宪法大纲〉颁布百年之际的反思》，《法学评论》2008年第6期。

张辉：《评〈中华民国临时约法〉存在的缺陷》，《法制与社会》2008年第9期。

鲁卫东：《军阀与内阁——北洋军阀统治时期内阁阁员群体构成与分析（1916—1928）》，《史学集刊》2009年第2期。

陆小芸：《试论古代中国皇权与相权的关系》，《法制与社会》2009年第11期。

王球云、刘大禹：《从民主到集权：民初政治文化的嬗变》，《江西社会科学》2010年第11期。

后　　记

本书是在我的博士论文的基础上修改而成的，看上去具有“稚气未脱”的痕迹。

在本书出版之际，我要感谢彭南生教授，是他让我重新“回炉”，回到桂子山上的华中师范大学。华中师范大学近代史研究所是中国近代史研究的重镇，一个大家云集的地方，有一个以章开沅教授为代表的享誉海内外的学术群体。我要感谢他们，让我在这里接受熏陶，感受大家、大师的风采。“回炉”期间，我不敢说我的学术有多大的进步，但我可以说，我的心灵和情操又得到了一次升华。我要感谢他们对我的论文从选题的谋划、整体的架构，到资料的查询、论文的写作修改等诸多方面给予的诸多教诲、指导和鼓励，使拙著得以继续和完善直至完成。

我要感谢武汉大学法学院陈晓枫教授，陈教授亦师亦友，他满腹经纶，迷住了诸多学子，也使我受到诸多教益。当初在确定论文选题时，是他建议我对民初内阁制度进行研究，并对我的论文从提纲的拟定到写作给予了诸多指导，做到“法”与“史”的结合。他希望本书对民初的民主政治有所研究，并促进中国政治文明的发展。

我要感谢既为师长又为同事的田子渝教授和董立仁教授，在本书的写作过程中，他们给予我许多思路的指引、资料的向导。

我要感谢家人对我工作的理解和帮助，是家人鼓励我克服各种困难甚至是疾病，来完成本书的写作。

另外，还要感谢郭大俊教授，是他引荐我认识了中国社会科学出版社的孔继萍女士，以至于拙著得以出版。孔女士精益求精的精神使我备受感动，在此对孔女士的辛劳付出表示感谢。

本书的出版得到了湖北省社科基金的资助，湖北大学政法与公共管理学院也给予了资助，在此一并表示谢意。

肖传林

2017 年 1 月　武汉